Boulevard Bio – Die ersten zehn Jahre

Die ersten zehn Jahre

Herausgegeben von
Klaus Michael Heinz

in Zusammenarbeit
mit dem Westdeutschen Rundfunk Köln
und Pro GmbH Köln

Kiepenheuer & Witsch

Klaus Michael Heinz, geb. 1961, Studium der Neueren Deutschen Literatur, Kunstgeschichte, Philosophie und Theaterwissenschaft in Saarbrücken und München, seit 1995 verantwortlicher Redakteur von »Boulevard Bio« beim Westdeutschen Rundfunk Köln.

1. Auflage 2001

© 2001 by Verlag Kiepenheuer & Witsch, Köln

Umschlaggestaltung: Philipp Starke, Hamburg
Umschlagfoto: WDR/Hajo Hohl
Fotos im Buch: S. 108 oben WDR/Horst Galuschka;
S. 111 oben, S. 183 unten, S. 235 oben WDR/George Bockemühl;
alle anderen WDR/Hajo Hohl
Repro: Repro acht, Köln
Gesetzt aus der Palatino
Satz: Greiner & Reichel, Köln
Druck und Bindearbeiten: Mohn Media, Gütersloh
ISBN 3-462-02986-X

Inhalt

Vorwort

Am 7. 8. 1991, einem Mittwoch, kurz nach 23 Uhr begann im Fernsehleben des Alfred Franz Maria Biolek ein neuer Abschnitt: Auf seinem alten Ledersofa aus den Tagen des »Kölner Treff« begrüßte Bio bei hochsommerlichen Temperaturen das Studiopublikum und die Zuschauer zu Hause zur ersten Ausgabe des ARD-Talks »Boulevard Bio«. Knapp zehn Jahre später: In rund 400 Sendungen unterhielt sich Bio mit ziemlich genau 1450 verschiedenen Gästen. Längst sind seine Sendereihe und er selbst ein vielfach preisgekrönter Klassiker und außerdem ein Publikumserfolg: Bis zu zweieinhalb Millionen Zuschauer folgen Woche für Woche dem spätabendlichen Talk. Und unzählige von diesen Fans schreiben anschließend, mitunter noch in der Nacht, sie würden doch so gerne das Gesprochene nachlesen können.

Ein Wunsch, den der seitenstärkste Teil dieses Buch zum 10. »Geburtstag« von »Boulevard Bio« endlich und wenigstens im Ansatz zu erfüllen sucht. Obwohl es eigentlich ein kühnes Vorhaben ist, Gespräche – also gesprochene Worte – zu Papier zu bringen! Zum einen spricht kaum jemand buchstäblich druckreif: Man sucht nach Worten, lässt welche aus, und auch der Satzbau gerät gerne mal eigenwillig. Zum anderen drohen gerade die Vorteile des Fernsehens verloren zu gehen: Es *zeigt* – schon lange in Farbe und oft auch ziemlich groß – den Gesichtsausdruck oder auch das »Reden mit den Händen«, es *zeigt* die Interaktionen zwischen Gesprächspartnern.

Trotzdem sei das Vorhaben gewagt! Weil dieses Jubiläumsbuch nun aber keine wissenschaftliche Veröffentlichung ist, verfährt es wie folgt: Zwecks besserer Lesbarkeit finden geringfügige Kürzungen eines Gesprächs einfach stillschweigend statt. Nur das Überspringen längerer Passagen ist mit […] markiert. Für das Verständnis wichtige, doch fehlende Worte [werden] ergänzt. Auch gibt es hin und wieder Anmerkungen [oder Korrekturen] inhaltlicher Art. Nonverbale Kommunikation wie etwa der Einsatz der Hände beim Sprechen oder zur Verdeutlichung von Zustimmung, kurz »Applaus« genannt, ist ebenso protokolliert wie wildes Durcheinandersprechen, denn beide charakterisieren ja Atmosphäre oder Tempo eines Wortwechsels. Selbstverständlich und grundsätzlich gilt jedoch: Keinem der an den Gesprächen Beteiligten wurden irgendwelche Worte in den Mund gelegt.

Die Zusammenstellung der 96 Gesprächsausschnitte geschah weder chronologisch noch thematisch, sondern nach Personengruppen: politisch Tätige hier oder Künstlerinnen von Bühne und Film dort. Dabei ist keine dieser Gruppen auf ein bestimmtes Thema festgelegt; Staatsmänner reden eben nicht nur staatsmännisch, und Leinwandheldinnen erzählen nicht nur Anekdoten von den Dreharbeiten. Ein Prinzip, dem »Boulevard Bio« bekanntlich wöchentlich folgt.

Einigen ganz bestimmten Personengruppen und vor allem Themenkreisen widmete sich die Sendereihe in den vergangenen zehn Jahren mit besonderem Nachdruck oder besonders häufig. Diese Schwerpunkte sind Gegenstand kleiner Aufsätze, die namhafte Autoren für dieses Jubiläumsbuch auf der Grundlage ausgesuchter Sendungen eigens verfasst haben. Alle diese Autoren waren selbst zu Gast bei »Boulevard Bio«, aber keiner »durfte« über seinen eigenen Auftritt schreiben; kein Aufsatz also könnte die Überschrift tragen »Wie ich einmal bei Bio zu Gast war und hinterher lecker mit ihm essen ging«.

Ouvertüre zum vorliegenden Jubiläumsbuch ist ein Gespräch, das Maybrit Illner zu Beginn des Jahres mit Bio in Berlin führte. Den Ausklang des Buches bilden ein Überblick über Presseveröffentlichungen und Preise sowie ein sachlicher Teil, der einige wissenswerte oder unzählige Male von Zuschauern erfragte Dinge auflistet. Zwischenakte bilden so genannte Fundstücke aus Veröffentlichungen aller Art, Stellen also, an denen »Boulevard Bio« oder Bio »vorkommen«.

Besonderer Dank gebührt allen beteiligten Autoren und Bio selbst, sodann Andreas Lichter, Klaus Herma sowie Eng Philipp und Franziska Müller [Pro GmbH Köln], Helge Malchow und Lutz Dursthoff [Verlag Kiepenheuer & Witsch], Georg Habertheuer, Rolf Bringmann sowie Hajo Hohl, Jürgen Dürrwald und nicht zuletzt Aysel Parlak [WDR].

Köln, 4.4.2001   Klaus Michael Heinz

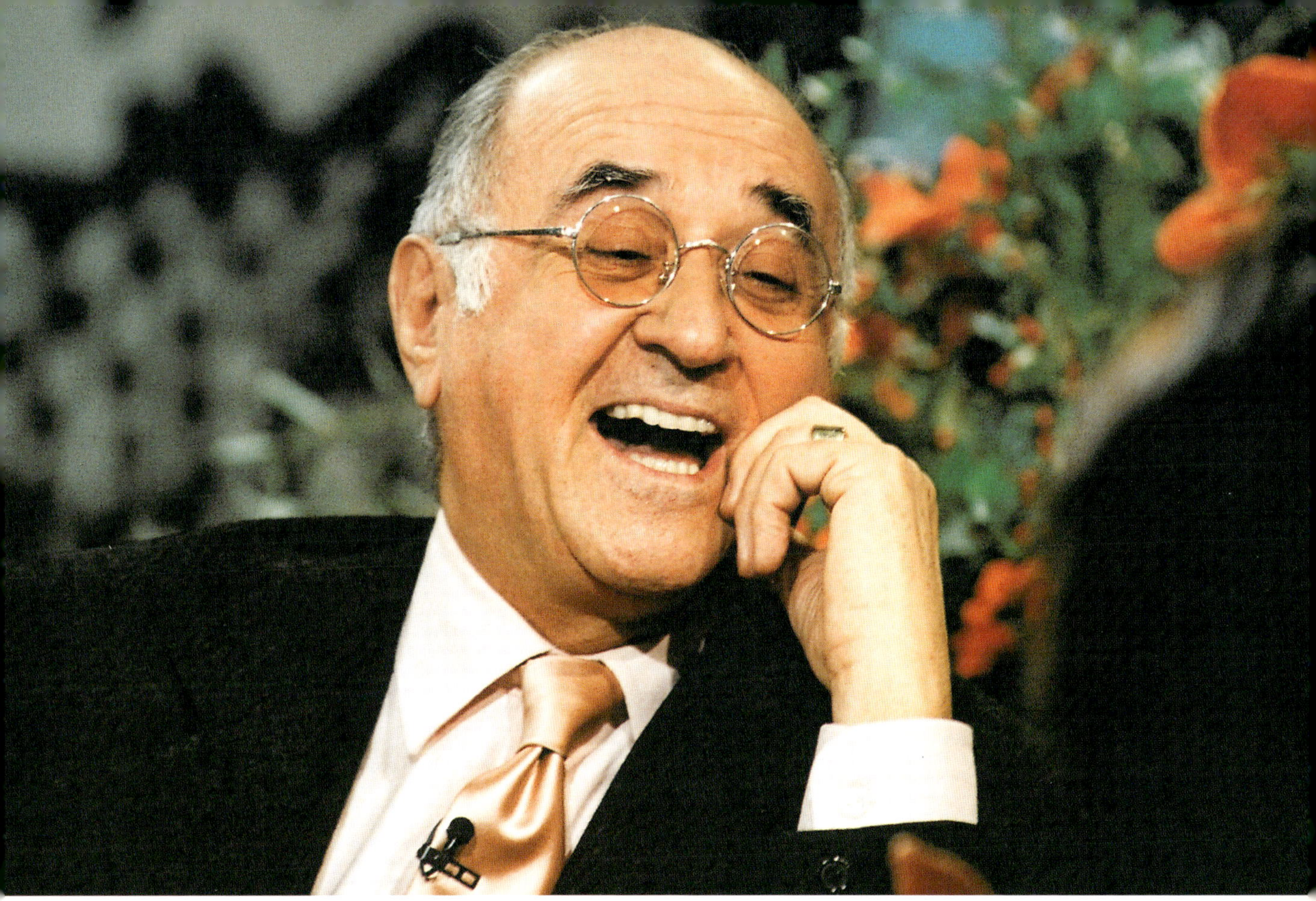
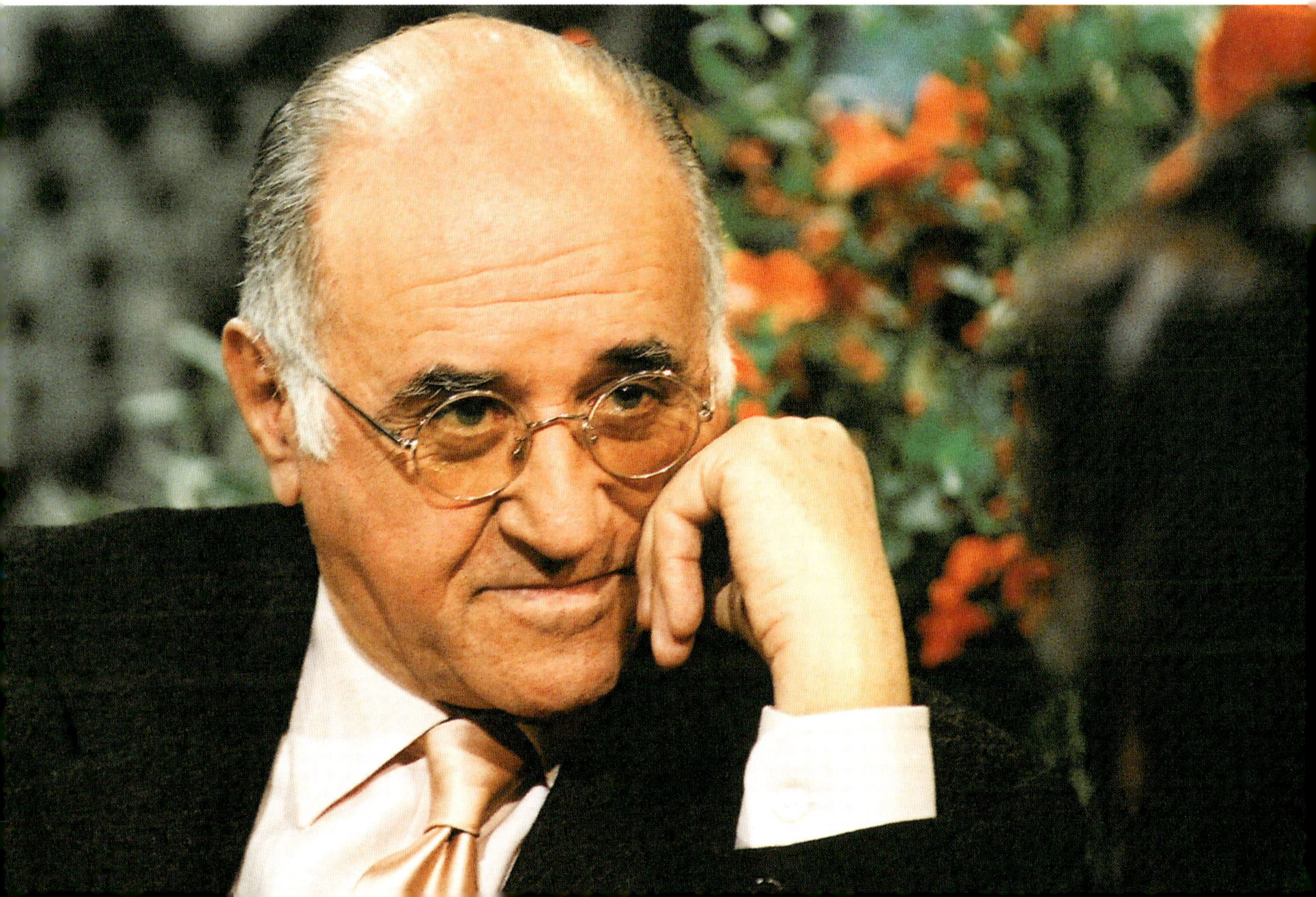

Jessye Norman, Martha Mödl und Lucia Aliberti

Hans Meiser, Margarethe Schreinemakers, Thomas Gottschalk und Erich Böhme

Der Dalai Lama

Zlatko

»Eine Wand und zwei Stühle davor, mehr brauch ich nicht« – Alfred Biolek antwortet auf Fragen von Maybrit Illner

Illner Zehn Jahre »Boulevard Bio« – welche Sendung war Ihnen die liebste; eher »25 Jahre Heino« oder »Die RAF und ich«?

Bio Es gibt keine liebste! »Die RAF und ich« war sicher spannend, und »25 Jahre Heino« war vielleicht verrückt. Aber die Sendung mit dem Dalai Lama zum Beispiel war natürlich *unglaublich* für mich. Eine Stunde neben diesem Mann zu sitzen! Und es war auch äußerst aufregend, Helmut Kohl zu Gast zu haben und dabei zu wissen, dass die Leute entsetzt sein werden, weil ich ihn nicht politisch befrage, sondern privat. Und ich muss nicht zuletzt sagen: Wir haben eine ganze Reihe von Sendungen zum Thema »Holocaust« gemacht – neulich gerade mit Anita Lasker-Wallfisch, der ehemaligen Cellistin des Mädchenorchesters im Konzentrationslager Auschwitz, und mit ihrer Schwester Renate –, oder früher schon mit den Teilnehmern des New Yorker »Stammtischs der Überlebenden« oder auch mit Lea Rabin, Sendungen mit Gästen eben, die mich *unglaublich* beeindruckt haben. Also deshalb: Es gibt keine liebste!

Illner Stichwort »Politiker«: Sie laden immer mal wieder Politiker ein und zwar nicht irgendwelche, sondern die »erste Garde« dieser Republik. Und immer wieder gibt's dann im Nachhinein Kritik: nach Kohl, nach Engholm – und zuletzt beispielsweise bei Rudolf Scharping. Musste Scharping sein? Wäre Gräfin Pilati alleine nicht viel interessanter gewesen?

Bio Wir fanden das so spannender, beide zusammen zu haben.

Illner Was reizt Sie daran, Politiker einzuladen?

Bio Mich reizt es, die eben nicht als Politiker mit politischen Themen vorzustellen. Und genau das wird mir übel genommen. Es reizt mich gerade *nicht*, sie zu brennenden politischen Themen zu befragen! Wirklich nicht! Zwei Gründe: Ich bin kein versierter politischer Journalist. Ich lebe nicht in der Politik; ich lese zwar jeden Tag meine Zeitungen, aber ich lese das Feuilleton viel ausführlicher als den politischen Teil. Ich kann also bei einem Politiker auf dessen Feld nicht parieren. Politik ist nicht mein Ding.

Illner Aber warum laden Sie dann Politiker ein?

Bio Weil ich glaube, dass diese Politiker eben nicht nur Politiker sind, sondern einfach Menschen – ich weiß, das klingt ein bisschen pathetisch. Aber das ist der zweite Grund, warum ich nicht politische Themen erörtere: Ich möchte gern wissen, was ist das jeweils für ein Typ – privat! Man sieht sonst immer nur die Hülse, diese Politiker-Hülse. Und ich möchte auch noch wissen: Haben dieser Mann, diese Frau jeweils überhaupt noch Bodenhaftung? Ich möchte also den Teil dieser Leute zeigen, der nicht politisch ist.

Illner Hat sich im Laufe der Jahre etwas an den Politikern verändert?

Bio Ja, ich glaube, die Politiker müssen sich mehr als früher über die Medien »verkaufen«. Das ist nicht deren Schuld, wenn man überhaupt von Schuld sprechen kann, sondern Ergebnis einer längeren Entwicklung, die in den USA angefangen hat schon mit Kennedy und Nixon, etwa mit dem berühmten großen Fernsehduell zwischen beiden, bei dem Kennedy eben besser abgeschnitten hat; und auch später – wir wissen, dass Clinton mit seinem Äußeren und durch seine Art viel erreichen konnte. Und bei uns, das ist ja auch kein Geheimnis, ist Schröder eben der »Medienmann«. Also das ist fast ein Zwang inzwischen: Wenn Politiker sich dem nicht beugen, dann haben sie weniger Erfolg.

Illner Politiker sind »medialer« geworden. Und man hat den Eindruck, die Distanz ist geringer geworden – zwischen uns, den Beobachtenden, und den Politikern, den Beobachteten. Ist das von Vorteil, wenn diese Distanz verloren geht?

Bio Ja! Denn Politiker müssen Menschen bleiben, brauchen die Anbindung an uns und unseren Alltag. Einer, der das übrigens während seiner Amtszeit immer im Auge hatte und dementsprechend gelebt hat, auch wenn er von Journalisten belächelt wurde, war ja Norbert Blüm.

Illner Zu unserem Alltag gehören inzwischen auch »Ereignisse« wie »Big Brother« und »Prominente« wie Zlatko. Warum haben Sie Zlatko in Ihre Sendung eingeladen? Fielen Ihnen zu ihm wirklich so viele Fragen ein?

Bio Ja, mich hat auch da interessiert, was das für ein Typ ist: Ist er so blöd, wie manche sagen? Oder ist er nicht doch ganz pfiffig? Ich wollte ihn kennen lernen und mit ihm reden – eben *nicht* über seine CD und auch über den PR-Rummel nur insofern, als der ihn eben privat verändert hat. Und deshalb hatte ich auch Fragen, hatten *wir* Fragen, denn grundsätzlich bereite ich meine Sendungen ja mit meinem hervorragenden Team gemeinsam vor: in vielen Sitzungen und am Nachmittag vor einer Sendung beim Briefing bei mir zu Hause, bei Spaghetti mit einer Tomatensauce, die eine Stunde eingekocht hat – sehr wichtig! Im Übrigen hatten wir andere Gäste, wie Jenny Elvers oder Dolly Buster, wo ich im Vorfeld eher dachte, eine Einladung ist nicht so nötig. Aber mein Team hat mich dann davon überzeugt, zu Recht, dass auch solche Gäste dazugehören müssen; die Spannbreite geht nun mal von Persönlichkeiten wie dem Dalai Lama, geistig ganz oben, bis hin zu solchen, wo das Körperliche dominiert. Wir haben da also im Großen und Ganzen keine Berührungsängste. Man kann allerdings *mit Sicherheit* im einen oder anderen Fall verschiedener Meinung sein, ob eine Einladung richtig war.

Illner lachend Wen würde denn Alfred Biolek nie, nie, niemals in seine Sendung einladen?

Bio   Wenn es solche Leute gäbe, würd ich die Namen nicht nennen.

Illner   Halten Sie »Big Brother« und die zahlreichen Kopien für eine Mode?

Bio   Ich glaube nicht, dass es nur eine Mode ist. Es ist ein neuer Schritt – zu noch mehr »reality«. Es ist ein Schritt wie seinerzeit vom Fernsehinterview oder der Fernsehdiskussion weiter zur Talk-Show. Und auch wenn jetzt eine Übersättigung erreicht war, was den täglichen Talk betrifft, wenn sich hier die Zahl der Sendereihen deutlich verringert, so wird doch die Talk-Show nicht ganz eingestellt. Ähnlich, glaube ich, wird es dann auch mit den Container-Shows kommen: Sie werden weniger, aber nicht ganz verschwinden. Und es wird dann ein weiterer Schritt folgen. Und manchmal geht's ja auch zurück zu »Uraltem«, wie wir jetzt sehen konnten, bei den Quiz-Shows.

Illner   Kann man sagen, dass das Fernsehen allzu oft nur sich selbst wiederholt – nach dem Motto »Es gibt nichts Neues unter der Sonne!«?

Bio   Ja!

Illner   Das Fernsehen heute ist also von allen Medien das am wenigsten avantgardistische?

Bio   Sowieso!

Illner   Was macht dann so jemand wie Sie noch da?

Bio   Wie meinen Sie das?

Illner   Sie gelten doch mit Fug und Recht als jemand, der im Fernsehen Trends gesetzt hat, der immer einen sehr guten Riecher hatte.

Bio   Keinen Trend mehr! Ich will nicht mehr. Ich bin jetzt 25 Jahre auf dem Schirm: '76 hab ich den »Kölner Treff« angefangen, dann kam »Bio's Bahnhof«, dann kam zwei Jahre lang »Bei Bio« und dann »Mensch Meier«, wo wir versucht haben, eine Game-Show, eine Spiele-Show um eine Dimension zu erweitern – indem wir Spiele zum Thema »Umweltschutz« gemacht haben oder auch Kandidaten mit Behinderungen eingeladen haben. Also das Format war sehr trivial – mit Spielen, mit Punkten, mit Siegern –, aber die Inhalte waren überhaupt nicht trivial. In dieser Zeit schon, während »Mensch Meier« also, habe ich immer wieder betont, wie sehr ich die Amerikaner um ihre wöchentlichen oder auch täglichen Fernsehformate beneide und immer wieder in Interviews gesagt: »Ich finde das schrecklich, nur sechs- oder siebenmal im Jahr eine Sendung machen zu können. Das ist so, als würde Herr Witzigmann nur sechsmal im Jahr ein Menu kochen dürfen – oder ein Chirurg nur sechsmal im Jahr operieren müssen. Der zittert doch. Ich hätte gerne wöchentlich eine Sendung!« Und dann hab ich eines Tages in der Zeitung gelesen, dass die ARD eine wöchentliche Talk-Show plant. In der Zeitung! Da bin ich zum damaligen Chef der WDR-Fernsehunterhaltung Hannes Hoff und habe gesagt: »Die möchte ich gerne machen!« Daraufhin er: »Aber Bio, aber Bio, das soll doch eine politische Talk-Show werden.« Und ich: »Das ist egal, ich bewerbe mich.« Das heißt: Ich hab gerochen, dass das was ist. Ich hab gemerkt, das wird's sein. Wöchentliche Sendungen waren in Deutschland noch nicht etabliert – und die Privaten gerade erst im Kommen. Da hatte ich also wieder einen Riecher. Und jetzt, zehn Jahre später, können ruhig mal Jüngere ihren Riecher benutzen.

Illner   Fast zeitgleich mit »Boulevard Bio« begann Ihre Tätigkeit als Professor an der Kunsthochschule für Medien in Köln. Was erzählen Sie den jungen Leuten dort?

Bio   Na ja, weniger etwas über das Handwerk, darüber, wie man Fernsehen macht, sondern mehr darüber, mit welcher *Haltung* man Fernsehen machen kann, ich selbst Fernsehen mache. Zum Beispiel habe ich Seminare angeboten unter Überschriften wie »Musik im Fernsehen«, »Fernsehpersönlichkeiten« oder zuletzt »Die Erarbeitung von nonfiktionalen Formaten für junge Zuschauer« – zusammen mit Hansjürgen Rosenbauer –, bei denen es mir immer wirklich das Wichtigste war, den Jungen zu vermitteln, Fernsehen mit *Verantwortung* zu machen – und dass man damit trotzdem Erfolg haben kann. Und weil ich selbst ja noch an der Front stehe, können die dann jede Woche nachprüfen, was ich denn so tue.

Illner   Sie hatten schon immer ein gutes Gespür dafür – siehe »Mensch Meier« –, was beim Massenpublikum ankommt und was man ihm darüber hinaus an Außergewöhnlichem und Experimentellem »zumuten« kann und muss. Wie wichtig war für dieses Gespür Ihre Zeit hinter der Kamera, als Produzent bei der »Bavaria«?

Bio   Sehr wichtig war diese Zeit! Nicht nur bei der »Bavaria« übrigens, sondern hinterher auch beim WDR, wo ich ja die Show »Am laufenden Band« produziert habe. Es gibt da eine wunderbare Geschichte: Wolf Biermann war im November '76 in Köln, sein berühmtes Konzert, wurde in den Tagen darauf ausgebürgert, und wir hatten samstags »Am laufenden Band«. Und Biermann war in diesen Tagen wirklich in jeder Sendung; es gab Berichte, hier und dort, und überall Ausschnitte aus seinem Konzert, unentwegt. Klar, das war *das* Thema in Deutschland! Am Samstag dann unsere Sendung. Rudi Carrell wollte, dass irgendwann mittendrin unser Komiker Heinz Eckner mit Langhaarperücke und Gitarre vor den Vorhang kommt – und Rudi hätte dann gesagt: »Oh nein, nicht schon wieder Biermann!« Da hab ich dann gesagt: »Rudi, das können wir nicht machen. Das kannst du als Holländer nicht beurteilen. Diese Ausbürgerung ist eine nationale Sache, das verstehst du nicht, das hat für viele Deutsche Tragik.« – »Was, ich hab das schon dem Unterhaltungschef gesagt; der hat okay gesagt.« – »Okay, mach's! Ich nehm meinen Namen vom Abspann.« Dann hat er's nicht gemacht. Vielleicht war ich etwas zu empfindlich – aber es war mir wichtig, die Sendung mit einer bestimmten Haltung zu machen. Und das geht über Handwerkliches hinaus. Beim Handwerk, da hab ich natürlich *viel* gelernt von Rudi Carrell, unglaublich viel. Ohne diese Zeit hätte ich »Bio's Bahnhof« gar nicht machen können.

Illner Wann ist eine Geschichte für Sie eine gute Geschichte?

Bio Wenn sie emotionalisiert. Das ist das A und O. Wir mit unserer Sendezeit um elf Uhr abends haben ja nur einen ganz großen Feind, einen Gegner, einen Konkurrenten: das Bett, wirklich. Es laufen eigentlich keine sonderlich starken Sendungen »gegen« uns, und die eine Ausnahme ist von ganz anderer Art für eine ganz andere Klientel, ist die Sendung von Harald Schmidt, den ich sehr schätze. Aber das Bett! Die Leute sind um elf Uhr müde. Und man *muss* sie emotionalisieren. Wir sehen das sehr deutlich an den Einschaltquoten: Sobald ein Gespräch zu fachlich-sachlich wird, sind die Leute weg. Wir haben mal mit einem Maler über Kunst gesprochen – eine Million Zuschauer weg! Die Leute zu *halten*, das weiß ich auch von Freunden, das schaffen wir um elf Uhr nur mit Emotion, nicht mit Information. Deshalb laden wir ja auch ganz, ganz selten Experten ein, sind unsere Gäste ansonsten immer Menschen, die »ich« sagen können, wenn sie erzählen – und die emotional erzählen. Und *dann* sind die Zuschauer auch für einige Informationen zugänglich. Ein Beispiel: Ich werde jetzt als neuer UN-Botschafter natürlich gefragt, wann wir mal in unserer Sendung etwas über AIDS-Prävention in Afrika machen. Wenn ich drei, vier Gäste finde – das Problem ist, dass ich in Afrika tausend finde, aber die sprechen kein Deutsch –, wenn ich also Gäste finde, die Deutsch sprechen und die mir erzählen können, was sie *persönlich* erlebt haben, dann mach ich es, dann machen wir etwas zu diesem Thema.

Illner Sie kennen den Witz mit dem Franzosen, dem Engländer und dem Deutschen, die zu dritt kurz vor der Erschießung stehen und jeweils nur noch einen Wunsch frei haben?

Bio Nein.

Illner Der Franzose wünscht sich ein *großes* Essen. Der Deutsche wünscht sich vor seinem Tod nochmal eine *große* Rede. Und der Engländer wünscht sich – vor der Rede des Deutschen erschossen zu werden.

Bio laut lachend Das ist sehr schön!

Illner Haben wir noch gute Geschichtenerzähler?

Bio Ja, doch!

Illner Oder ist es vor allem Ihre Kunst des Zuhörens und Fragens, die Ihre Gäste dazu bringt, so viel von sich preiszugeben?

Bio Ja, ich habe da schon ein gewisses Talent. Aber wie immer, wenn etwas besonders erfolgreich ist – und auch dann, wenn etwas schief geht –, es gibt dafür nicht nur einen Grund oder nur einen Verantwortlichen. Und ich sage deshalb – und wirklich nicht nur so wie fast alle »Oscar«-Preisträger, so à la »Ich danke x und y« –, ohne mein Team oder eben nur mit meinem Talent kämen die Gespräche so gar nicht zustande; nur durch diese intensive Vorbereitung, durch stundenlange und harte Diskussionen, bei denen es auch sehr laut werden kann, durch diese Auseinandersetzungen mit den wesentlich jüngeren Leuten und ihren ganz unterschiedlichen Sichtweisen und Lebensentwürfen, nur dadurch gelingen uns diese Gästegruppierungen, diese Themen, bei denen dann der Funke überspringt. Natürlich: In der Live-Situation bin ich es dann, der eine Atmosphäre schafft, die unsere Gäste zum Erzählen bewegt. Eine Gesprächsatmosphäre, die harmonisch ist und nicht aggressiv. Ich weiß, dass viele Kritiker mir das vorwerfen, immer wieder schreiben, ich sei zu harmlos oder zu weich. Aber ich will das so, und ich habe damit Erfolg. Erfolg nicht nur wegen der vielen Zuschauer all die Jahre, sondern weil mir auf diese Art meine Gesprächsgäste immer wieder Dinge erzählen, die sie sonst niemandem und nirgendwo erzählen. Warum also sollte ich meine Art zu fragen aufgeben?

Illner   Lesen Sie denn Kritiken zu Ihren Sendungen?

Bio   Früher hab ich sie selbst gelesen. Jetzt schon länger nicht mehr. Aber mein Produzent Andreas Lichter und natürlich das Team lesen alles – und sagen mir dann das Wichtigste. Ich *richte* mich allerdings nicht mehr nach der veröffentlichten Kritik. Ich hab *meinen* Weg ja gefunden. Früher, am Anfang haben mich Kritiken mehr beschäftigt, weil ich diesen Weg noch gesucht hab; und natürlich haben wir sie diskutiert. Auch der Beginn von »Boulevard Bio« war zunächst ja nicht so doll.

Illner   Das Format wurde erst allmählich so, wie es jetzt ist.

Bio   Ja, die ersten Folgen sahen ganz anders aus; es waren, glaub ich, acht bis zehn Folgen, bis wir –

Illner unterbricht   Aber was sind schon zehn Wochen im Vergleich zu zehn Jahren?

Bio   – trotzdem, wir waren damals schon sehr irritiert. Und ich muss ehrlich sagen: Ich brauchte damals niemanden, der mir das gesagt hat; ich hab gespürt, dass die Sendung so noch nicht stimmt.

Illner   Sie hatten zunächst bei »Boulevard Bio« noch kleine Show-Acts.

Bio   Ja, die hatten wir und die haben wir dann rausgeschmissen. Und außerdem saßen die Gäste buchstäblich nebeneinander, wie in anderen Talks auch, ohne dass sie thematisch irgendwas miteinander verbunden hat. Es waren einfach aneinander gereihte Gespräche. Erst dann haben wir Themen eingeführt oder wenigstens inhaltliche Klammern. Diese Klammern ermöglichen es, extrem unterschiedliche Leute – wie jüngst unter der Überschrift »Nur die Liebe zählt« Scharping mit Lebensgefährtin einerseits und ein homosexuelles Paar andererseits – einzuladen, und jeder erzählt seine Geschichte; aber es gibt doch etwas Verbindendes, und das macht den Kontrast so interessant. Ohne Verbindung ist Kontrast bloß Kontrast. Ohne Kontrast ist Verbindung langweilig. Aber so wie eben beschrieben ist es spannend.

Illner   Und diese Klammern denkt man immer mit! Kann man sagen, dass Kommunikation das Wichtigste in Ihrem Leben ist?

Bio   Kommunikation ist mein Leben, auch privat. Ich verbringe viel mehr Abende mit Menschen redend – zu Hause oder im Restaurant – als Abende alleine zu Hause vor dem Fernseher oder im Kino oder im Theater. Ich kommuniziere unentwegt. Das funktioniert auch deswegen, weil ich schon vor fünfzehn Jahren erkannt hab, dass ich nicht Büro-Arbeit leisten möchte; ich hab weder zu Hause noch in meiner Firma einen Schreibtisch. Ich hab alles delegiert – mit viel Vertrauen und auch viel Glück. Das bedeutet, dass ich inzwischen trotz der 80 Sendungen im Jahr – »Boulevard Bio« und »alfredissimo!« zusammen –, trotz meiner Hochschulprofessur und jetzt des Amtes als UN-Botschafter Zeit habe auszugehen, mit Leuten zu reden, einzuladen, zu kochen, Reisen zu machen. Das ist für mich ganz wichtig!

Illner   Ich hab in einer Agenturmeldung gelesen, dass sich das gemeine deutsche Ehepaar am Tag nur noch fünf Minuten miteinander unterhält.

Bio   Oh!

Illner   Und dann fiel mir beim Zappen durch die Fernsehkanäle auf, dass man ja oft nur noch »quatschende Köppe« sieht. Tragen Talk-Shows dazu bei, dass Menschen privat nicht mehr kommunizieren, sondern sich nur noch von TV-Kommunikation berieseln lassen?

Bio   Nein, ich glaube nicht, dass die Leute früher mehr miteinander geredet haben. Es gab da halt keine Erhebungen oder Statistiken. Glauben Sie, dass in normalen Familien früher, nur weil's kein Fernsehen gab, große Gespräche geführt wurden? Ich nicht.

Illner   Ist »Boulevard Bio« für Sie Ihre in die Arbeit hinein verlängerte große Esszimmer-Tafel, an der Sie sich mit Ihren Gästen unterhalten?

Bio   Ja! *Alle* meine Sendungen hatten mit mir zu tun, extrem natürlich »alfredissimo!«, wo im Studio sogar meine Küche nachgebaut wurde. Aber auch im Bühnenbild von »Boulevard Bio« spiegelt sich meine Wohnung in Köln: diese Fenster mit den Jalousien und den Heizkörpern – und die frischen Blumen. Ich hab zu Hause immer, immer frische Blumen; ich hab eine Haushälterin, die fragt mich, wenn ich unterwegs bin: »Wann kommst du zurück?« Und dann holt sie extra frische Blumen. Es geht sehr viel aus meinem Leben in die Sendungen hinein: von meinem Musikgeschmack, so bei »Bio's Bahnhof«, bis zu den Rezepten oder meinen kulinarischen Vorlieben bei »alfredissimo!«. Also Äußerlichkeiten und auch Inhaltliches.

Illner   Was den Schluss nahe legt, dass jeder Moderator mehr oder minder erfolglos bleibt, wenn er nichts »mitbringt« und nichts von sich preisgeben kann.

Bio   Ja, er bleibt dann austauschbar. In dem Augenblick, wo jemand zu wenig von sich selbst einbringt, wird er austauschbar. Da kann man noch so schön sprechen, gut formulieren, wunderbare Fragen haben! Die Zuschauer müssen sich nicht nur für die jeweiligen Gäste interessieren können, sondern auch für den

Gastgeber. Man sieht es ja auch bei vielen dieser jungen, sehr hübschen Jungen und Mädchen der privaten Sender – ich glaube nicht, dass von denen auch noch in einigen Jahren viele präsent sind. Es ist also sehr, sehr wichtig, dass man eine eigene Persönlichkeit entwickelt, dass man lebt, gelebt hat und dies dann in Sendungen einbringen kann.

Illner   Sie waren vor etwa zwei Jahren in einer Sendung mit dem Titel »Ich war auch Messdiener« neben Frank Elstner, Thomas Gottschalk und Jürgen von der Lippe zu sehen. Der Autor dieser Reportage stellte fest, dass aus diesen vier Ministranten später Fernsehpäpste wurden.

Bio   Ja, ich hab schon als Kind einen kleinen Altar aufgebaut, ich hab den Altar geschmückt mit Blumen aus dem Garten, ich hab mir Gewänder gemacht und dann Messe zelebriert.

Illner   Und mit »Bio's Bahnhof« und »Mensch Meier« haben Sie dann auf dem Petersplatz des Showbizz gestanden, um mit »Boulevard Bio« wieder in die kleine Kapelle zurückzukehren.

Bio   Ja, ich denke, das stimmt. Ich brauche den großen Auftritt nicht mehr – das hatte ich ja früher zur Genüge.

Illner   Wird es denn nach »Boulevard Bio« nochmal einen neuen großen Auftritt geben?

Bio   Nein, ich glaub, wenn ich mal mit »Boulevard Bio« irgendwann aufhöre, dann werde ich eher einzelne Sachen machen, keine Sendereihe mehr. Meine Tätigkeit als UN-Botschafter etwa wird immer irgendwie mit Fernsehen zu tun haben; wir werden Specials machen, und ich werde auch als Gast in Sendungen gehen. Ich glaube nicht, dass ich mich langweilen werde.

Illner   Im Zusammenhang mit Ihrer Ernennung zum UN-Botschafter haben Sie sich gegenüber der Presse zum ersten Mal über Ihren Arbeitgeber, die ARD, beklagt – mit Blick auf das Talk-Format »Beckmann«.

Bio   Ja, ich fand es blöd, dass man neben meine erfolgreich laufende Sendereihe eine Sendung platziert hat der gleichen Art. Wofür es gar keinen Grund gab! Ich finde, *eine* große Talk-Show reicht. Wenn man jetzt »Friedman« und »Gauck« ins Programm nimmt, die politische Sendungen machen – gut, das ist klar und einleuchtend. Aber warum musste man eine zweite Sendung ins Programm nehmen, die das *Gleiche* gemacht hat wie wir? Ich habe nichts gegen Herrn Beckmann, überhaupt nichts. Ich habe auch nie gesagt, dass er seine Sache schlecht macht. Inzwischen geht er auch seinen eigenen Weg; seine Sendung findet jetzt ohne Publikum statt, und die Gesprächssituation ist eine andere, nämlich an einem Tisch. Aber warum musste man uns etwa zwei Jahre lang kopieren und die gleichen Gäste einladen, was uns die Arbeit *nur* erschwert hat? Das fand ich schon absurd.

Illner   Wär's für Sie jemals in Frage gekommen, zu den kommerziellen Sendern zu wechseln?

Bio Da würd ich nicht pauschal »Nein!« sagen. Aber ich bin auch nie gefragt worden. Worüber ich mich wiederum nie geärgert habe, weil ich diesen Luxus, eine Sendung ohne jede Werbe-Unterbrechung machen zu können, *sehr* hoch einschätze. Und ich muss auch sagen, dass ich mich grundsätzlich bei der ARD wohl fühle, auch wenn diese Sache mit »Beckmann« sehr ärgerlich war. Ich weiß, was für ein gutes Umfeld ich habe; und ich weiß auch, wie viele Chancen ich beim WDR bekommen habe und dass man mir immer zugestanden hat, dass sich etwas entwickeln konnte und nicht auf Anhieb schon perfekt sein musste.

Illner Sie haben mal gesagt, von einer Sendung wie »Boulevard Bio« hätten Sie immer geträumt.

Bio Ja, ich hab vor vielen Jahren schon gesagt: »Ich hoffe, dass ich mich so weiterentwickle als Persönlichkeit, dass ich nicht mehr den großen Show-Aufwand brauche.« Oder ich hab auch gesagt: »Irgendwann mal bin ich so weit, dann brauch ich keine Big-Band mehr und keine Treppe; dann gilt einfach: eine Wand und zwei Stühle davor, mehr brauch ich nicht.« Jetzt ist die Wand noch ein bisschen gestaltet, und Bilder hängen da, und es gibt die Blumen. Aber im Prinzip ist es das, was ich gemeint habe. Ich bin am Ziel angekommen.

»Brücken über den Abgrund der deutschen Vergangenheit« – Von Avi Primor

[12.4.1994, Folge 115 zum Thema »Zivilcourage – Wo sind Schindlers Erben?« mit Ignatz Bubis, Joachim Gauck und Christine Roth / 18.6.1996, Folge 205 zum Thema »Der Stammtisch der Überlebenden« mit Leo Glückselig sowie Alex und Hilde Olsen / 25.3.1997, Folge 232 unter der Überschrift »Ich breche das Schweigen« mit Naomi Bubis und Sharon Mehler, Roman Frister sowie Fritz Kreuzer / 7.4.1998, Folge 274 unter der Überschrift »Mir ist nichts heilig« mit Gad Granach / 28.11.2000, Folge 379 unter der Überschrift »Ich liebte meinen Feind« mit Edith Hahn Beer und Angela Schlüter / 27.2.2001, Folge 392 unter der Überschrift »Nur gemeinsam konnten wir überleben« mit Anita Lasker-Wallfisch und Renate Lasker-Harpprecht]

Nicht lange, nachdem ich zum ersten Mal in meinem Leben nach Deutschland gekommen war, um 1993 mein Amt als Botschafter des Staates Israel anzutreten, habe ich im Zuge meiner Bemühungen, mich mit den deutschen Medien vertraut zu machen, von der Sendereihe »Boulevard Bio« gehört. Dies sei der wichtigste, weil einflussreichste Talk des deutschen Fernsehens, sagte man mir. Wichtig und einflussreich sei er nicht deshalb, weil er unbedingt immer das größte Publikum anziehe, obwohl eine Zuschauerzahl von bis zu 2,5 Millionen an sich schon sehr beachtlich sei, aber besonders bedeutsam, sagte man, werde diese Zahl dann, wenn man verstehe, dass diese Sendung nicht nur unterhaltsam, sondern auch von sehr hohem Niveau sei. Als ausländischer Beobachter sollte ich auf jeden Fall eine derartige Sendung verfolgen.

Das habe ich auch so weit wie möglich regelmäßig getan, und die Sendung hat mir und meiner Frau immer Vergnügen bereitet. Jedes Gespräch mit einem Gast der Sendung, von denen ein jeder allmählich zu einem Vertreter des Mosaiks der deutschen Gesellschaft für mich geworden ist, war eine spannende Erfahrung. Wenn ich langsam den Eindruck gewonnen habe, dass ich das für mich außerordentlich fremde Land Deutschland zu verstehen beginne, dann habe ich dies zumindest teilweise Alfred Biolek zu verdanken. Aufschlussreich und unterhaltsam ist die Sendung. Sie war für mich in Deutschland jede Woche ein Erlebnis, und heute in Israel brauche ich auf dieses Erlebnis und Vergnügen dank des Senders 3sat, den wir hier empfangen können, auch nicht zu verzichten.

Die Sendung war und ist für mich eine Art Lehreinrichtung und mir scheint, dass ich diesbezüglich keine untypische Meinung vertrete. Mehrfach habe ich in verschiedenen Kreisen in Deutschland im Nachhinein diese Resonanz auf die Sendung gehört. Obwohl die Leute auch ihr Vergnügen an der Sendung ausgedrückt haben, haben sie meistens über den Inhalt der Gespräche geredet und ihre Meinungen darüber geäußert.

Am meisten hat mich die wiederholte Behandlung der Themen »Holocaust«, »Nazivergangenheit«, »Vergangenheitsbewältigung« und »Zivilcourage« beeindruckt. Man sagte mir, dass »Boulevard Bio« im Verlauf von nunmehr knapp zehn Jahren mehr als dreißig Sendungen diesen Themen gewidmet hat, oft sogar monothematisch. Viele davon durfte ich sehen.

Warum hat mich die Auseinandersetzung der Sendereihe mit der braunen deutschen Vergangenheit so sehr beeindruckt? Ich bin doch mit dem Thema seit meiner Jugend intim vertraut. Wir in Israel sind mit der Geschichte der Nazizeit und insbesondere mit dem Holocaust als Teil unserer Geschichte, ja als Teil unserer Kultur, aufgewachsen. Ich glaube, dass ich jahrelang kein Buch zu diesem Thema ausgelassen habe, und ich habe mich bemüht, so viele Zeitzeugen wie möglich zu hören. Und dennoch war ich immer wieder von Bioleks Gesprächen über diese Themen sehr berührt. Trotz allem habe ich immer wieder den Eindruck gewonnen, dass ich etwas Neues gelernt habe. Erheblich wichtiger noch war für mich, was ich im Nachhinein von verschiedenen deutschen Zuschauern über diese Sendungen hörte.

Unser Problem in der Nachkriegszeit in Bezug auf Deutschland bestand nicht nur in den schrecklichen Erfahrungen und Erinnerungen der Überlebenden des Naziterrors. Für einen jungen Menschen wie mich, der in Israel geboren ist und den Krieg persönlich nicht erlebt hat, gab es einen ganz besonderen Grund für eine vollkommene Abneigung gegen Deutschland. Meine Generation hat Deutschland als einen weißen Fleck auf der Landkarte betrachtet, als ein Land, das man bestenfalls ignoriert, obwohl wir wussten, dass es schon kein Nazideutschland mehr gab. Wir wussten natürlich, dass die Bundesrepublik eine echte parlamentarische Demokratie war, die sich bemühte, der deutschen Jugend eine neue Erziehung zu gewährleisten und sich in die westliche Völkergemeinschaft zu integrieren. Und dennoch haben wir auch dieses neue Deutschland abgelehnt. Vor allem war das so, weil wir von den Deutschen immer gehört haben, dass sie ihre jüngste Vergangenheit verdrängen, wenn nicht gar leugnen. Mit solchen Menschen wollten wir schlicht und einfach nicht konfrontiert werden, mit denen, dachten wir, könne man keinen ehrlichen Dialog führen. Die Zeiten haben sich geändert; allmählich, und besonders seit der Studentenbewegung von 1968, bröckelte die Mauer des Schweigens und des Verschweigens, und die neuen Generationen begannen zunehmend, die Vergangenheit zur Kenntnis zu nehmen und sich damit auseinander zu setzen. Je mehr die Zeit vergeht, desto mehr interessieren sich besonders die jüngeren Generationen für die Nazivergangenheit. Diese Vergangenheit wird, wenn auch in unausgewogener Art und Weise, in den Schulen unterrichtet und ist ständiges Thema bei vielen offiziellen Veranstaltungen.

1952 unterzeichneten die Bundesregierung und die israelische Regierung in Luxemburg ein Wiedergutmachungsabkommen. Aus diesem Anlass wollte der damalige Außenminister Israels, der seine Regierung bei dieser Zeremonie vertrat, vor dem deutschen Vertreter, Bundeskanzler Konrad Adenauer, eine feierliche Rede halten. Rücksichtsvoll ließ er den Kanzler den Text im Voraus lesen. Natürlich erwähnte der Text den Holocaust und die Naziverbrechen, aber in einer so milden Art und Weise, in der heute kein deutscher Politiker zu sprechen wagen würde. Und dennoch wies Adenauer den Text des israelischen Außenministers Moshe Sharett zurück und sagte, zwar könne er so eine Rede hören, das deutsche Volk aber noch nicht. Wenn ich höre, wie deutsche Politiker und öffentliche Persönlichkeiten sich heute bei verschiedenen Anlässen in direkter und sogar schmerzhafter Sprache ausdrücken, wenn sie das Thema der Nazivergangenheit ansprechen, dann muss ich die »vorsichtige« und scheue Rede, die Außenminister Sharett 1952 vorbereitet hatte und nicht halten durfte, belächeln. Ist das Problem heute also überwunden?

1998 brach die Walser-Bubis-Debatte aus. Ich war von der Rede Martin Walsers recht schockiert. Nach so vielen Jahren, in denen ich den Eindruck gewonnen hatte, dass die Deutschen ihre Hemmungen, die Nazivergangenheit wahrzunehmen und sich ihr zu stellen, überwunden hatten, steht da ein berühmter, geistiger, einflussreicher Mann, der seinen Zuhörern predigt, wieder einmal die Vergangenheit zu verdrängen, sie als eine Moralkeule zu betrachten und schlicht und einfach wegzuschauen – wieder einmal wegzuschauen, so wie während der Nazizeit. Später war ich verblüfft zu erfahren, dass junge Leute in Deutschland, die sich ehrlich und ernsthaft mit der Vergangenheit auseinander setzen, eher Sympathie für die Walser-Rede zeigten. Das Rätsel des Widerspruchs wurde mir sehr einleuchtend erklärt: Viele Zuhörer betrachteten die Walser-Rede als einen Protest gegen die oberflächliche Ritualisierung des Themas, gegen das bloße, zeremonielle Lippenbekenntnis, zu dem ihnen die Bezugnahme auf das Dritte Reich und seine Verbrechen in Deutschland geworden zu sein schien. Woher rührt es jedoch, dass das Verhalten der Deutschen diesen Anschein erwecken kann, auch wenn sie nicht mehr unbedingt die Vergangenheit verdrängen wollen?

Es ist schwer, Verbrechen wie die Naziverbrechen wirklich zu begreifen. Der menschliche Verstand kann diesen grenzenlosen Horror gar nicht fassen. Letzten Endes werden von alldem nur noch trockene Statistiken bleiben, die keine emotionale Reaktion hervorrufen. Um die Vergangenheit wirklich zu begreifen, muss man sie in einer menschlichen Art und Weise kennen lernen. Der Talmud sagt: »Urteile über keinen Menschen, solange du nicht an seiner Stelle gewesen bist.« Man kann sich heute weder an die Stelle der Opfer noch an die Stelle der Täter versetzen, und dennoch kann man die Geschehnisse durch die Vermittlung ihrer Erfahrungen und Erlebnisse besser verstehen als anhand offizieller Reden oder trockener Lehrbücher. Man kann die Menschen hören, ihnen und ihren persönlichen Geschichten Geduld und Empathie widmen, versuchen, sie unmittelbar zu verstehen, ihre Erfahrungen zu begreifen.

George Bernhard Shaw sagte: »Die Weisheit eines Menschen misst man nicht nach seiner Erfahrung, sondern nach seiner Fähigkeit, Erfahrungen zu machen.« Und genau das ist die Stärke von Alfred Biolek. Er versucht, die Menschen zu verstehen, ihre Erfahrungen so weit wie möglich zu begreifen. Er drängt sie in einer sanften Art und Weise, sich zu offenbaren. Er unterhält sich mit ihnen, erleichtert es ihnen, offen zu sein, und ermöglicht dadurch auch den Zuschauern, Erfahrungen, die ihnen ursprünglich fremd waren, nachzuvollziehen. Wenn man die Sendung verfolgt, gewinnt man den Eindruck, dass das Gespräch dank Bioleks natürlicher Begabung fast von alleine so offen und fließend verläuft. Da ich die Ehre und das Vergnügen hatte, Gast bei »Boulevard Bio« gewesen zu sein, weiß ich jedoch, wie viel Mühe Biolek sich gibt, wie sorgfältig er nachforscht und die Lebensgeschichte seines jeweiligen Gesprächspartners studiert. Weil er so wunderbar auf das Gespräch vorbereitet ist, kann er sein natürliches Talent für zwischenmenschliche Beziehungen am wirksamsten zur Geltung bringen. In den zahlreichen Gesprächen mit Opfern, Tätern und anderen Zeitzeugen ist es Biolek gelungen, dem Zuschauer den Eindruck zu vermitteln, dass er die Geschichte der Nazizeit nicht nur kennen lernt, sondern auch zu spüren bekommt.

Es ist fast so, als habe der Zuschauer selber die schreckliche Erfahrung gemacht. Gespräche wie das mit Roman Frister, der seine Geschichte von der Mütze im KZ so erzählte, dass der Zuschauer weinen wollte; die Konfrontation zwischen einem ehemaligen Buchenwald-Insassen mit einem Mann seines Alters, einem gebürtigen Weimarer, der von seinem Haus in Weimar aus während des Krieges das KZ beobachten konnte und dennoch alles zu verdrängen und verleugnen versuchte, und viele andere persönliche und menschliche Geschichten haben Zuschauern das echte Gefühl der Tragödie übermittelt. Und weil Biolek die seltene Gabe besitzt, auch mit solch schmerzlichen Themen scheinbar unterhaltsam umzugehen, folgen ihm die Zuschauer gerne und sogar mit Leidenschaft.

Um eine Lehre aus der Vergangenheit zu ziehen, um Brücken über den Abgrund der Vergangenheit zu schlagen, um zwischenmenschliche Beziehungen zu entwickeln, die eine bessere Zukunft garantieren können, sind sowohl der Schulunterricht als auch offizielle Reden natürlich wichtig, aber unentbehrlich ist das tief greifende Verständnis, das man durch Sendungen wie »Boulevard Bio« ernsthaft und dauerhaft gewinnt – Sendungen, die den Mut haben, sich solch schwierigen Themen zu widmen.

Zum 10. »Geburtstag« von »Boulevard Bio« gratuliere ich ganz herzlich mit Begeisterung und Dankbarkeit. Vor allem hoffe ich, dass die unentbehrliche Erziehungs- und Aufklärungsarbeit, die dort ohne Zwang und eben unterhaltend geleistet wird, Fortsetzungen erfährt.

»Furchtlose Blicke in andere Welten: Bios Gespräche mit Behinderten« – Von Marianne Koch

[14. 4. 1992, Folge 35 zum Thema »Tränen, Wut und Glück – Leben mit den Folgen von Contergan« / 21. 9. 1993, Folge 86 zum Thema »Wir sehen was, was ihr nicht seht – Fünf Blinde berichten« / 7. 1. 1997, Folge 221 zum Thema »Gehörlos: Ich sehe, was du sagst« / 6. 10. 1998, Folge 290 zum Thema »Ich stottere«]

Ich protestiere. Ich will nicht, dass Alfred Biolek wahr macht, was er angekündigt hat, nämlich irgendwann in naher Zukunft aufzuhören mit seiner Sendung. Wenn er ein wenig nachdenkt, müsste er erkennen, dass er gar nicht aufhören kann. Denn wer, außer ihm, hat uns gezeigt – und zeigt uns immer wieder –, dass Fernsehen auch heute noch etwas mit der Würde von Menschen zu tun haben kann? Die Würde seiner Gesprächspartner, sein Respekt vor ihnen, egal ob

Operndiva, Häftling oder Stotterer, bestimmt den Charakter, den Grundton seines Talks. Unaufdringlich, aber als festes Fundament, auf dem die Gäste – und er – stehen.

Das ist natürlich kein Zufall und hat wohl mit seiner Einstellung gegenüber Menschen zu tun. Dabei glaube ich gar nicht, dass Alfred Biolek das ist, was man einen Menschenfreund nennt. Kann er ja auch gar nicht sein, wenn er so lange in diesem Medium tätig ist. Er ist kritisch, skeptisch und, natürlich, mit allen Wassern gewaschen. Aber ich denke, er hat sich auch nach so vielen Jahren ein kaum zu bändigendes Interesse für Menschen bewahrt, vor allem eben auch für die, die zu den Außenseitern unserer Leistungsgesellschaft gehören und deshalb sonst in den Medien nicht vorkommen.

Wir haben in den siebziger Jahren als Moderatoren von »III nach Neun« erstmals Schwerbehinderte – Spastiker – in ihren Rollstühlen in eine Unterhaltungssendung geholt, und sie haben, stockend und mühsam um Worte ringend, wie das eben Spastiker tun, mit uns über ihre Lebensbedingungen geredet – sie, wohlgemerkt, nicht ihre Betreuer. Das war neu und wurde damals von vielen als unerträglich und anstößig empfunden. Behinderte hatten sich gefälligst zu verstecken und zu schweigen. Dass sich da etwas geändert hat, verdanken wir auch Alfred Biolek.

Wenn ich heute noch einmal Bios Sendungen mit blinden, mit gehörlosen Gästen oder mit Contergan-Geschädigten anschaue und mich darüber freue, wie stark und mutig diese Menschen wirken und wie sie über Lebenspläne und Lebensglück erzählen, dann frage ich mich, warum sie in dieser ihnen so ungewohnten Situation dermaßen unbefangen und sicher agieren. Das Geheimnis scheint mir zu sein: Ein blinder Gast ist für Alfred Biolek nicht ein Blinder, sondern er ist Herr X, sein Gast. Er ist ein Individuum. Und erst dann, sozusagen zusätzlich, ist er blind. Oder gehörlos. Oder er stottert. So sieht sich Herr X nicht durch sein Blindsein definiert, sondern er wird als die Person wahrgenommen, die er ist.

»Sie haben Recht«, sagte ein dreizehnjähriger Junge, »ich bin auch noch ein anderer Mensch, nicht nur der, der stottert.«

Gehörlose oder Blinde leben in einer anderen Welt als wir. Der Graben ist nicht zu überbrücken. Aber Bio schafft es, uns, seine Zuschauer, für lange Minuten in diese andere Welt blicken und etwas von deren Schönheiten und Schätzen erkennen zu lassen – Eindrücke, die bleiben. Er schafft es, weil er furchtlos umgeht mit Behinderten. (Übrigens auch mit »Drachen« wie Operndiven, was sicher auch ein hohes Maß an Furchtlosigkeit erfordert.)

Ein anderes Geheimnis seiner erstaunlichen Gabe, mit Menschen umzugehen, erfahren diese schon im Vorfeld des Talks. Wer wie ich das Vergnügen hatte, von seinem Team in den Wochen vor der Sendung kontaktiert, besucht, befragt und betreut zu werden, erlebt eine Truppe von hinreißenden Leuten, die überhaupt nicht schmeichlerisch, aber effizient und mit erstaunlicher Freundlichkeit auftreten.

Es ist überhaupt nicht einzusehen, warum Alfred Biolek nicht weitermachen und uns, die wir das Fernsehen immer häufiger hassen, einen Lichtblick, eine Oase, ein »Bio-top« gönnen will. Ein »Bio-top«, in dem die Leichtigkeit im Ernsthaften gedeiht, das bunt ist an Personen und Persönlichkeiten und in dem noch Menschenwürde zugelassen wird.

Bio hat sich in den letzten fünfzehn Jahren optisch kaum verändert. In ein paar Jahren könnte man, wenn es nötig wäre, vielleicht das Studiolicht ein wenig weicher machen. Im Übrigen sollte er bleiben, wie er ist.

»Das Ende auf Erden« – Von Regine Hildebrandt

[9.3.1993, Folge 70 zum Thema »Unfassbar: Der Tod des Partners« / 1.11.1994, Folge 132 zum Thema »Wie wir sterben« / 14.3.1995, Folge 151 zum Thema »Der Traum vom ewigen Leben« / 27.10.1998, Folge 293 zum Thema »Tabu Tod«]

Ist das ein Thema für Fernseh-Talks? Allgemein wohl kaum! Das Sterben wurde ja selbst im Alltag der Gesellschaft systematisch aus dem Bewusstsein der Menschen verdrängt. Durch enorme Erfolge der Medizin bei der Bekämpfung der dramatischsten Infektionskrankheiten des 19. Jahrhunderts, durch die Fortschritte der Intensivmedizin ist Sterben als »vermeidbarer Betriebsunfall« in die Intensivstationen der Krankenhäuser abgedrängt worden.

»Geht diese Moderne jetzt zu Ende?« fragt Alfred Biolek und nimmt sich wiederholt des Themas »Das Ende auf Erden« an. Einer der wenigen Menschen, wenn nicht der einzige Moderator, von dem ich überzeugt bin, dass bei ihm dieses Thema selbst in einem Fernseh-Talk gut aufgehoben ist!

Ein erstes Mut machendes Beispiel zum »ganz normalen« Umgang mit dem Sterben gibt Bio bereits in der frühesten seiner zum Thema gehörigen Sendungen, in »Unfassbar: Der Tod des Partners«. Zu Gast ist neben anderen Albert Wimschneider, dessen Frau Anna mit 73 Jahren an einem Schlaganfall nach drei Wochen im Krankenhaus starb. 54 Jahre waren sie verheiratet, hatten schwere Jahre als Bauern auf dem Lande gemeinsam durchgestanden. Anna litt schon lange unter Asthma, Herz- und Gallenbeschwerden, aber auf einmal wurde sie fast wieder gesund; sie hatte, obwohl sie sonst nie schrieb, ihr Leben aufgezeichnet – »gemalt«, wie ihr Mann berichtet –, und durch Zufall wurde daraus ein viel gelesenes Buch: »Herbstmilch«. Anna Wimschneider war auf einmal Erfolgsautorin, reiste, machte Lesungen, war im Fernsehen – und gesund! Die ganze Familie war glücklich darüber, der Ehemann nicht im Ansatz neidisch; er war eher der »Prinzgemahl«. Dann kamen aus heiterem Himmel der Schlaganfall, fünf Tage Bewusstlosigkeit, Lähmungen, Sprachverlust und natürlich Krankenhausaufenthalt. Die Familie war tagsüber immer bei der Mutter, vormittags die ältere Tochter, nachmittags der Ehemann, abends die jüngste Tochter. Sogar Weihnachten wurde in der Klinik gemeinsam begangen – Albert Wimschneider sagt, es war sein schönstes Weihnachtsfest. Die Mutter und Ehefrau im Rollstuhl – und alle gingen sie den Krankenhausflur entlang zum Weihnachtsbaum, sangen dort die alten Lieder und mussten sogar lachen bei »Ihr Kinderlein kommet«, weil die Töchter früher fälschlicherweise immer »hoch oben schwebt Joseph den Engeln was vor« gesungen hatten – und Mutter Anna lächelte auch! Am Neujahrstag ist sie dann gestorben, und sie wurde in einer großen Beerdigungsfeier in Anwesenheit vieler würdiger Gäste beigesetzt. Die eine Tochter sagte damals: »Wenn Mutter die vielen bedeutenden Gäste gesehen hätte, hätte sie der Schlag getroffen.« Jetzt geht Albert Wimschneider oft zum Grab, um mit seiner Frau Probleme zu besprechen. Dabei hatten sie schon zu ihren Lebzeiten »Planspiele« gemacht, was denn der überlebende Partner jeweils tun würde, wenn den anderen der Tod träfe. Ihm hatte seine Frau sogar prophylaktisch etwas Kochen beigebracht, damit er nicht sofort auf eine neue Frau angewiesen wäre. Doch dass er nicht allein bleiben wollte, das stand für ihn schon damals fest. Eine für mich überraschende Erkenntnis, dass auch die Gesprächsteilnehmerinnen Diana Körner und Wencke Myhre nach dem Verlust des Mannes einer neuen Beziehung sehr aufgeschlossen gegenüberstanden, immer in der Gewissheit, der alte Partner ist nicht zu ersetzen. Es sei eben eine völlig neue Beziehung unter anderen Bedingungen.

Durch Albert Wimschneider und diese Sendung hat Bio es vermocht, dem Sterben eine Dimension zu geben, die zum ganz normalen Familienleben dazugehört. Ein richtiger Mutmacher!

Für mich besonders anrührend ist das Gespräch in »Tabu Tod« mit der Fernsehjournalistin Marijana Stoisits, deren erstes Kind drei Wochen vor der Entbindung durch Herzstillstand im Mutterleib starb. Es war ein Mädchen, es sollte Antonia heißen, und während der Schwangerschaft hatte nichts auf ein dramatisches Ende hingedeutet. Am Tag nach dem Tod wurde die Entbindung eingeleitet, und Mutter und Vater erlebten sie ähnlich, als wenn das Kind gelebt hätte: Sie freuten sich auf Antonias Anblick; es war ein schönes Gefühl, dass sie nun endlich da war! Es war ein hübsches Mädchen. Sie badeten es und zogen es mit den bereits angeschafften Kleidungsstücken an. Acht Stunden verbrachten die Eltern gemeinsam mit ihrem Kind. Sie machten Fotos von der Tochter und freuten sich an ihr. Da die Beerdigung die einzige Feier war, die die Eltern für ihre Tochter ausrichten konnten, bereiteten sie ein großes Fest mit vielen Einladungen. Natürlich irritierten sie damit auch etliche Menschen, aber es war ihre adäquate Form der Trauerarbeit. Täglich besuchten sie dann das Grab; in ihrer Wohnung standen Fotos von Antonia, und als Marijana Stoisits nach einigen Monaten wieder schwanger wurde und ihrem Sohn Joseph das Leben schenkte, gingen die Eltern mit ihm früh an das Grab der Schwester.

Diese beiden Beispiele vom Sterben in intakten Familien mit gemeinschaftlicher Begleitung bei kurzen überschaubaren Leidensphasen sind nun aber leider nicht die Regel. Menschen sind oftmals lange ans Krankenlager gefesselt, sind oft einsam und verlassen – der Tod wäre eine Erlösung.

Die Sendung »Wie wir sterben« ist da ein sehr wichtiger Beitrag zur Information und zur Diskussion, den Bio durch seine Gespräche mit der Hospizpsychologin Daniela Tausch-Flammer und dem Vorsitzenden der Deutschen Gesellschaft für humanes Sterben, Professor Hermann Pohlmeier, leistet. Gegen die Einsamkeit im Sterben, gegen das Sterben im Krankenhaus, in dem die Menschen ja eigentlich geheilt werden sollen, hat die Hospizbewegung Sterbebegleitung gestellt: Sterbende können in einem Hospiz, einem Sterbehaus, betreut werden – oder auch ambulant im häuslichen Milieu. Weitgehend ehrenamtliche Begleitung, psychologische Betreuung und Nachtwachen stehen für die Sterbenden bereit. Daniela Tausch-Flammer machte die Erfahrung, dass vielen Menschen wirklich geholfen wird durch Zuwendung im Sterben. Allerdings gebe es trotz effektiver Schmerztherapie auch Menschen, die eine Lebensabkürzung wünschten. Diese kann die Hospizpsychologin nicht leisten – und sie will sie auch nicht leisten. Immerhin vergleicht sie in ihren Überlegungen das Sterben mit dem Gebären: Beim Gebären kann die Schwangere entscheiden, ob sie die Entbindung bewusst erleben will oder schmerzfrei unter Medikamenten. Diese Entscheidung müsste man im Sterben auch haben, meint Daniela Tausch-Flammer, aber so weit seien wir noch nicht. Da setzt nun Hermann Pohlmeier mit seinen Vorstellungen vom humanen Sterben an: Das Selbstbestimmungsrecht des mündigen Bürgers auch im Sterben müsse gewahrt bleiben.

Hilfe zum und beim Sterben gehören zusammen. Die rechtliche Situation ist dabei immer kompliziert. Patientenverfügungen ermöglichen es ausdrücklich, lebensverlängernde Maßnahmen abzulehnen, doch die Rechtsverbindlichkeit macht Probleme. Die Beihilfe zur Selbsttötung ist straffrei – in der Schweiz und in Deutschland –, aber in Deutschland nicht unkompliziert: Tötung auf Verlangen ist strafbar; der Betroffene darf den Wunsch artikulieren, aber sein Arzt dem nicht entsprechen. Die Diskussion über das Selbstbestimmungsrecht im Sterben wird uns in Deutschland weiter begleiten.

In »Tabu Tod« stellt Bio uns beispielhaft selbst bestimmtes Sterben vor, einen Fall aus der Schweiz: Olga Breda-Betting erzählt vom Tod ihres Mannes mit Hilfe der Institution »EXIT«. Ihr Mann, aktiv, selbstständig, hatte mit 89 Jahren schon lange einen Herzschrittmacher, und eine neue Herzklappenoperation stand an. Seine Atemnot und Erstickungsangst hatten sich verstärkt, und bei der Vorbereitung der Herzoperation ergab sich, dass seine Lunge stark geschädigt war. So musste von einem Eingriff abgesehen werden. Die Gutachten waren eindeutig: unheilbar krank. Da stand für ihren Mann fest, dass er die humane Sterbehilfe »EXIT« in Anspruch nehmen möchte: Beihilfe zur Selbsttötung. Gemeinsam führten sie lange Gespräche, und ihr Mann wies sie in Geschäftliches ein – das er bisher selbst erledigt hatte –, um ihr das Allein-Weiterleben zu erleichtern. Zum vereinbarten Zeitpunkt brachten geschulte Mitarbeiter von »EXIT« dann den notwendigen Trank. Der Ehemann war frisch gewaschen, frisch rasiert, gut angezogen; es gab noch ein halbstündiges Abschiedsgespräch, und dann trank er in einem Zug das Präparat aus, um in wenigen Minuten ohne Todeskampf friedlich einzuschlafen. Olga Breda-Betting hatte natürlich ihren Mann zum Weiterleben überreden wollen – aber im Nachhinein findet sie seinen Entschluss nicht nur richtig; sie selbst scheut sich sogar, ihren Wohnsitz in die Heimat Deutschland zu verlegen, weil diese Form der humanen Sterbehilfe hierzulande nicht existiert. Sie möchte nämlich ein derart selbst bestimmtes Sterben auch für sich in Anspruch nehmen können.

Die Ernsthaftigkeit, Sinnhaftigkeit und Wichtigkeit von Bios Sendungen zum Thema »Das Ende auf Erden« habe ich mit obigen Beispielen erläutert, und ich habe Bio auch dafür gelobt, dass er es schafft, dem Thema sogar im Fernseh-Talk gerecht zu werden. Deswegen »darf« ich mir nun zum Schluss eine kleine »Gemeinheit« leisten: Die Sendung »Der Traum vom ewigen Leben« ist für mich »ein voller Schuss in den Ofen« – der alle Vorurteile gegenüber Fernseh-Talks bestätigt –, kurz und knapp: eines Bios unwürdig! Ein »Kryonist« lässt sein Gehirn für 35 000 Dollar in Arizona bei –196 Grad Celsius einfrieren, um nach Hunderten von Jahren, wenn alle biologisch-medizinischen Probleme gelöst sind, aufgetaut zu werden, aus seinem Genom einen Körper rekonstruiert zu bekommen und um ewig zu leben … Zwei Menschen der »Gesellschaft der Unsterblichen« erklären sich schlicht für unsterblich … Ein Mensch lebt in Arizona in »Biosphere II«, einem Gewächshaus, das simulieren soll, wie man weiterleben kann, wenn die Erde nicht mehr existiert, und das Ergebnis seiner Erfahrungen unter Glas: Es kommt zu Schwierigkeiten, wenn Menschen auf engstem Raum leben müssen …

Da hilft einem über den Schreck nur Bios Ankündigung, wenn er ausreichend guten Rotwein hätte, würde vielleicht auch er bei den »Unsterblichen« eintreten. Dann könnte er irgendwann erneut zu »Boulevard Bio« einladen und so mit den »Unsterblichen«, dem Wiederaufgetauten und dem Biosphere-II-Überlebenden zusammenkommen und Erfahrungen austauschen. Na, das alles lieber zum Karneval – als zum Thema »Das Ende auf Erden«.

»Geschlossene Gesellschaften« –
Von Konrad Beikircher

[5.12.1995, Folge 177 aus der Justizvollzugsanstalt Vechta (Niedersachsen) zum Thema »Frauen hinter Gittern« / 23.12.1997, Folge 259 aus der Justizvollzugsanstalt Schwalmstadt (Hessen) zum Thema »Weihnachten im Knast« / 16.11.1999, Folge 337 aus der Jugendanstalt Hameln (Niedersachsen) zum Thema »Im Jugendknast«]

Zahnlos sei er geworden, der Biolek, wo er doch früher immer so einen vergnüglichen Biss gehabt habe. Weichei sei er, salbadere mit jedem über alles und sei endlich da gelandet, wo er immer schon hingehört habe: auf dem Schmusekissen der Beliebigkeit. Keine heißen Eisen fasse er an, damit er sich nicht verbrenne, und das Einzige, was er an Profil habe, sei sein Unterbiss. Herrschaften, ich kann es nicht mehr hören! Als seien im Vergleich zu ihm Stefan Raab Jonathan Swift und Harald Schmidt Oskar Panizza. Ich kann es nicht mehr hören, wie einer runtergemacht wird, bloß, weil er schon so lange dabei ist und weil er die Aufmerksamkeit, die er (Gott sei Dank) immer noch erregt, nicht nur zur Unterhaltung nutzt.

Womit wir beim Thema wären: Ich habe fünfzehn Jahre lang von 1971 bis 1986 als Diplom-Psychologe in nordrhein-westfälischen Knästen gearbeitet. Was haben wir uns in dieser Zeit Unterstützung von »draußen« gewünscht! Nicht um auf unerträgliche Arbeitsbedingungen aufmerksam zu machen, nicht um sozialtriefend auf Tränendrüsen drücken zu können, wie schrecklich das Schicksal der Knackis sei, nicht um auf die Unmenschlichkeit geschlossener Systeme (da sind Psychiatrie und Knast ja einander nicht unähnlich) hinzuweisen, sondern um diese Mauer der Selbstgerechtigkeit derer da »draußen« anzukratzen. Knast ist ja nicht die jeweilige Justizvollzugsanstalt, wo immer sie auch liegen mag, Knast ist die unerträgliche Borniertheit, mit der achtzig Prozent der Deutschen denken und zeigen, dass sie gesund, in Ordnung, »normal« seien, und, wer nicht so sei wie sie, eben krank, pervers oder kriminell sein müsse. Heute noch wünschte ich mir, dass jeder Deutsche mal im Knast oder in der Psychiatrie sehen könnte, wie »normal« die meisten der Insassen dort sind.

Ich meine damit Folgendes: Das Erste, was du verlierst, wenn du im Knast arbeitest, ist der Glaube an die Rechtsstaatlichkeit. Vielleicht ist es heute besser geworden, damals war es erschreckend. Es war damals möglich, dass einem Jugendlichen, der das erste Mal vor Gericht stand, weil er was geklaut hatte (eine Jacke im Wert von 34,50 DM in der »Kaufhalle«), eine Jugendstrafe ohne Bewährung von drei Jahren aufgebrummt werden konnte. Beschlossen und verkündet und ab in die Kiste, drei Jahre ohne Bewährung! (Nur eine Geschichte von vielen:

Bruno, ich hab dich nie vergessen. Dass wir dich dann aus der Kiste herausheben konnten, damit du endlich mal in ein solides Heim kommen konntest, wo man sich das erste Mal in deinem Leben um dich gekümmert hat, grenzte schon an ein kleines Wunder.) Und das Zweite, was du in einem Knast lernst, ist, dass eine geschlossene Gesellschaft Dynamiken produziert, die mit der Welt »draußen« nichts mehr gemein haben (und zwar bei allen Beteiligten). Davon aber weiß einer »draußen« nun gar nichts!

Wie sehr also hätten wir uns damals einen wie den Biolek gewünscht, der dabei geholfen hätte, diese Mauern der Ignoranz mit einzureißen, na ja, anzukratzen. Einfach dadurch, dass er »so eines« in seine Sendung einlädt, sich mit ihm unterhält, ihn oder sie sagen lässt, was war. Denn das, Herrschaften, ist nach wie vor einer der wenigen Wege, wie das überhaupt gehen kann: die »Normalen« für die Randgruppen sensibilisieren. Das geht nicht über Proteste, über Polemiken oder über Artikel in den Fachzeitschriften. Das geht, wenn überhaupt, über die Gottschalks, die Bioleks, die Raabs oder die Schmidts. Nur: Außer Biolek tut es keiner!

Warum das nur über diese »Lichtfiguren« geht? Weil die Stammtische keine »Neue Juristische Wochenschrift« lesen oder die »Zeitschrift für Kriminologie« oder gar psychologische oder sozialtherapeutische Fachzeitschriften, weil die Stammtische nicht auf Demos gehen für die Rechte von Randgruppen, weil die Stammtische immer noch die Welt mit ihrem eigenen Gürtel vermessen und dieses Maß für das Maß aller Dinge halten und weil die Stammtische gern fernsehen. Auch den Biolek.

Und das muss so einer wissen, egal, wie er heißt, dass er dadurch, dass er geguckt wird, eine Verantwortung hat. Er oder sie müssen wissen, dass das bedeutet, diese Republik mit zu gestalten, weil Sätze, die er oder sie sagen, mehr bewirken als eine Regierungserklärung. Und noch mehr wirkt, was sie auslassen, die »Lichtgestalten«, was sie nicht sagen, was sie aussparen.

Tut mir Leid, liebe Sozialkämpfer, Engagierte, Euch-Aufopfernde, Streiter für die Gerechtigkeit: Ohne euch geht es nicht, klar, aber ohne die »Lichtgestalten« auch nicht! Alle, die wir in geschlossenen Gesellschaften (um beim Knast und der Psychiatrie zu bleiben) arbeiten oder, wie ich, gearbeitet haben, haben die bittere Erfahrung gemacht, dass Informationen (so überzeugend sie für den Wissenden sein mögen) gar nichts nutzen, dass Einstellungen von gesamtgesellschaftlichem Ausmaß nur geändert werden können über ganz persönliche Beispiele. Und die Änderungen sind, wenn überhaupt, homöopathisch dosiert. Aber: Das ist immerhin etwas!

Wenn einer wie Biolek Insassen aus geschlossenen Institutionen vor die Kamera holt, indem er zu ihnen geht, mit ihnen so spricht, wie wir wissen, dass er mit Menschen spricht, ihnen die Chance gibt, aus ihrem Leben zu erzählen, dann merken auch die Stammtische, dass ein Krimineller nicht nur einfach ein Schwein ist, dass man in den Koben sperren muss. Dann merken auch sie, dass Knast nicht ein Allheilmittel sein kann, weil sie über die Glaubwürdigkeit, die Biolek besitzt (und die andere »Lichtgestalten« auch besäßen), anfangen, über Parias [von der Gesellschaft Ausgestoßene] etwas anders zu denken als bisher. Zugegeben: in homöopathischer Dosierung.

Quer durch die Geschichte haben sich Einstellungen (wenn überhaupt) verändert, weil Einzelne den Anstoß dazu gegeben haben. Ich meine jetzt: Einstellungen gegenüber Randgruppen. Ohne Friedrich von Spee hätte man sicher noch hundert Jahre länger Hexen verbrannt, um nur ein einziges Beispiel zu nennen. Allenfalls haben sich Einstellungen gegenüber Randgruppen noch verändert, wenn persönliche Begegnungen möglich waren und damit die Erfahrung, dass »so ein« Lebenslauf von meinem eigenen gar nicht so weit entfernt ist.

Heute ermöglicht Fernsehen die Kombination: Ein Meinungsträger spricht mit einem Paria und öffnet mir in dem Moment, wo er das tut, die Ohren für das, was der Paria, dem ich sonst nicht zuhören würde, zu sagen hat. Ich werde nachher nicht mehr ganz derselbe sein wie vorher. Zugegeben, da führt mir auch die Hoffnung die Feder, weil ich weiß: Das allein kann es nicht sein! Aber – und nochmal: Ist das ein Grund, es nicht zu tun?

Biolek tut es. Er nutzt seine Popularität, er nutzt die Aufmerksamkeit, die er erregt, immer wieder (und wenn Sie mich fragen, trotzdem noch zu selten), um auf die Probleme von Randgruppen hinzuweisen, indem er einzelne Mitglieder sanft vor die Kamera holt. Da mag meckern, wer will, da mag spötteln, wer will, ich sage: Wo sind denn da die anderen Populären, die Ähnliches tun? Ich vermisse bei den meisten, also auch und insbesondere bei den Fernsehleuten, das Bekenntnis zur Verantwortung, die sie einfach deshalb haben, weil sie populär sind. Alfred Biolek stellt sich dieser Verantwortung. Er ist einer von uns, die wissen: Die geschlossene Gesellschaft ist nicht drin, die ist »draußen«. Und deshalb ziehe ich meinen Hut vor ihm.

»Die Spaßmacher der Spaßgesellschaft« –
Von Wolfgang Menge

[2.1.1996, Folge 181 unter der Überschrift »Schöne Aussichten« mit Dieter Hallervorden u.a. /
3.3.1998, Folge 269 unter dem Schlagwort »Gier« mit Diether Krebs u.a. / 20.10.1998, Folge 292
unter der Überschrift »Gentlemen bevorzugt« mit Anke Engelke u.a. / 16.3.1999, Folge 313 unter der Überschrift »Hilfe, Bio: Ich werde alt!« mit Hape Kerkeling u.a. / 15.2.2000, Folge 350
zum Thema »Jugendsünden« mit Jochen Busse u.a. / 4.4.2000, Folge 357 unter der Überschrift
»Mein neues Leben« mit Wigald Boning u.a.]

Es war eine glückliche Wahl, mir das Thema »Die Spaßmacher der Spaßgesell-
schaft« anzuvertrauen, weil ich völlig unbefangen an die Sache rangehen kann.
Denn ich weiß nicht mal, was das eine mit dem anderen zu tun hat, die Spaßge-
sellschaft mit den Spaßmachern. Und, um gleich alles zu gestehen: Ich habe
ebenfalls nicht die geringste Ahnung, wen man als »Spaßmacher« bezeichnen
darf und wen nicht. Oder gar, ob jene, die mit dieser Tätigkeit ihren Lebensunter-
halt bestreiten, nun stolz darauf sind oder ob es ihnen eher peinlich ist, oder nur,
gegebenenfalls, ihren Kindern. Vielleicht haben sie sich nur aufs Spaßmachen
verlegt, weil ihnen eine ernsthafte Karriere versagt blieb, und sie wären tatsächlich lieber Erzbischof geworden, Manager vom FC Bayern München oder gar
Oberförster in der Lüneburger Heide.

Nun will ich nicht so tun, als würde ich nicht ahnen, was die als Spaßmacher
beschriebenen Menschen tun. Schließlich ist mir nicht verborgen geblieben, dass
Leute, die etwa selbst verfasste Lieder singen, »Liedermacher« genannt werden;
Ähnliches gilt bei Filmemachern. Unsereins als Autor ist wohl nur deshalb von
einer ähnlich vulgären Berufsbeschreibung verschont geblieben, weil der Begriff
»Buchmacher« bereits an eine andere Berufsgruppe vergeben ist. Und Spaßmacher machen eben Spaß. Nur bringt uns das kaum weiter. Während wir uns nämlich mühelos darüber verständigen könnten, was ein Lied sei, ein Film, selbst
was ein Buch sei, wäre diese Harmonie schnell hin, wenn wir die Frage beantworten müssten: Was ist Spaß?

Vorsorglich habe ich mir sechs Spaßmacher noch einmal angesehen, mit denen sich der Mann, um den es hier geht, Alfred Biolek, »in« seinem »Boulevard«
unterhalten hat. Es galt zu entdecken, was ihnen gemeinsam ist. Leider ist dabei
nicht viel herausgekommen. Auffällig ist lediglich, dass sie, soweit sichtbar, große Ohren haben. Das wäre natürlich nur dann eine bedeutende Erkenntnis, wenn
man umgekehrt belegen könnte, dass Menschen mit großen Ohren eigentlich als
Spaßmacher gedacht waren, es jedoch nicht geworden sind. Nun könnte natürlich überprüft werden, weshalb sie ihrer Bestimmung nicht gefolgt sind, sondern

stattdessen Politiker oder Intendanten geworden sind. Eine derartige Untersuchung übersteigt indessen meine Mittel. So verbleibt eigentlich nur der Umstand, dass alle während ihrer Tätigkeit mit der Absicht vor ein Publikum treten, dasselbe zum Lachen zu bringen. Immerhin unterscheiden sie sich, vermutlich deshalb, von allen anderen Gästen.

Durch ihren Beruf sind Spaßmacher mit einem Problem konfrontiert, von dem die normalen Gäste verschont bleiben: Ob Hochseilartisten, Dichterinnen, Ministerpräsidenten, Bigamisten oder Dirigenten, alle können, von Bio eingeladen, machen, was sie wollen. Sie können sogar Spaß machen, ob sie dazu berufen sind oder nicht, aber sie sind dazu nicht genötigt. Sie können darauf verzichten, dem Publikum Spaß zu machen. Aber den Spaßmachern ist es auferlegt! Zumindest fühlen sie sich dazu verdonnert.

Von ihnen, so glauben sie zumindest, erwartet das bei Bio versammelte Publikum, gleich mit dem ersten Satz dazu gebracht zu werden, sich brüllend vor Lachen auf die Schenkel zu hauen. Einigen von ihnen sieht man diese Bürde bereits an, während sie noch auf dem Weg zum Sitz des Gastgebers sind. Verlegen bis besorgt grinsen sie ins Publikum, als stünden sie vor Gericht und sollten sich nun wegen heimlichen Verzehrs von bayerischem Fleisch verantworten. Dabei haben sie, endlich auf ihrem Platz sitzend, das Ärgste bereits überstanden. Manche spüren das schnell, plappern heiter und gelassen los, andere benötigen etwas mehr Zeit, bis sie kapieren, dass sie so sein dürfen, wie jeder andere, normale Gast. Und das haben sie ihrem Gastgeber zu verdanken. Mit Bio sind sie auf einen gestoßen, der sich nicht nur dadurch von seinen Kollegen und Kolleginnen unterscheidet, dass er in den Titel fast jeder seiner Fernsehsendungen die bessere Hälfte seines Namens zu integrieren vermochte, sondern auch auf einen, der nicht angeben will mit dem, was er kann und weiß, der weder sein Talent, seinen Esprit, noch seine Intelligenz produzieren will, sondern dem allein an der Geborgenheit seiner Gäste gelegen ist. Alfred Biolek ist ohne jede Eitelkeit, zumindest vor der Kamera.

Dunkel erinnere ich mich etwa an Wigald Boning in einer anderen Talk-Show. Hier schien der Gastgeber nur auf Stichworte Bonings zu lauern, um selbst Witzchen zu reißen, eigene Pointen loszuwerden. Das Gespräch wurde kein Gespräch, sondern ein gnadenloses Pointen-Duell, ein Wettbewerb um Lacher. Der Gastgeber schien sich Boning nur eingeladen zu haben, um seinem Publikum vorführen zu können: So witzig wie der bin ich mit links.

Ähnliches ist bei Alfred Biolek undenkbar. Und wenn einer der Spaßmacher vor Schlagfertigkeit sprüht oder lediglich einen Witz macht, dann freut sich niemand so wie Biolek. Er ist der zuverlässigste Lacher. Er lacht immer, egal, ob noch jemand mit ihm lacht oder nicht; manchmal lacht er sogar ganz allein, dennoch hemmungslos.

Und damit betreten wir einen turbulenten Bezirk unseres Lebens. Es ergibt sich nämlich die Frage: Wann lachen wir und worüber? Oder wer lacht sich warum halb tot, während der Nachbar nur dümmlich in die Gegend glotzt? Eben überhaupt: Wann ist ein Witz ein Witz? Und da tappen wir doch so ziemlich im Dunkeln. Allenfalls ahnen wir, dass es irgendwie was mit Komik oder mit Humor zu tun haben muss. Oder mit beidem, weil es da ja gewisse Unterschiede gibt, die nicht unbedingt so beschrieben werden müssen wie von Bio, als er versuchte, seiner Erkenntnis nachzugehen, dass Humor etwas ganz anderes sei als Komik, nämlich eine Haltung. Damit hat er selbst eine Anke Engelke ins Schwitzen gebracht, und sie tat das Beste, was sie tun konnte: Sie tat so, als hätte sie nichts gehört.

Nun ist bisher noch jeder gescheitert, der versucht hat, Humor zu erläutern. Oder noch kniffliger, was Humor in Deutschland ist, in einem Land demnach, in dem »Der zerbrochene Krug« von Heinrich von Kleist als klassische Komödie gilt, Lustspiel in einem Akt. Allein mit dem Erzählen von Witzen ist es ja nicht getan. Sonst wären ja die meisten von uns Humoristen oder Komiker. Selbst einer der besten mir bekannten Erzähler von Witzen ist vorsorglich lieber Bundespräsident geworden. Vielleicht hat er seinerzeit bei seiner Berufswahl noch nicht ahnen können, dass man mit so einem Talent ausreichend Geld verdienen kann, um eine Familie zu ernähren. Doch es ist ebenso möglich, dass er dem Humor hierzulande nicht getraut hat, also befürchtete, dass Humor lediglich eine Saisonerscheinung ist, wenn nicht gar eine Mode, die kommt und geht.

Nun mögen schlichte Gemüter auf die Idee kommen, die Betroffenen selbst könnten uns da weiterhelfen. Ich fürchte, jeder Versuch würde misslingen. Wie soll man da zurechtkommen, wenn selbst die sechs, deren Gespräche mit Bio ich mir angesehen habe, nicht vergleichbar sind, nicht das, was sie dazu bringt, ihr Publikum zu amüsieren. Ich wollte wissen, was sie gemeinsam haben, vom Resultat, eben dem Spaß, einmal abgesehen: Wigald Boning und Dieter Hallervorden, Jochen Busse, Hape Kerkeling, Anke Engelke, Diether Krebs? Ich bin nicht dahinter gekommen! Ich weiß es nicht.

Selbst in ihrer Kleidung unterscheiden sie sich: Während einer als Penner erscheint, hat der andere sein Kostüm bevorzugt, und die meisten haben sich in ihren Sonntagsstaat geworfen, obendrein mit ihrer Krawatte. Das zeugt jedoch von grober Fahrlässigkeit, wenn man ihnen die Absicht unterstellt, sie wollten sich dem Gastgeber anpassen. Das wird nix! Denn Bio hat anscheinend eine glückliche Möglichkeit entdeckt, seine Anzüge von der Steuer abzusetzen. Sollte ihm das tatsächlich gelungen sein, haben wir endlich einen Beleg dafür, dass wir uns wahrhaftig in einem Sozialstaat befinden, was mir vorher noch nie aufgefallen war. Jedenfalls habe ich Bio nie zweimal im selben Anzug gesehen. So bin ich sicher, dass sein Kleiderschrank größer ist als seine Küche. Immerhin macht er

»Boulevard Bio« nun schon zehn Jahre. Da kommt ganz schön was zusammen! Leider habe ich nicht seine Größe.

[Diether Krebs verstarb am 5.1.2000]

»Bio als Star in der Manege?« – Von Norbert Blüm

[25.5.1993, Folge 81 unter der Überschrift »Traumpaare der deutschen Fernsehunterhaltung« mit Kurt und Paola Felix, Maria und Margot Hellwig sowie Harald Schmidt und Herbert Feuerstein / 2.5.1995, Folge 158 unter dem Schlagwort »Talk, Talk« mit Erich Böhme, Thomas Gottschalk, Hans Meiser sowie Margarethe Schreinemakers / 13.5.1997, Folge 239 unter dem Schlagwort »Show-Meister« mit Rudi Carrell, Joachim Fuchsberger sowie Dietmar Schönherr]

Früher saß man bei Bio im »Kölner Treff« auf dem rotbraunen Sofa. Heute sitzt man im »Boulevard Bio« auf harten Stühlen. Der Austausch der Sitzgelegenheiten ist jedoch kein Wechsel der Gesprächsebene. Bio bleibt auf Sichthöhe und Augennähe mit seinen Talk-Gästen. Dort wie hier sind die Talk-Gäste Gesprächspartner und Bio der Gleiche: ein neugieriger Zeitgenosse. Seine Neugierde ist Wissbegier und keine Lüsternheit auf Sensationen. Denn der neue Mensch ist doch der alte Adam und die alte Eva, und die sind bei Licht betrachtet so sensationslos wie ehedem und sintemal.

Doch überraschungsarm sind die Adamssöhne und Evastöchter nicht – damals und heute. Denn sie gibt es in tausend Varianten. Und Nuancen und Variationen sind es, die Bios Neugierde reizen. Deshalb muss kein Gesprächspartner fürchten, dass Bio ihn nur als Vehikel seiner Selbstdarstellung missbraucht oder ihn gar fertig macht. Denn fertig ist niemand, es sei denn, er wäre tot. Das ist wahrscheinlich auch der Grund, warum niemand »abgestempelt« die Gespräche bei Bio verlässt. Bio weiß, dass er das Geheimnis der anderen nicht entschlüsselt, sondern bestenfalls seine lebenserhaltenden Verkleidungen etwas lüftet. Bio ist nicht auf der Suche nach dem Wesen der Menschen. Es reichen ihm die Facetten und Differenzen. Bios Gespräche sind Spiele mit dem Vorletzten. Keine Gottesdienste, sondern bestenfalls Menschendienste. Das letzte Urteil überlässt er dem lieben Gott, und er ist zum Unterschied von anderen Talk-Meistern nicht sein Ersatzmann. Das letzte Gericht steht nicht auf Bios Spielplan.

Mit seinesgleichen verhandelt Bio, und zu Höchstform läuft er auf, wenn er tatsächlich mit »seinesgleichen« verhandelt. Bio führt seine Stars nicht wie Raubtiere in der Manege vor, sondern er führt sie eher auf einem Spaziergang über den Boulevard; und der Boulevard ist keine Prachtstraße, sondern gleicht mehr einer Allee, auf der man ab und zu zwischen den Bäumen von unabsehbaren Ausblicken überrascht wird.

Wenn Rudi Carrell, Dietmar Schönherr und Blacky Fuchsberger über den Boulevard flanieren, erfährst du nicht nur viel über Fernsehgeschichte, sondern noch mehr über Eitelkeiten, wunde Stellen und starke Seiten der Show-Größen, also nicht nur, wie jeder ist, sondern noch mehr, wie er gesehen werden möchte. Der knorrige Tiroler Schönherr gibt sich altersweise, mild lächelnd über seine revolutionären Anfälle von einst, und doch kokettiert er mit ihnen. Carrell, der Einzelgänger, hinter dessen saloppen Sprüchen sich Liebessuche versteckt. Und Blacky, der Lausbub, der er nie war; ein Sonnyboy, dem die Schatten seiner Karriere Brandnarben einätzten. Aus solchem Personal hatte Shakespeare Tragödien gezimmert. Bei Bio wird der Abend zu einem nostalgischen Manifest.

Die Talk-Chefs Meiser, Schreinemakers, Gottschalk und Böhme üben einen ganzen Abend lockeres Entertainment und zählen doch insgeheim die Quote ihres Gag-Anteils, die sie in dieser abendlichen Runde einheimsen.

Die »Traumpaare der Fernsehunterhaltung« stellen sich mit Bios Hilfe in traumhaften Unterschieden dar. Mutter und Tochter Hellwig sind weniger ein Paar als eher ein Tandem, bei dem Mutter Hellwig den Lenker fest im Griff hat und Tochter strampeln darf, um nur zwischendurch, gleichsam zum Atemholen, ein paar Worte von sich zu geben. Das Ehepaar Felix entpuppt sich als so idyllisch harmonisch, dass Zweifel an ihrer Harmonie gar nicht erst zugelassen werden; allerdings mit dem Vorbehalt, dass Kurt bei Meinungsverschiedenheiten den Stichentscheid hat. Schmidt und Feuerstein schließlich sind Wasser und Feuer, und trotz Feuersteins untertänigem Bemühen und Schmidts falschen Schwüren über Zukunftsplanungen bleiben sie es auch.

Und wofür braucht man bei alldem eigentlich noch Bio? Es läuft doch anscheinend auch ohne ihn! Was bereits ein großes Kompliment ist: Bei genauem Hinsehen nämlich entdeckt man, dass Bio keineswegs nur das Öl ist, mit dem alles so läuft wie geschmiert. Fuchsberger zum Beispiel ist leicht unangenehm überrascht, als Bio ihn auf alte Immobiliengeschäfte anspricht. Und Schreinemakers fürchtet bereits Hinweise auf Finanzgeschäfte, als Bio nur nach den Vorzügen des belgischen Wohnsitzes fragt.

Bio ist gut vorbereitet, und so sind die Windungen und Überraschungen auf Bios »Boulevard« nicht zufällig, sondern nur unauffällig. Der Sand, den Bio ins gut geölte Getriebe wirft, sieht wie Zucker aus. Das ist keine Heimtücke, sondern eine schmerzlindernde Pädagogik, die ermöglicht, Unangenehmes ohne Prestigeverlust preiszugeben.

»Was bin ich?«, könnte Bio fragen und als Antworthilfe einfach die Schultern heben. Er weiß es scheinbar selbst nicht. Ich vermute, er ist ein verspäteter Nachfahre des alten Sokrates, der in der Fernsehunterhaltung zeitgemäß untergekommen ist. Wie Sokrates könnte man sich Bio als Zechkumpan in Platons »Symposium« vorstellen. Und wie Sokrates stellt sich Bio dümmer, als er ist, und lacht sogar darüber. Sokrates verstand seine Wahrheitssuche als Hebammenkunst. Er lieferte keine Wahrheiten frei Haus, sondern half bei den Entbindungen von Einsichten, die jeder ungeboren in sich trägt. Bio, die junge, verkappte Ausgabe eines alten Philosophen? Im Unterschied zu Sokrates ist Bio jedoch nicht auf der Spurensuche nach dem Sein und seinem ewigen Wesen, sondern nur am Jetzt-Seienden und seinen Konkretionen interessiert, und zwar so, wie es ist, und nicht, wie es sein könnte. Und was gibt es Interessanteres als den Menschen so, wie er ist? (Vielleicht, wie er ein bisschen besser werden könnte?)

»Von Dirigenten, die Fußball lieben, Lamas besitzen und hölzerne Elefanten tragen oder: Fünf Minuten ›Bio-logie‹« – Von Marcel Prawy

[27.12.1994, Folge 140 unter der Überschrift »Verliebt, verlobt, verheiratet« u.a. mit Georg und Valerie Solti / 15.10.1996, Folge 211 unter der Überschrift »Keine Zeit!« u.a. mit Lorin Maazel und Dietlinde Turban / 18.2.1997, Folge 227 unter der Überschrift »Liebe am Arbeitsplatz« u.a. mit Kurt und Tomoko Masur]

Obwohl ich prinzipiell gegen den wuchernden Gebrauch von Fremdwörtern bin, finde ich es ganz natürlich, dass das Wort »Bio«, die zärtliche Abkürzung für unseren geliebten Alfred Biolek, nun in die deutsche Sprache als Symbol von Vollkommenheit und Perfektion übernommen wurde. Im Zeitalter der BSE sprechen wir emphatisch von »Bio-Bauern«, »Bio-Landwirtschaft«, »Bio-Hotels«, »Bio-Kuren«, »Bio-Reisen«, »Bio-Fitness« etc. … Und ohne Bedenken würde ich die wahrscheinlich schönste Straße der Welt, die Pariser Champs-Elysées, einen »Bio-Boulevard« nennen. Kürzlich empfahl ein landwirtschaftliches Fachorgan in Österreich das generelle »Umsteigen auf Bio«, was aber Dienstagabendsfernsehern schon längst zur Gewohnheit geworden sein dürfte. Ich persönlich wehre mich leidenschaftlich gegen jedes Wort, das den Verdacht einer anderen Überzeugung auch nur vermuten lassen könnte, und habe meine Ärzte ersucht, mir auch bei hohem Fieber niemals »Anti-bio-tika« zu verschreiben.

Spaß beiseite. Wie oft schon wurde das Geheimnis der Wirkung von unserem »echten Köllschen« Bio beschrieben, seine starke Fernsehpräsenz, seine Bildung und Vornehmheit, sein Verzicht auf Zoten oder Pornographisches. Und dennoch möchte ich noch einmal in dieses Geheimnis tiefer hineinschnüffeln.

Wir alle, die wir häufig Gäste in Fernsehtalkshows und Fernsehinterviews sind, sehen uns so oft einem eitlen Sich-selbst-zur-Schau-Steller gegenüber, der uns als Gesprächspartner zum Opfer oder zumindest zum Statisten degradiert. In uns erwachen Furcht, Angst, Misstrauen. Nicht bei Bio. Er zeigt echtes Interesse an seinem Gesprächspartner, spielt sich niemals als Star auf – und wurde gerade dadurch selbst zum Star. Es gelingt ihm das Schwierige, eine Stimmung des Vertrauens zu erzielen, die ein Gespräch frei von der Leber weg ermöglicht. Der Partner empfindet Bio sofort als Freund, manchmal sogar als Beichtvater, dem er willig sein Innerstes enthüllt. Ich finde, dass ein wesentlicher Bestandteil der Kunst Bios in der Öffentlichkeit nie genügend gewürdigt wurde, nämlich die Handhabung der Kärtchen, mit denen in der Hand Bio das Gespräch eröffnet und die er manchmal noch später konsultiert. Darin nämlich steckt eine tiefe Weisheit: Würde Bio nur auswendig sprechen, dann hinterließe er bei der unendlichen Vielfalt seiner Themen den Eindruck, er hätte ein paar gängige Banalitäten zu jedem Thema auswendig gelernt; die Kärtchen aber geben Vertrauen und zeigen die profunde Vorbereitung auf die Gast-Persönlichkeit.

Ohne mich jemals mit Bio vergleichen zu können, war es für mich besonders faszinierend, Bios Gespräche mit Persönlichkeiten zu erleben, die auch ich als Gesprächspartner hatte. Nehmen wir zum Beispiel berühmte Dirigenten. Sir Georg Solti, ein grandioser Meister des Taktstocks, war mein Partner bei einer Matinee in der Wiener Staatsoper vor seiner Premiere von Verdis »Falstaff« und in meiner Fernsehdokumentation über Herbert von Karajan. Solti, immer höflich und freundlich, strahlte die Unnahbarkeit einer orientalischen Gottheit aus. Bei seinen seltenen Späßen lachte ich pflichtgemäß, bei meinen häufigen lachte er niemals. Wie gelöst war er hingegen bei Bio (in dessen Sendung unter der Überschrift »Verliebt, verlobt, verheiratet«), als er ihm erklärte, dass beim Mann der britische Adelstitel »Sir« mit dem Vornamen geht, also »Sir Georg«, dass dessen Gattin dadurch zur »Lady« wird, was sich mit dem Zunamen verbindet, also »Lady Solti«. Wie locker war er, als Bio ihm die Meinung entlockte, er sähe wie ein Boxer aus, oder das Geständnis, wie sehr er Fußball liebe.

Ebenso imposant war Bios Lockerungstechnik bei dem Dirigenten Lorin Maazel, den ich als geigendes Wunderkind bereits 1939 bei der New Yorker Weltausstellung erlebt hatte und dessen Chefdramaturg ich sein durfte, als seine phänomenale Dirigentenlaufbahn ihn kurze Zeit zum Direktor der Wiener Staatsoper machte. Maazel war mit seiner Frau, der reizenden Schauspielerin Dietlinde Turban, zu Gast. Natürlich hatten wir hier in Wien am Rande seine Scheidung und Neuvermählung miterlebt, aber niemals zuvor hatten wir den Maestro so zwanglos und fast wie einen Kumpel plaudern hören. Dabei entlockte ihm Bio –

beim »Small Talk« über Auftrittszahlen, Tennis und Kino – auch die interessante Analyse, dass freie Zeit (Bios Sendung stand unter der Überschrift »Keine Zeit!«) für einen Künstler an der Weltspitze viel leichter zu organisieren ist, als für einen, der noch im Aufstieg kämpfen muss. Wir Insider wissen, dass Karajan manchmal sagte, er beneide Maazel um sein einmaliges Gedächtnis, und wir wussten wohl, dass Karajan ein Lama im Garten seiner Villa bei Salzburg hatte; unbekannt war uns aber, dass Maazel sogar zwei Lamas sein Eigen nannte!

Kurt Masur schließlich war mit seiner japanischen Gattin Tomoko zu Gast bei Bio (unter der Überschrift »Liebe am Arbeitsplatz«), denn Masur, zurzeit Chefdirigent der New Yorker Philharmonie, früher aber lange Jahre der Gewandhauskonzerte in Leipzig, hatte eine seiner Orchestermusikerinnen zur Gattin genommen. Leider kenne ich selbst den in New York überaus erfolgreichen Maestro nur als Zuhörer und von flüchtigen Begrüßungen in Künstlerzimmern. Bio gelang auch hier eine lockere Unterhaltung, aber – wie immer – mit sehr interessanten Informationen, etwa über das Erlangen von Sponsorengeldern in Amerika, wo die öffentliche Hand gar nichts für die Kunst zahlt. Gemeinsam erinnerte sich das Musikerpaar, bei welchem Musikstück genau »die Liebe ausbrach«: bei der fünften Sinfonie von Tschaikowski. Und unbeschwert erzählte der »riesige« Masur, dass in der Heimat seiner kleinen, zierlichen Gattin alle großen Europäer den Spitznamen »Elefant« bekämen, er deshalb einen kleinen hölzernen Elefanten als Mascotte stets bei sich habe, und und und …

Beim Schreiben dieser Zeilen fällt mir eine Zeitschrift in die Hand, deren Leitartikel die Überschrift trägt: »Bio: Vorbild für ganz Europa«.

Für uns nichts Neues!

[Georg Solti verstarb am 5.9.1997]

»Oper, Operette und helle Strümpfe« – Von Götz Alsmann

[9.11.1993, Folge 93 zum Thema »Mythos Primadonna« mit Lucia Aliberti, Martha Mödl sowie Jessye Norman / 26.11.1996, Folge 217 unter der Überschrift »Viermal hohes C« mit Inge Borkh, Marta Eggerth, Gwyneth Jones sowie Anneliese Rothenberger / 16.9.1997, Folge 245 unter der Überschrift »Vier Herzen im Dreivierteltakt« mit Lillie Claus-Dostal, Vera Kálmán, Ingrid Kreuder sowie Marcel Prawy]

Biolek ist nicht immer große Oper, aber auf jeden Fall oft Operette. Sogar Ausstattungsoperette. Wenn Sängerinnen, Komponistenwitwen oder Marcel Prawy auftauchen, einige der Damen sogar Abendtoilette angelegt haben, dann ist auch der Gastgeber etwas illuminierter anzuschauen, dann freut er sich sichtlich über die Generalhauptversammlung berühmt-berüchtigter Divas, Diven oder Divarum, dann merkt man, dass auch er seine k. u. k. Wurzeln niemals wird verleugnen können. Da geht's ihm wie mir. Und darum habe ich drei seiner Sendungen förmlich auswendig gelernt!

Zum Ersten »Mythos Primadonna«: Jessye Norman schwebt in goldfarbener Robe verblüffend schwerelos auf ihren Platz, jeden Anspruch auf den Titel »Primadonna« huldvoll ins Reich der Fabel verweisend und ein kleines Näschen des Missfallens ziehend, als sich Lucia Aliberti unter eher fadenscheinigen Ausflüchten der Chance und Gefahr des Live-Singens begibt. Lucia ihrerseits, grazil im schwarzen Nachthemd (Oder war es doch ein Abendkleid?), versprüht nicht nur Artigkeiten in Richtung Miss Norman, sondern versucht auch etwas linkisch, Martha Mödl zur Begrüßung zu küssen oder wenigstens zu umarmen, was diese aber, mit Behändigkeit und ausgefahrenen Ellenbogen auf ihren Sitzplatz zusteuernd, eher brüsk ablehnt.

Was war da hinter den Kulissen im Vorfeld geschehen? War Martha Mödl sauer, weil sie als Einzige nicht informiert worden war, dass die Damen »lang tragen«? War sie im Verein mit Lucia ungehalten über Miss Norman, weil die gleich zwei Lieder singen darf? (Eines davon ist dann »Amazing Grace«, ausgerechnet, *das* Zugabenstück für Schlagersängerinnen auf Sparkassen-Galas; ich weiß es genau, denn in meiner Gegenwart wurde es auf ebensolchen Festivitäten schon von Ireen Sheer, Isabell Varell und zahllosen anderen Primadonnen der Uschi-Fraktion zum Abschuss freigegeben …)

Weiter in meiner Erinnerung: Fast trotzig nimmt sich Martha Mödl noch schnell ein paar Opern-Takte, über die sich Gastgeber Biolek gar nicht mehr einkriegt. Nur gut, dass kein Dirigent anwesend ist, »La Mödl« einzuzählen, denn, wie sie selbst kategorisch feststellt, es gibt »keine Sänger-Dirigenten mehr, vielleicht noch Ozawa«. Und so kann die Stabführung weiter in den Händen des Generalmusikdirektors Biolek verbleiben.

Sein Definitionsversuch via »Sind Diven schwierig?« trifft auf einhellige und entschiedene Gegnerschaft. »Schwierig? Ich doch nicht. Höchstens, wenn die Kostüme mir nicht gefallen!« So Lucia. Auch Jessye findet sich nicht schwierig. Eher unkompliziert. Nach Bios süffisantem Einwurf, da hätte es aber doch im Vorfeld einen lang anhaltenden Schriftverkehr mit den Mitarbeitern von Miss Norman gegeben, in dessen Verlauf etliche Details ihrer Betreuung (Die Dame blickt tadelnd!) … aber klar … ist ja auch völlig angemessen! Und doch: Miss Norman ist keine Diva. Dieses Stadium nämlich hat sie längst hinter sich gelassen: Allein der liebe Gott sei der Maßstab für ihre Leistung. Und siehe, da erhält die goldene Creation, in der sie engelsgleich erscheint, mit einem Mal einen höheren Sinn.

Zum Zweiten habe ich für immer memoriert: »Viermal hohes C«. Vier weitere Aspirantinnen auf himmlische Sangesverpflichtungen treffen aufeinander und alle, nein: fast alle wollen eigentlich gar keine Diva sein. Man arbeite doch nur hart. Man sei doch ganz normal. Nur Marta Eggerth, die an Jahren Reichste der Runde, besteht darauf, dass sie gar nichts dagegen hat, eine echte Diva zu sein.

Vielleicht ist dies für die in einen Abend-Jogging-Anzug gewandete Inge Borkh schon Grund genug, der Frau Nachbarin im rauschenden Kleid konstant den Rücken zuzudrehen. Oder ist in ihren strengen Augen die einstmals »schönste Fee vom Plattensee« gar nicht satisfaktionsfähig? Schließlich thronen hier zwei Wagner-Heroinen (Inge Borkh und Dame Gwyneth Jones könnten sich Aug in Aug noch manches »Hojotohoo« um die Ohren hauen, wenn sie denn nur einen Augenkontakt zuließen!) mit Deutschlands National-Soubrette beisammen, der zerbrechlich-schönen Anneliese Rothenberger! Hier sitzen Bayreuth und Salzburg … neben dem Broadway (Marta Eggerth: »… oberrr immärrr mit operrratic voice gesungän …«)!

Unvergesslich: »Ihren Film ›Das Haus in Flandern‹ habe ich als *ganz kleines* Mädchen schon gesehen«, lobt Inge Borkh im Bemühen um ganz präzise Zeitangaben über die rechte Schulter in Richtung Seide und Tüll. Bevor sie kompetent zum allgemeinen Lieblingswort der Damen überleitet: »Disziplin«.

Biolek vermittelt. Er gurrt und säuselt, dreht Pirouetten und setzt Pointen, verwandelt Sprengstoff in Butterschmalz und behält, assistiert von der artigen Anneliese Rothenberger, die Oberhand. Ein Meister!

Sein in meinem Herzen unauslöschliches Opus Magnum aber kam erst noch: »Vier Herzen im Dreivierteltakt«, ein Walzer mit Lillie Claus-Dostal, Vera Kálmán und Ingrid Kreuder, allesamt Witwen großer Operetten- und Schlagerkomponisten, sowie mit Marcel Prawy, dem einzigen Menschen auf der Welt, der gleichzeitig alle Opern, Operetten und Musicals kennt, Richard Tauber die Hand geschüttelt hat und auf die bizarre Idee verfällt, Andrew Lloyd-Webber mit Puccini zu vergleichen.

Die Runde des Jahrhunderts … mit dem Dinner-Jacket des Jahrhunderts! Das trägt natürlich Prawy: weiß, doppelreihig, mit eingewebtem Seidenmuster, dazu *helle* Strümpfe! Dagegen Bios hellblau gemusterte Weste mit korrespondierender Krawatte: fast unsichtbar. Herzig wie ein gürtelloser Bademantel: Ingrid Kreuders Kleid mit Seitenschlitz. Lillie Claus-Dostal sieht sehr nett aus und sagt fast nichts. Also wittert Vera Kálmán Morgenluft.

Vera Kálmán!

Eigentlich sitzt sie in der falschen Sendung: Diese sehr lustige Witwe könnte sowohl zum Thema »Primadonnen« als auch zum »hohen C« abendfüllend Anekdoten generieren. Ihren sonoren Bass-Bariton mit unverwechselbarem Louis-Armstrong-Timbre stoppt, fast ohne Bioleks Hilfe, nur Ingrid Kreuders herzhaft-bayerisches »Halt!«: Sie will das Leitmotiv »Emmerich und Vera Kálmán« partout mit eigenen Koloraturen umspielen.

Unauslöschlich auch meine Erinnerung an Vera Kálmáns Tochter: Sie sitzt im Publikum, zuckt zusammen, wenn Mutter schwadroniert, und folgt instinktsicher *nicht* dem Ruf der Frau Mama, jetzt endlich mal an der »Diskussionsrunde« teilzunehmen.

Biolek muss feste arbeiten und lässt es leicht aussehen. Marcel Prawy nimmt am Pianoforte Platz, um »Peter Kreuders Sternstunden« zu präludieren. Auf ewig höre ich »Zwischen heute und morgen«, einen der schönsten Schlager aller Zeiten, und gerate ins Träumen:

Wie wäre es denn, die Teilnehmer dieser drei Runden neu zu mischen? Was würde Martha Mödl zu Inge Borkhs Rücken sagen? Würde Lucia Aliberti versuchen, auch Vera Kálmán zu küssen? Würde es zu einer Katastrophe kommen?

Na und? Fast alle Erfolgsoperetten Franz Lehárs haben *kein* Happy End!

Könnten Marcel Prawy und Alfred Biolek den Abend auch alleine reißen? Na klar! Zu welchem Thema? Völlig egal! Und wäre ich da gerne der Dritte im Bunde? Gegenfrage: Hat der Papst 'nen lustigen Hut auf?

[Lillie Claus-Dostal verstarb am 20.8.2000]

»Männerträume« – Von Benjamin v. Stuckrad-Barre

[8.9.1992, Folge 44 zum Thema »Trennungen« mit Zsa Zsa Gabor u.a. / 7.10.1997, Folge 248 unter der Überschrift »Mit den Waffen einer Frau« mit Verona Feldbusch u.a. / 22.9.1998, Folge 288 unter der Überschrift »Vorsicht, Reizfiguren!« mit Dolly Buster u.a. / 30.3.1999, Folge 315 mit dem Motto »Ist der Ruf erst ruiniert …« mit Monica Lewinsky u.a.]

Beim Begriff »Männerträume« möchte man sofort die in Alfred Bioleks Studiostuhl eingebaute Räuspertaste betätigen, die an der Armlehne befestigt ist und es ihm ermöglicht, für die Dauer seines Räusperns das eigene Mikrophon auszuschalten. Hä-chm-pmpm: Männerträume also. Der zunächst für dieses Buch schlüssig nominierte Spezialist Karasek hat seinen Aufsatz zum Thema abgesagt. Den Überlegungen zum Räusper-Thema zugrundegelegt werden sollen Bioleks Gespräche mit Zsa Zsa Gabor, Verona Feldbusch, Dolly Buster und Monica Lewinsky. Karaseks Verhalten ist also nachvollziehbar.

Es erklingt die »Boulevard Bio« – Fanfare, die, einer Geschichte des verehrenswerten Comic-Duos Katz + Goldt zufolge, der Pförtner des WDR heimlich auf CD's presst und im Tausch gegen selbstgebrannten Schnaps unter die Menschen bringt. »Alkohol macht dumm«, sagt Zsa Zsa Gabor und trinkt Cola, die allzu klug auch nicht zu machen scheint. Frau Gabor redet den altbekannten Zeitschriftenquatsch über Männer, die nach einer Summe aus »Freundin, Mutter, Köchin, Hure« suchen. Und das in ihr auch immer wieder finden. Soso.

Ah ja. Nein, wirklich? Das ist interessant. Immer wieder haut sie sich auf den Busen. Anders als sonst klemmt dort aber ein Mikrophon: blumps. Es klappert der Weihnachtsbaumschmuck, es schimmern die Implantate, es gruselt sich der Zuschauer. Biolek versteht es wie immer, noch die banalste Auskunft als »interrressant!« herauszustreichen. Er ist deshalb ein guter Gastgeber, und auch wenn ihn die Schlichtheit mancher Ausführungen insgeheim gähnen machen müssen – man merkt es ihm, anders als seiner Discount-Kopie Beckmann, nicht an.

Gabor verrät, wie man Männer ködert, Biolek in unnachahmlich charmantsimulierter Naivität fragt, wie man sie dann wieder los wird. Ein Umschnitt ins Publikum gibt seiner Frage Nachdruck: Dort sitzt der schmerzfreie Frederic von Anhalt, Gabors aktueller Traummann. Der merkt wie immer nichts und weiter geht's: »Wenn ein Mann Schmuck, Rolly Royce und Pferde herbeischafft, ist das ganz nett, aber auch bald langweilig«, fährt die ihrerseits hochinteressante Zsa Zsa Gabor fort. »Scheidungsgrund: mental kindness.« Sie möchte obszön sein. Das ist sie. Sie denkt, das sei angenehm. Das ist es nicht. Sie ist ein Alptraum. Dann wird Nena dazugesetzt, die sehr wenig anhat, und das aus Leder. »Du siehst wunderschön aus«, sagt Gabor. Omaträume.

Verona Feldbusch nimmt Platz. Lange nervt sie noch nicht zum Zeitpunkt dieses Auftritts, noch hat ihr niemand gesagt, dass es lustig sei und angebliche Koketterie, wenn sie immer allem falsch dekliniert. Auswendig gelernte Kleinmädchenweisheiten purzeln aus ihrem Gesicht, dazu quirlt sie mit den Händen die Studioluft, und Biolek tut, wofür er zu loben ist: Er hilft dem Wahnsinn, sich zu entfalten. Wiegt jeden Gast in Sicherheit, gibt Stichworte, überlässt es jedem selbst, auf der eigenen Eitelkeit auszugleiten. Seine Komplimente für äußere Erscheinung sind charmant, weil sie förmlich und steif bleiben, und kein unterschwelliges Grapschinteresse wie etwa bei Gottschalk mitklingt. Feldbusch sitzt kerzengrade und ist damit sehr beschäftigt. Bauch rein, Brust raus, scheint sie zu denken, wenn überhaupt irgendwas. Die Stimme ist natürlich nicht länger als fünf Sekunden auszuhalten und erhellend kann ihr Gelaber kaum sein, also: Ton aus. Männerträume.

In der Regie scheint jedenfalls ein Mann zu sitzen: Die Kamera fährt im »Close up« langsam von Feldbuschs Knöcheln nach oben, dorthin wo so wenig wartet: zum Kopf. Was Karasek wohl sagen würde? Er würde sich mit einem Zitat helfen. Und uns vielleicht auch.

Zsa Zsa Gabor sagte, Frauen wollten das, was sie nicht kriegen können. Verona Feldbusch zeigt, was man alles kriegen kann. Was soll man da noch träumen? Von einem Gespräch wohl nicht. »Von mir kriegen sie kein Heiratsangebot!«, entfährt es Biolek, dessen Seitenhiebe immer höflich bleiben und somit auch für den Zuschauer niemals unangenehm werden, trotzdem den Gast manchmal zu entlarven vermögen. Auch wenn dies kein erklärtes Ziel der Sendung ist. Bei »Boulevard Bio« handle es sich um »eine ernstzunehmende Sendung«, lobt nun Feldbusch, allerdings weniger die Sendung als sich selbst – und irrt wie so viele Sendungsgäste, die viertelstündige Bioleksche Ernstnahme sei ein Beweis der eigenen Bedeutung. Feldbusch mag eine bestimmte Art Männertraum darstellen (genauer gesagt: verkörpern), in erster Linie aber ist sie ein Desaster für Frauenträume. Als Alice Schwarzer auf die verheerende Symbolkraft der Feldbusch-Karriere hinwies, auf das kokette Spiel mit der Rollenregression, wurden ihr erwartungsgemäß Leserbriefe (natürlich von Frauen) entgegengewedelt, sie sei doch bloß neidisch. Schwarzers letztes Buch begann so: »Ich habe einen Traum.« Verona Feldbusch kam nicht darin vor.

Der nächste Traum: Dolly Buster. Ja, nun. Die Comic-Version des Männertraums. Onanieren nach dem Atomkrieg, sprechen trotz Silikon: Es ist nicht leicht für die verblödeten Wörtchen, über Busters Lippen hinauszukommen, die wie Fahrradschläuche aussehen. Sie habe, formuliert Biolek es seriös, »viel für ihren Körper getan«; gearbeitet habe sie, juristisch bleibt es korrekt, als »Darstellerin«. Auch Ingo Appelt sitzt diesmal auf dem WDR-Parkett und wirft hin und wieder eine Bierzeltfrechheit ein. Einmal haut Biolek ihn mit den gelben »Boulevard Bio« – Karteikarten. Das hätte er ruhig öfter tun sollen. Und nachdrücklicher. »Besitzen Sie auch Rollkragenpullover?«, fragt Biolek nun arglos das zurechtoperierte Ding namens Dolly Buster und wird dann sarkastisch: Ein »etwas eigenartiges Frauenbild« vermittelten Busters Pornofilme. »Das hat mit Emanzipation gar nichts zu tun«, sagt Dolly Buster. Womit sie natürlich recht hat. Als Biolek nach Infektionsgefahr beim Pornodreh fragt, räumt Frau Bustier ein, Restrisiken lauerten überall, es könne ihr auch hier und jetzt ein Scheinwerfer auf den Kopf fallen, was bei anderer Gelegenheit sogar schon geschehen sei (und im Nachhinein manches erklärt).

Jetzt hätte man gerne auch mal eine kluge Frau, und immerhin ist es Monica Lewinsky. Die ist wenigstens nicht selbst Schuld. »Hi Monica«, sagt Biolek. Vielmehr passiert nicht. Hinter ihm blinken lockend die Lichter einer Großstadt. Köln kann es nicht sein. Wassergläser werden gebracht (anders als bei »Peep!« ist der Wasserträger anständig gekleidet), ein Buch wird beworben, ein Vertrag wird erfüllt, vielleicht sogar irgendeines Mannes Traum.

Das Beste an Alfred Biolek ist, dass er seine Träume für sich behält. Und das nicht bloß aus Überlastung, wie Karasek. Bioleks Lachen, dieses erkennungsmelodiöse »Hohoho!« klingt immer, als verschweige er dem Zuschauer manches. Das macht ihn interessant. Außerdem ist er einer der wenigen, die sich bei der Arbeit betrinken dürfen: in seiner Kochsendung. Hohoho! (Das ist mal ein Männertraum!) Bessere Stimmung herrscht in keiner Sendung des deutschen Fernsehens, die »Harald Schmidt Show« einmal ausgenommen. In Bioleks Küche gibt es keine Räuspertaste und in der Regel geht es dort entgrenzt und hochkomisch zu. Traumhaft. Beckmann würde Cola Light trinken und seine Gäste fragen, wie sie sich fühlen beim Zwiebelschneiden. Biolek aber schenkt nach und gackert. Hochgradig sympathisch.

»Wenn sich Väter in Männer verlieben: Entwicklungsromane in Gesprächsform« – Von Maren Kroymann

[19.10.1993, Folge 90 zum Thema »Schwule Väter« mit Hans Jürgen Furcht, Bodo Petersdorf, Frank, Günther und Heidi Krabbenhöft in Begleitung von Tochter Valesca]

Bios Sendung mit schwulen Vätern hat mich damals schwer beeindruckt. Ich war regelrecht aufgewühlt, fand sie nicht nur überzeugend, sondern auch gewagt. Diese Sendung handelte eigentlich davon, dass und wie Menschen zu ihrer (homo-)sexuellen Identität und überhaupt zu ihrer Identität finden – kleine Entwicklungsromane in Gesprächsform. Es wurde aber keine psychogruppenmäßige schwule Selbstfindungsodyssee vorgeführt, sondern der Schwerpunkt lag in einem anderen Bereich, der über das auch damals schon etwas abgestandene Konzept »Selbstverwirklichung« weit hinausging: Der Schwerpunkt waren »Kinder«; ein Thema, das im Zusammenhang mit homosexuellen Menschen damals nicht auf der Tagesordnung stand. Und das selbst heute noch ein Tabu ist, im Jahre 2001, wo wir durchaus darüber nachdenken, dass Schwule und Lesben auch ein Bedürfnis nach einer wie auch immer gearteten Familie haben, unter Umständen sogar mit Kindern. So ist beim Entwurf zum Gleichstellungsgesetz für homosexuelle Partnerschaften nur eins klar: das Thema »Adoption«; die andere Möglichkeit für uns, an Kinder zu kommen, wird nicht vorkommen. »Da ist keine Mehrheit für zu kriegen!« sagt die Regierungskoalition. Die Tatsache, dass es schwule und lesbische Eltern zuhauf bereits *gibt*, die ihrer Elternrolle prima gerecht werden, wäre zwar ein Argument, aber wie sagt der Volksmund, dem ja häufig Recht gegeben wird: »Das wäre ja noch schöner!«

1993 jedenfalls lag die politische Brisanz des Themas »homosexuelle Eltern« überhaupt noch nicht auf der Hand. Und ich fühlte damals beim Sehen der Sendung mehr, als ich es wirklich rational durchdrungen hatte: Dadurch, dass hier schwule Väter unter dem Rubrum »Schicksale« zu Wort kommen, hat eine politische Diskussion substanzielle Nahrung bekommen – und zwar scheinbar ganz ohne politisches Kalkül. Man konnte nicht anders, als diese homosexuellen Männer – zum Teil inklusive anwesender (Ex-)Familie – ins Herz zu schließen und ihnen alle Rechte dieser Welt zu wünschen. Die ganze Sendung ein menschlich anrührendes, völlig organisch wirkendes Plädoyer eben nicht nur dafür, dass Homosexuelle ihre Kinder erziehen dürfen, sondern dass sie gleichzeitig ihre Sexualität leben können, und zwar offen. Und auch das war ja damals weit davon entfernt, eine Selbstverständlichkeit zu sein!

Ich war, das muss ich zugeben, im Oktober 1993 für dieses Thema extrem sensibilisiert, hatte ich mich doch im Monat davor gemeinsam mit meiner damaligen Freundin im »Stern« als lesbisch geoutet. Und das andere, was ich dachte, war: Typisch! Die Schwulen sind den Lesben wieder mal voraus. Wann werden wir so weit sein, dass es so eine Sendung mit uns gibt …

Bios Gespräch mit seinem ersten Gast aus einem kleinen Ort in Sachsen-Anhalt: eine smarte, ästhetische Person, ruhig, klug. Er spricht davon, was es für ihn bedeutet, sich in diesem Moment vor so einer großen Öffentlichkeit zu outen, auch von möglichen beruflichen Nachteilen. Die Situation hat etwas Existenzielles, und es liegt eine Spannung im Raum, die mit Händen zu greifen ist. Und dieser Hauch von Dramatik ist es, der irgendwie historisch wirkt heute – in den letzten acht Jahren hat sich da doch sehr viel bewegt: Das Thema »Homosexuell-Sein in der Öffentlichkeit« hat sich ja noch lange nicht erledigt, aber die Verantwortung dafür hat sich von einzelnen Individuen weg auf viele verschiedene Instanzen in der Gesellschaft verteilt. Heute sind beim »Christopher Street Day« in Köln so viele Menschen unterwegs wie beim Karneval. Es gibt zahlreiche kommerzielle Dienstleister, die die »Gay Community« ökonomisch abschöpfen – im Kapitalismus allemal ein Beweis für »Normalisierung«. Die Regierung arbeitet an einem Gleichstellungsgesetz; im Fernsehen gehören Schwule wie Lesben zum Alltag, und schließlich die Krone des Etabliertseins: Zur besten Sendezeit wirbt ein schwules Paar für Tiefkühlkost (… die man doch früher intuitiv eher als heterosexuell eingeschätzt hätte). Im Zuge dieser Entwicklung hat sich das innere Bibbern bei der Aussage »Ich bin schwul!« zumindest im Fernsehkontext einfach erledigt. Das ist ein Fortschritt – und vielleicht einer, der auch zu einem gewissen Anteil jener historischen Folge von »Boulevard Bio« zuzuschreiben ist.

Das Kluge an dieser Sendung – abgesehen von den ruhig-couragierten, uneitlen, ausgeglichenen, ja heiteren Gästen, die auch in der Art sich zu artikulieren angenehm unterschiedlich sind, eben nicht nur Intellektuelle – liegt tatsächlich in der Komplexität des Themas. Diese schwulen Väter, das sind exemplarische Homosexuelle dieser Jahre insofern, als sie »es« zunächst mal nicht wahrhaben wollten; aber es sind auch Schwule, die sich irgendwann dazu durchgerungen haben, sich diesen Zwiespalt bewusst zu machen – gedrängt durch die interne Öffentlichkeit der Familie. Schon dafür verdienen sie Respekt. Gleichzeitig sind es Männer, die um eine Rolle kämpfen, vor der die Mehrzahl der Hetero-Männer sich eher drückt: um die Rolle des Verantwortlichen – für andere, für die Kinder. Es sind Männer, die einmal engen emotionalen, logischerweise auch sexuellen Kontakt zu Frauen hatten – alle sagen übereinstimmend, dass sie ihre Frauen zumindest früher einmal geliebt oder sehr gemocht haben und dass sie diese Phase ihres Lebens nicht missen wollen. Es sind Männer, die nicht nur eine Minderheit sind, weil sie schwul sind, sondern auch innerhalb der schwulen Minderheit eine Minderheit, weil sie nicht *typisch* schwul sind.

Für einige von ihnen war das »Coming-out« besonders schwer, weil sie in der Provinz (in der DDR) lebten. Einer von ihnen hatte den Tod seines kranken Kindes zu verkraften. Alle haben sich mit ihrer Familie auseinander gesetzt, sich mit der Frau gestritten, wieder versöhnt oder einen Modus ausgedealt. Mit alldem laden diese Männer das heterosexuelle Publikum zur Identifikation ein: Sie haben vieles erlebt oder getan, was fast alle »normalen« Menschen auch tun. Einer wurde von seiner Frau mit *dem* Babysitter ertappt. Die Ehrlichkeit bei der Schilderung von Schwierigkeiten oder Peinlichkeit erhöht den Sympathiewert beim Publikum.

Hier fällt mir auf, dass ich bislang fast nur über den Inhalt und die Gäste der Sendung geschrieben habe und kaum über den Moderator. Bio, dessen Bezug zum Thema bekannt ist und auch damals schon war, ist ein entspannter, konzentrierter Gastgeber, in dessen Habitus nichts, aber auch gar nichts auf irgendein spektakuläres Geschehen deutet. Einfache Fragen, in denen fundierte Auseinandersetzung mit dem Thema steckt; Hilfestellung, wenn's nötig ist, vor allem echtes Interesse. Nur einmal kurz, als es um jenen Anwalt geht, der dem schwulen Vater das Recht verweigern will, sein Kind zu sehen, eine für Bio untypische emotionale Äußerung: In all den Jahren habe ich das bei Bio nur ein paar Mal erlebt, und es gefiel mir in dieser Sparsamkeit gut.

Bios Zurückhaltung insgesamt signalisiert die neutrale Souveränität des Unparteiischen, einerseits. Andererseits – und das bezieht sich wieder auf den Inhalt der Sendung – wird so der Eindruck größter Selbstverständlichkeit erweckt. Was ja, wie wir wissen, mindestens zur Hälfte gelogen war. Aber immerhin gelogen für einen guten Zweck: Damit die Sache für ein größeres Publikum tatsächlich selbstverständlich wird, musste man vor allem Menschen zeigen, die diese Utopie der Selbstverständlichkeit zu verkörpern vermochten. Ein Spagat, den alle, die sich zu Beginn der Neunziger geoutet haben, zu leisten hatten. (Das größte Schimpfwort damals war »missionarisch«, der am häufigsten gehörte Satz: »Man muss *es* ja nicht auf dem Tablett vor sich her tragen!«) Weil Bio trotz dieses Spagats schon 1993 weder Missionar ist, noch mit einem Tablett daherkommt, bietet er dem großen »normalen« Publikum eine einmalige Chance: Es kann das mitunter auch als Liberalität getarnte Desinteresse (»Ich hab nix gegen Schwule. Die können von mir aus machen, was sie wollen!«) binnen einer Stunde in Anteilnahme und Respekt ummünzen.

»Nichts zu räuspern: Bio unter Frauen liebenden Frauen« – Von Matthias Frings

[26.4.1994, Folge 117 zum Thema »Wenn Frauen Frauen lieben« mit Susanne Evers und Maren Kroymann, Nicola Tuschwitz sowie Lilly Wust]

Neulich im schwulen Buchladen in Berlin: Als ich gerade meine Urlaubslektüre bezahle, betritt ein Polizist in Uniform den Laden und geht schnurstracks auf einen der Buchhändler zu. »Was ist passiert, was will der denn hier?« frage ich den Chef an der Kasse. »Was soll der schon wollen?« lautet die lakonische Antwort. »Der kauft Bücher, er kommt öfter hierher!« So ändern sich die Zeiten. Meine Generation denkt bei Polizisten sofort an Razzia, an das Aufmischen schwuler Treffpunkte und an Ermittlungsverfahren wegen »gleichgeschlechtlicher Unzucht«.

Heute hat die Berliner Polizei einen Schwulenbeauftragten, der Kölner Polizeipräsident lässt am »Christopher Street Day« vor seinem Präsidium die Regenbogenflagge hissen. Und last but not least sitzt in »Boulevard Bio« eine junge, kompetente, hübsche Polizistin, Nicola Tuschwitz, und erklärt vor einem Millionenpublikum, dass sie lesbisch sei. In einem Hamburger Lesben- und Schwulenzentrum berät sie Opfer antihomosexueller Gewalt. Ihre Eltern wissen es, die Kollegen auch.

Nicola Tuschwitz wird irgendwann einmal Kommissarin sein und damit gleich zwei harte Nüsse geknackt haben: Als Frau und offene Lesbe beweist sie, dass selbst die (Männer-)Gesellschaft »Polizei« in der Lage ist, sich zu verändern. Es sind wohl Frauen wie die junge Polizeimeisterin, die mit tatkräftiger Selbstverständlichkeit mehr erreichen als tausend Pamphlete und Infostände.

Auch Maren Kroymann, Sängerin, Schauspielerin und Kabarettistin, hat mit ihrem »Outing« einen hohen persönlichen Einsatz gewagt. Würde sie einen Karriereeinbruch erleben, jemals wieder in einer Fernsehserie eine Mutter spielen dürfen? Im Lauf der Zeit hat sich gezeigt, dass dieser Schritt ihr nicht geschadet hat, aber das Risiko war dennoch beträchtlich. Bei Bio ist sie zu Gast mit ihrer Freundin Susanne Evers, ebenfalls Schauspielerin. (Übrigens hatte sich die Maskenbildnerin wohl freundlicherweise vorgenommen, die lesbischen Damen keinesfalls allzu klischeehaft aussehen zu lassen. Jedenfalls zeigt Maren Kroymann herzallerliebste Löckchen her, die an eine explodierte Joghurtmaschine erinnern. Zusätzlich sind Rouge und Wimperntusche so dick aufgetragen, dass man damit ohne Probleme den Jahresbedarf eines kleinen westafrikanischen Staates hätte decken können.)

Merkwürdig erscheint mir nach wie vor, dass außer Hella von Sinnen und Cornelia Scheel fast keine prominenten Lesben öffentlich geworden sind. Ulrike Folkerts? Sicher, aber sie hat sich das Heft aus der Hand nehmen lassen und damit der BILD-Zeitung ein süffiges »Lesben-Outing« auf Seite 1 serviert. Seitdem herrscht wieder Ruhe im Karton. Natürlich gibt es noch etliche prominente Frauen, die ihren Kopf lieber an eine weibliche Schulter legen, nur sprechen möchten sie nicht darüber.

Eine Aufforderung zum Totschweigen bringt schließlich auch Gastgeber Alfred Biolek so richtig in Fahrt; nach einem Auftritt Maren Kroymanns kurz zuvor in meiner Sendung »Liebe Sünde« hatte ausgerechnet das christliche »Deutsche Allgemeine Sonntagsblatt« lamentiert: »Warum drängt sie uns völlig ungefragt ihr Liebesleben auf? Warum genießt sie nicht und schweigt?« Bio liest die bewusste Passage vor, wedelt heftig mit dem Zeitungsausschnitt und ruft: »Das ist Schwachsinn! Das ist ein Rückfall in die Kaiser-Wilhelm-Zeit! Wo sind wir denn? Genießen ja, aber warum denn schweigen?« Das Publikum rast.

Diese Haltung »Ihr könnt machen, was ihr wollt, aber bitte, bitte redet nicht darüber!« bedeutet in einer Mediengesellschaft das soziale Aus. Und schließlich wird man doch auch völlig ungefragt mit heterosexuellem Liebesleben bombardiert, von Elvers bis Bohlen, von Schrowange bis Klaus-Jürgen Wussow.

Um ein Schweigen ganz anderer Art geht es bei Lilly Wust, Bios letztem Gast. Die Mutter von vier Söhnen und Ehefrau eines überzeugten Nazis hat 1942 Felice Schrader kennen gelernt und sich Hals über Kopf in sie verliebt. Nicht nur müssen die beiden ihre Beziehung vor der Öffentlichkeit verbergen, bald stellt sich auch heraus, dass Felice Jüdin ist. Lilly versteckt Felice, doch eines Tages wird sie von der Gestapo abgeholt und nach Theresienstadt deportiert. Sie kehrt nie wieder zurück. »Ich hätte sie viel mehr fragen sollen«, bedauert Lilly Wust noch heute, »ich bin der Mensch nicht, der fragt.« Und als sie, ganz schlicht, ganz innig, hinzufügt »Ich liebe sie noch immer!«, wird es sehr still im Studio, eine Stille, die außerordentlich selten geworden ist im deutschen Fernsehen.

Nach dieser großen Liebesgeschichte entstanden sowohl das Buch als auch der Film »Aimée und Jaguar«. Beide wurden ein Riesenerfolg, und die Tatsache, dass auch das breite Publikum dieser Liebe unter Frauen folgt, mag zeigen, dass die Zeiten sich vielleicht doch ein wenig geändert haben.

Bleibt die Frage: Wie geht es Bio ganz allein unter diesen Frauen liebenden Frauen? Die Antwort: Er scheint sich sehr wohl zu fühlen, ist gelöst und souverän, führt die Gespräche mit lockerem Zügel. Und sollte es eines Beweises bedürfen, wie sehr ihn das gemeinsame Thema seiner Gäste berührt, dann könnte man sein Räuspern nennen: Nur ein einziges Mal nämlich kämpft er seinen berühmt-berüchtigten Kampf gegen das Kratzen im Hals. Und das ist, so vermute ich, Rekord.

»Die Überwindung des Sex« – Von Roger Willemsen

[7.1.1992, Folge 21 unter der Überschrift »Auf der Reeperbahn nachts um halb eins« / 26.5.1992, Folge 41 zum Thema »Sex-Tabus – Darüber spricht man nicht« / 5.1.1993, Folge 61 zum Thema »Mythos Bordell« / 22.3.1994, Folge 112 zur Fragestellung »Sex in aller Munde – Macht Reden freier?« / 7.2.1995, Folge 146 unter der Überschrift »Sex oder Liebe« / 23.1.1996, Folge 184 unter dem Schlagwort »Liebesdienste«]

»Da wurden ihnen beide Augen aufgetan, und sie wurden gewahr, dass sie nackt waren, und flochten Feigenblätter zusammen und machten sich Schurze.« Moses beginnt mit dem Schurz, »Boulevard Bio« begann darunter: mit dem Intimschmuck, oder zumindest war diese neunzehnte seiner Sendungen die erste, die ich gesehen habe.

Das war zwar nicht der Sündenfall des Fernsehens, denn Sex gab es dort schon früher. Aber dass ein bebrillter Jurist und Gentleman nun plötzlich als Schlange aus dem Baum der Fernseh-Erkenntnis züngeln sollte, das verstörte die Verstörbaren, wie zum Beispiel die Fundamentalisten von der »Münchener Abendzeitung«, und es stimulierte den Moderator am Ende jener neunzehnten Ausgabe zu dem euphorischen Versprechen für die folgende Sendung: »Noch mehr Schmuddelkram, liebe Abendzeitung!« Er hat das Versprechen wahr gemacht und sich für kurze Zeit sogar am Feuer der Empörung gewärmt. Irgendjemand nimmt immer Schaden, wenn es im Fernsehen ans Nackte geht. Das heißt, natürlich sind die Beschwerdeführer selbst resistent, aber sie fürchten für andere, die Schaden nehmen könnten. Dabei war es doch eigentlich schon immer unmöglich, an Alfred Biolek Schaden zu nehmen.

Trotzdem ist die Empörung interessant, denn wie im Alten Testament stellt man sich das Jüngste Gericht offenbar als eine Auf- und Niederfahrt der Nackten vor und schließt nun aus der Erscheinung jedes Nackten, das Jüngste Gericht sei nahe. Nur die Ruhe: Solange Biolek sendet, lässt sich das Weltgericht Zeit, es hätte einfach die schlechteren Quoten.

Trotzdem hat jene erste Begegnung mit »Boulevard Bio« einen flauen Nachgeschmack bei mir hinterlassen. Ich war nach ein paar Jahren im Ausland gerade nach Deutschland zurückgekehrt, hatte nie einen Fernseher besessen und lernte nun auf ein Mal, gleichzeitig, Alfred Biolek *und* den Intimschmuck kennen. Außerdem lernte ich das Staunen: Woher hätte ich wissen sollen, dass sich Menschen goldene Kugeln an die Genitalien hängen oder ihre Weichteile durchstechen? Ich komme mit den Geschlechtsteilen anderer Menschen einfach zu selten in Kontakt. Woher hätte ich wissen sollen, dass man ein gelehrter Mann und Freund der Oper sein kann und trotzdem bienenfleißig das Studium der Armaturen im Schritt fremder Menschen betreiben und die Früchte all dieses Wissens in die Welt tragen kann?

Man muss aber außerdem sagen, dass es sich bei der Scham um ein hart umkämpftes Marktsegment des frühen Neunziger-Jahre-Fernsehens handelte. Es gab Frauen, die ihre Beine nur zum Parallelogramm zu falten brauchten, und schon hingen ihnen die Zuschauer an … am … vergessen! Es gab andere, deren Stimmfrequenz noch im unteren Dezibelbereich geeignet war, dem Zuschauer das Kleinhirn aufzusägen, um in den gewonnenen Raum sexuelle Botschaften zu säen. Es gab Dritte, deren Schnurren und Gurren sich wie ein Vibrationsalarm auf die Zeugungswerkzeuge übertrug, und ausgerechnet auf diesem Feld wollten Eminenz sein Reich begründen, in dem das Scheinwerferlicht nie ausgehen sollte?

Man muss es Alfred Biolek hoch anrechnen, dass er sich nie auf die Schönheit seiner Beine, auf den unverräusperlichen Wohlklang seiner Stimme oder auf den Eros der Kostüme verlassen hat. Nur einmal, als es um die Reeperbahn ging, erschien er in einem flaschengrünen Polohemd, aus dessen Kragen ein wenig silbergraues Brusthaar drang. Mehr sollte vom Moderatorenkörper in zehn Jahren nicht enthüllt werden. Aber bitte: Das war die Zeit, als man bei »Boulevard Bio« noch auf Rattan-Möbeln saß, die nur in dieser Sendung, trotz erregender Themen, nicht das kleinste Knarren von sich gaben. Auch die Erregbarkeit von Korbstühlen war bei Biolek eine andere als in der übrigen Welt.

Auch hat er nicht auf den Nährwert der Schamlosigkeit vertraut, sondern vielmehr versucht, die Sphäre der telegenen Hochkultur mit den Niederungen des Fernseh-Nudismus zu versöhnen, und das geht nur, indem man sich diesem Bereich mit eher ethnologischem Interesse nähert: Schau schrittwärts, Engel. Erstaunlich, erstaunlich.

Man muss unschuldig sein oder zumindest so tun, dann kann man mit großer Arglosigkeit ermitteln: Wie liebt der Mensch? Wie richtet er sich zu? Wie saut er sich ein? Am Anfang war Biolek ein Forscher, der mit Schmetterlingsnetz durch den Garten Eden lief, Bizarrerien erhaschte und dann staunend vor seinen Fundstücken stand, in denen Leben und Laster noch nachzuckten. Die Gesellschaft war ein Nacktbadestrand, es gab viel zu entdecken, und er behandelte jede Trouvaille wie eine Offenbarung. Am liebsten fragte er: »Wie muss man sich das vorstellen?« Und es stimmt: Man *musste* es sich vorstellen; in den Darstellungen der Gäste türmten sich die Fleischberge wie zu den Notschlachtungen des Jüngsten Tages, und Biolek stand davor und staunte für uns alle.

Später hatte sich das Fernsehen insgesamt so stark sexualisiert, dass Biolek nun umgekehrt einen eher befangeneren Umgang mit dem Geschlechtlichen pflegte, gewissermaßen als sei ihm erst in der Konfrontation mit den Nachbar-Programmen aufgegangen, dass manche Sendung zur Stimulierung ungesunder Ansteckungen missbraucht werden könnte, und so tastete er sich manchmal Hilfe suchend durch die Begrifflichkeiten. Eine pornographische Liveshow kommentierte er mit den Worten »… und man sah zuletzt … tjo … einen Geschlechtsverkehr, um das mal beim Namen zu nennen«.

Die so genannte Performance-Künstlerin Annie Sprinkle beispielsweise, die sich vom Publikum auch schon mal intubieren und ihren Muttermund betrachten ließ, kommentierte er durch die fragende Bemerkung, dass ihre Darbietungen vielleicht »nicht erotisch« seien, »aber auch nicht sexuell, im Sinne von sozusagen stimulierend, dass die Leute also hingehen, um sich aufzugeilen, sagen wir mal, wenn man das mal so sagen darf, um diese Stunde darf man das so sagen«. Irgendwie war solch blumiges Sprechen erotischer als Sprinkles Spreizen, und ihr gegenüber schreckte er selbst vor der Frage nicht zurück: »Sie schrecken vor nichts zurück?« Doch sie schreckte, vor Sex mit Pferden. Wie gut, dass inzwischen wieder Menschen en vogue sind!

Heute träten solche Gäste in anderen Sendungen mit Pferd, aber bei Biolek gar nicht mehr auf, und überhaupt hat er sich in seiner reifen Periode in eine olympische Höhe über alle sexuellen Verstrickungen begeben. Erst daran erkennt man, dass der Olymp ein sexloses Etablissement ist. Hier oben scheint alles Glanz und Verklärung, und im Rückblick ist es ganz reizvoll zu sehen, wie man den Wandel im Umgang mit dem Sex an den Wandlungen von »Boulevard Bio« ablesen kann. Moderator und Zuschauer haben die Pubertät der Sendung miteinander geteilt, sie sind durch die Phase des phallischen Drohens, durch das Halbstarkenalter gegangen, sie waren Sexprotz, wo es möglich war, waren altjüngferlich, wo es nötig war.

Im Rückblick aber war nichts schlimmer als die Epoche der Aufklärung, dieses entsetzliche Alter, in dem man glaubt, alles erklären zu müssen, nur weil man es erklären kann, und in dem man alle Unarten und Abarten so gut kennt, dass man weiß: Das heißt nicht »Abarten«, das ist »ganz normal«, das »machen wir alle mal«, davon »träumen wir heimlich«, wenn wir »unsere Phantasien ausleben« wollen.

Kommen einem im Leben die Leute auch noch so phantasielos vor, im Sex kennen sie Phantasie nur im Plural, und wenn wir uns einem Beamten gegenübersehen, der in seiner Freizeit die Nationalhymne in eine Ming-Vase furzen kann, dann stehen wir davor und sagen: »Interessant, neinnein, das meine ich nicht diskriminierend, es ist doch ganz natürlich! Ich finde es gut, dass er das einfach auslebt, mir sagt das schon was …« usw.

Oh, dieses entsetzliche »Nichts-Menschliches-ist-mir-fremd«! Diese grässliche Toleranz! Durch die mussten wir alle durch, um schließlich mit »Boulevard Bio« zu lernen, dass die sexuellen Spielarten auch nicht fesselnder sind als die nordischen Disziplinen oder das Knüpfen von Schifferknoten.

Es ist deshalb schön zu sehen, dass Biolek auf seinem »Boulevard« etwas geschafft hat, wozu man im Leben viel länger braucht: Innerhalb von zehn Jahren hat er den Sex eigentlich komplett überwunden. Er kommt heute kaum noch vor, und wenn ein Gast sich mal als Geständnistier entpuppt und freizügig bekennen und Absolution erhalten will, ist er hier an der falschen Adresse. Sex-Palaver ist ein Nachmittagsformat. Nach 23 Uhr garantieren die Bildschirme unbefleckte Empfängnis. Statt Sex also Erotik? Aber was ist was?

Die einfachste Möglichkeit, die beiden überhaupt auseinander zu halten, bietet sich durch die Eselsbrücke: Sex ist wie Hunger, Erotik wie Appetit. In diesem Sinne ist Alfred Biolek auch dem Geschlechtlichen gegenüber immer Koch gewesen. Sein Reden vom Sex war gesprochener Appetit. Keine Gier, kein Fressen, kein Runterschlingen und deshalb auch kein Brechreiz.

Manchmal haben seine Gäste im Zwischenreich des Andeutens und Insinuierens den Vorhang zum Heimlichen kurz gelüftet, und man sah für einen Augenblick in eine zerwühlte Bettlandschaft, über die Höhenlinien eines Triebschicksals, in die Zerklüftungen des Begehrens. Dann lehnte sich Biolek zurück als Genießer oder er schwankte auf seinem Stuhl wie ein Metronom, die Kostbarkeit des süßen Geheimnisses ganzkörperlich empfindend. Jetzt ein Wässerchen zum Munde führen, um die Wollust abzuschrecken, dann mit evangelischem Blick in die Kamera schauen: Danke! Schön, dass wir alle in Hautsäcke eingenäht sind, schön, dass wir davon künden können, denn den Menschen war's ein Wohlgefallen, und das nur, weil der Moderator das größte Geheimnis des Erotischen hütete und bei allem Reden das Heimliche heimlich sein ließ.

»Sinnsucher« –
Von Ma Anand Taruna alias Barbara Rütting

[8.12.1992, Folge 57 unter der Überschrift »Mich gab's schon mal! – Der Glaube an die Wiedergeburt« / 15.11.1994, Folge 134 unter der Überschrift »Futter für die Seele – Mein Glaube« / 14.10.1997, Folge 249 mit dem Motto »Wenn ich in den Himmel komm …« / 7.3.2000, Folge 353 unter der Überschrift »Die Geister, die mich riefen«]

Es ist »sinn-los«, nach dem Sinn des Lebens zu suchen. Es gibt keinen. Nur den, den ich selbst dem Leben gebe.

Ergänzend ein Spruch meines Meisters Bhagwan/Osho:
»Wer wissen will, was Tomaten sind, muss eine Voraussetzung mitbringen: Er darf selber keine Tomate sein.«

Fundstück

[»Durch das Fernsehen wird kein Mensch, aber viel Geist getötet – Alfred Biolek« / Karikatur von Volker Ernsting in »Siehstewohl …« / KITOpublic, Lappan Verlag, Oldenburg 2000, S. 22]

Luise Rainer

Karin Dor, Margot Hielscher, Nadja Tiller und Winnie Markus

Désirée Nosbusch

Isabella Rossellini

Nina, Cosma Shiva und Eva-Maria Hagen

Liselotte Pulver

Ausschnitte aus Gesprächen mit ...

[16.6.1998, Folge 284 / Einziger Gast ist »die letzte Leinwandgöttin«, die in den dreißiger Jahren zweifach mit dem »Oscar« ausgezeichnete und heute in London lebende Schauspielerin Luise Rainer]

Bio   Wir wissen alle, wie eine »Oscar«-Verleihung heute aussieht. Wie war das damals, 1937?

Rainer   Viel kleiner, viel kleiner! Es war in einem großen Hotel ein großer Saal. Aber jetzt ist es eine *große* Geschichte, nicht wahr, mit Hunderten von Kameras und Kameraleuten und vielen Menschen, ein *großes* Publikum! Und auch sehr teuer für das Publikum; ich glaube, jeder muss ziemlich viel zahlen. Das ist eine ganz große Affäre!

Bio   Ja, jetzt. Und so 'n Film wie »Titanic« [1998 nach 14 Nominierungen schließlich mit 11 »Oscars« ausgezeichnet], der ja *vorher* schon ein Erfolg war – danach natürlich waren die Kinos voll! Haben Sie ihn gesehen?

Rainer   Ja, natürlich.

Bio   Was halten Sie von den Liebesszenen?

Rainer   Fragen Sie mich nicht, ich darf's Ihnen nicht sagen!

Bio lachend   Sie dürfen *alles* sagen bei uns!

Rainer   Also ich fand die Liebesszenen sehr übertrieben, denn wenn ich unter Wasser wäre, dann würde ich – ***Bio lacht laut / Zuschauer im Studio lachen / Applaus*** – dann würde ich nicht meinen Geliebten küssen. *Zuschauer lachen*

Bio   Die Liebesszenen in »Titanic« sind ja sehr romantisch und auch ziemlich zurückhaltend, aber es gibt ja inzwischen andere Filme, wo man da eher etwas hemmungslos ist –

Rainer unterbricht   Also heutzutage zeigt man ja alles! Ich selber bin nicht dafür. Ich würd es nie getan haben – Frauen nackt und so weiter. Das hätt ich nicht gemacht!

Bio   Das wär aber auch nicht möglich gewesen, damals!

Rainer   Nein, nein. Ich muss Ihnen einmal sagen, wie das war: Zum Beispiel hab ich einen Film gemacht mit Melvin Douglas, den ich sehr gerne mochte; das war ein reizender Mensch und ein *guter* Schauspieler. Wir waren verheiratet, glaub ich, in dem Film; ich erinner nicht genau – *Bio und Zuschauer lachen leise* – aber auf jeden Fall sind wir zusammen in unser Gemach gegangen. Um darzustellen, was [dann] passierte, haben die zwei »Butterflies« so fliegen lassen – *Rainer stellt mit den Händen Schmetterlinge dar* – und die sind so zusammengekommen. *Zuschauer lachen* Das war »love«! Heute ist das –

Bio unterbricht lachend   Die Kamera geht von den Schmetterlingen nach unten und zeigt, wie's richtig ist – ja, ja, das war *viel* subtiler! *Applaus* Wie wichtig war Ihnen der »Oscar« damals?

Rainer Ja, das scheint seltsam zu sein, denn ich war wirklich nicht hochmütig oder irgendwas; aber ich kam ja vom Theater, und ich war mit einer der wunderbarsten Gruppen, Reinhardt –

Bio Max Reinhardt, eine Legende!

Rainer – ja, eine Legende und ein großer Mann, wirklich ein Prinz und ein phantastischer Direktor! Wir waren eine Gruppe, die gehörte zusammen, und wir haben gearbeitet und –

Bio unterbricht Das war in Wien, bevor Sie nach Hollywood kamen.

Rainer – ja, und es war natürlich, dass man gut war, nicht wahr. Man war gut! Sie müssen verstehen, ich war ja [noch] nicht lange in Hollywood, wie ich diesen »Academy Award« [»Oscar«] bekam; und ich wusste gar nicht, was das war genau – also eine »Lobung«. Wenn Reinhardt mir gesagt hätte: »Ja!« Wie er einmal zu mir gesagt hat: »Rrrainerrr, wie machen Sie das?« Das war mehr als ein »Academy Award«, nicht wahr! Und dann hab ich diesen »Award« bekommen, das war natürlich »angeblich« eine große Ehre – das hab ich *wirklich* nicht gewusst oder empfunden!

[…]

Bio Ich mach mal einen Sprung zurück und frage jetzt nicht: »Wie ging's da weiter?« Sondern [ich] möchte etwas über Ihr Elternhaus erfahren. Was war das für ein Haus? War das ein künstlerischer –

Rainer Ja, künstlerisch, weil sie alle sehr musikalisch waren. Meine Mutter hat *wunderbar* Klavier gespielt. Das war herrlich für uns Kinder, weil wir mit Musik aufgewachsen sind. Die haben auch Freunde gehabt, die musizierten. Dadurch haben wir viel Musik gehört. Und mein Vater war sehr musikalisch, hat aber kein Instrument gespielt – der konnte wunderbar pfeifen. Auch künstlerisch dadurch, dass sie sehr, sehr Kunst anerkannt haben!

Bio Aber Ihr Vater war kein Künstler?

Rainer Kein Mensch in der Familie war Künstler. Und die waren also ganz bourgeois.

Bio »Großbürgertum« nennt man das.

Rainer Ja, »Bürgertum«. Das gab's bei uns nicht: keine Künstler, nein!

Bio War es eine religiöse Erziehung? Waren Sie –

Rainer – religiös? Mein Vater war *ganz* unreligiös. Und wir Kinder sind *ganz* unreligiös aufgewachsen.

Bio Und welcher Religion gehörte Ihr Vater an?

Rainer Mein Vater war in gar keiner Religion. Der hat gar keine Religion gehabt. Meine Mutter war von jüdischer Herkunft. Aber auch schon getauft, und so waren wir getauft. Wir haben nichts gewusst von –

Bio   Es war keine jüdische Familie.

Rainer   Man sagt ja: »Wenn die Mutterseite ›jüdisches Blut‹ hat, dann ist man selber auch jüdisch.« Aber ich hab das nie gewusst, damals.

Bio   Und Sie haben sich auch nicht so empfunden?

Rainer   Nein, nein, wieso »empfunden«? Ich hab mich als Mensch empfunden. Ich glaube auch heute nicht an Religionen. Ich glaube, dass Religion nur traurig – ich *glaube*! Aber ich glaube nicht an eine bestimmte Religion. Denn, schauen Sie, was passiert in der Welt, schauen Sie nach Indien: Alles bekämpft sich, was Religion hat, eine Religion die andere! Schauen Sie nach Irland: Katholizismus gegen Protestantismus! Überall in der Welt bekämpfen sich Religionen. Ich glaube nicht an Religionen, ich *glaube*!

[22.4.1997, Folge 236 zur Fragestellung »Was heißt schon Glück?« / Dritter Gast ist die Schauspielerin Barbara Rütting / Zu ihrer Linken sitzt der evangelische Diplom-Theologe und moderierende Redakteur Peter Hahne]

Bio   Spielt der Glaube an Gott eine Rolle? Sind Sie gläubig, so, wie wir das eben gehört haben?

Rütting   Also in diesem Sinn überhaupt nicht, weil ich mich schon als Kind eigentlich – also erstens mal war ich, als ich von der Kreuzigung hörte, so entsetzt und wollte auf dieser Erde, wo Menschen so etwas tun, nicht leben. Und das hat sich dann eigentlich durch mein ganzes Leben durch hindurchgezogen. Ich bin ein Skorpion, und die sind sowieso depressiv. Ich habe dann – da lacht jemand –

Hahne   Die müssen doch nicht depressiv sein!

Rütting   Sie sind auch einer?

Hahne   Natürlich. Merkt man mir das nicht an?

Rütting   Nein.

Bio gleichzeitig   Sie auch Skorpion?

Rütting   Auch ein Skorpion! Ich habe einfach gesehen, dass alle Religionen behaupten, sie haben die Wahrheit gepachtet, und im Namen Gottes die anderen umbringen. Und darum hab ich schon als Kind gedacht: Irgendwas stimmt da nicht! Ich bin sicher im Sinne von [lateinisch] »religio – gebunden sein«, bin ich etwas, aber ich gehöre keiner Glaubensgemeinschaft an.

Bio   Aber Sie glauben an irgendetwas, was die Welt zusammenhält?

Rütting   Ich würde sagen, ich glaube gar nichts, aber ich halte nichts für unmöglich. Ich habe einmal einen Satz gelernt in sieben Sprachen, der heißt: Es ist möglich, aber nicht sicher!

Bio   Zweierbeziehungen, also zu einem Mann in Ihrem Fall –

Rütting   Nur Katastrophen! Nur Katastrophen!

Bio   Nur Katastrophen?

Rütting   Ja, ja! Weil ich wahrscheinlich auch – natürlich: Wir werden alle falsch erzogen; wir hören die Schlager »Glück – zurück«, »Herz – Schmerz« und »… ohne dich kann ich nicht leben«. Und ich hab in allen meinen Männerbeziehungen mich total zurückgenommen, hab dann den andern aufgebaut und mich in eine, ja, in eine Kleinmädchenrolle hineinkatapultiert, was mir kein Mensch glaubt, aber es war immer so.

Bio   Wo Sie ja eigentlich eine sehr starke Frau sind?

Rütting   Ich finde das nicht. Ich wirke anscheinend so, aber ich find nicht, dass ich das bin.

Bio   Na, aber wenn Sie eine schwache Frau wären, dann hätte Ihnen ja diese Kleinmädchenrolle sehr gut gepasst. Dann hätten Sie ja gar nicht gelitten. Sie haben ja darunter irgendwann gelitten.

Rütting   Ich hab schon darunter gelitten. Und dann hab ich auch Schluss gemacht. Aber irgendwann hab ich dann gesagt: »So, also diese Leiden will ich nun nicht mehr!«

Bio   Waren das dramatische Schlüsse?

Rütting   Teilweise auch dramatisch, also eigentlich war es immer dramatisch, ja! Ich hab auch alle möglichen Varianten versucht dann: mit einer anderen Frau zu leben. Und es ging aber alles nicht. Und es endete immer mit Katastrophen.

Bio   Einmal, glaub ich sogar, in New York ziemlich dramatisch.

Rütting   In New York hab ich mir dann auch mal die Pulsadern aufgeschnitten, weil der Mann eben nicht kam; der kam einen Tag später, als ich mir das vorstellte. Und –

Bio   Richtig aufgeschnitten?

Rütting   Ja, ja, richtig, richtig! Auch richtig in der richtigen Richtung geschnitten. Und –

Bio   Aber Sie sind offensichtlich gefunden worden?

Rütting   Ja, ja, weil: Ich hatte auch noch eine halbe Flasche Whisky getrunken und fünfzehn Evipan genommen und dadurch hat das wahrscheinlich aufgehört –

Bio   – zu bluten!

Rütting   Und das Interessante war, dass der Arzt, der das dann nähte – ich sagte: »Warum hat das denn nicht geklappt?« – der sagte, ein Chinese: »It was not your time, Madam!« *Zuschauer im Studio lachen / Applaus*

[10.10.2000, Folge 372 unter der Überschrift »Ganz oder gar nicht« / Erster Gast ist die Schauspielerin Franka Potente]

Bio Die Rolle, die Sie spielen [im Film »Der Krieger und die Kaiserin« von Tom Tykwer], das ist ja eine Frau, die bedingungslos um die Liebe kämpft. Haben Sie privat auch schon versucht, eine Liebe quasi zu erzwingen?
Potente Ich war mal mit siebzehn, das war so ein Rudiment aus meiner Austauschschüler-Zeit, mit einem Amerikaner aus Huston/Texas zusammen – ***Potente lacht und sieht ins Publikum zu ihren Eltern in der ersten Reihe*** – meine Eltern erinnern sich, und abgesehen von wahnsinnig hohen Telefonrechnungen, die ich bei McDonald's abgearbeitet habe, war das natürlich wahnsinnig schwierig. Wahrscheinlich, wenn man so ganz erwachsen, realistisch irgendwie gewesen wär, hätte man gesagt: »Das bringt doch gar nix, man hat doch gar kein Geld, man kann sich gar nicht sehen.« Aber ich wär so weit gegangen und wäre Stewardess geworden, statt das, was ich heute mache. Nur, damals war es bei der Lufthansa und der Deutschen BEA so, die ich angeschrieben habe: Ich war zu jung. Sonst wär ich wahrscheinlich ab in die Stewardess-Ausbildung gegangen – bei meiner Höhenangst auch noch.
Bio gleichzeitig Welch ein Glück, welch ein Glück für uns alle!
Potente Aber das hätt ich gemacht.
Bio Jetzt sind Sie ja auch öfter getrennt von Ihrem Partner [Tom Tykwer]. Sie drehen in Hollywood, er dreht in Italien. Ist das für Sie hart oder stecken Sie das so weg?
Potente Schrecklich!

[5.10.1999, Folge 331 unter der Überschrift »Frauen am Rande des Nervenzusammenbruchs« / Dritter Gast ist die Schauspielerin Isabella Rossellini / Bio spricht deutsch, Isabella Rossellini erhält simultan eine englische Übersetzung, antwortet englisch und wird simultan übersetzt]

Bio Wie war das, als *Sie* ein Kind waren? Ihre Eltern – Roberto Rossellini, berühmter italienischer Regisseur, und die noch berühmtere Ingrid Bergman – sind geschieden worden, als Sie sehr klein waren. Bei wem haben Sie dann gelebt?
Rossellini Gelebt hab ich – na ja, also geboren wurde ich ja in Rom, und meine Eltern haben sich scheiden lassen, da war ich ungefähr drei Jahre alt. Ich erinnere mich gar nicht mehr daran, dass sie je zusammen gewesen sein könnten. An den Hund kann ich mich erinnern! ***Bio lacht laut*** Und dann sind wir nach Paris gezogen. In Paris, da lebte ich von drei bis acht. Und zwar mit meiner Mutter im Hotel. Ja und dann, dann sind wir zurückgegangen nach Italien, aber mein Vater

war wieder neu verheiratet damals; das heißt: Wir waren in einem Haus in seiner Nähe.

[...]

Bio   Es ist ein Zufall, wir wussten das nicht, dass diese Woche die Paperback-Ausgabe Ihrer Biographie, die deutsche Ausgabe, erscheint.

Rossellini   Ja, ja.

Bio   Deswegen habe ich mir das sofort besorgt. Und zwei Dinge sind mir aufgefallen, die ich doch kurz noch ansprechen wollte. Das eine ist: Sie schreiben, Sie hätten so einen unglaublichen Reinigungs- und Putzfimmel.

Rossellini lacht   Das stimmt, das stimmt! Meine Mutter, die hatte das – ich auch, ich liebe es zu putzen –

Bio gleichzeitig   Ingrid Bergman hat auch geputzt?

Rossellini   Ich find es toll, es entspannt mich, immer! Also, sie war Schauspielerin, und das Zweite, was sie geliebt hat, das war Putzen.   *Bio lacht laut / Zuschauer im Studio lachen*   Das hat sie aber auch so gesagt! Und sie hat geputzt und geputzt, sie hatte Techniken für alles. Und sie hat mir das *alles* beigebracht. Das haben wir immer gemeinsam gemacht. Also ich bin hinterher erst Schauspielerin geworden, nachdem sie tot war. Aber wir haben zusammen geputzt!   *Bio lacht laut / Applaus*

Bio   Und das Zweite, was mich völlig fasziniert hat, ist, dass Sie sich beschäftigen mit der Sexualität von Insekten.   *Zuschauer lachen*   Ich mein, das ist schon ungeheuerlich, oder?

Rossellini gleichzeitig   Das stimmt auch! Und zwar, das fing an, als meine Mutter gestorben war. Da gab es eine Rose, die nach ihr benannt wurde. Und ich hab hundert dieser Rosenstöcke erhalten, und ich hab sie in meinen Garten ausgepflanzt. Und dann wurden die plötzlich ganz braun und komisch und eklig. Und dann hab ich angeschaut diese Dinger und hab gesagt: »Was is 'n das?« Und dann waren da diese ekligen kleinen Tiere dran. Da hab ich dann Bücher drüber gelesen. Das war faszinierend, weil: Diese Insekten, die machen wirklich schweinische Dinge!   *Bio lacht laut*

[29. 2. 2000, Folge 352 mit dem Motto »Das geht nur mit Disziplin!« / Dritter Gast ist die Schauspielerin Katja Flint, Hauptdarstellerin des Films »Marlene«]

Bio   Sie mussten sich ja nun mit Marlene Dietrich »ein bisschen« befassen!

Flint   So ist es.

Bio   Sehen Sie Parallelen zwischen ihr und Ihnen?

Flint   Es gibt ein paar Parallelen, aber es gibt auch deutliche Unterschiede.

Bio   Was sind die Parallelen?

Flint   Parallelen sind, dass wir beide nachmittags oder gegen Abend noch in der Küche stehen konnten oder irgendwas putzen und eine halbe Stunde später in einem glamourösen Kleid auf einem Ball sein können.

Bio   Das können Sie auch?

Flint   Ja. Und die Disziplin, würd ich mal sagen –

Bio unterbricht   Unser Thema!

Flint   – unser Thema – war für diese Rolle absolut notwendig für mich. Und sie war auch eine sehr disziplinierte, preußisch erzogene Frau. Ansonsten gibt es große Unterschiede auch: Sie war jemand, der immer im Mittelpunkt stehen wollte, die viele Liebhaber gleichzeitig hatte, nie allein sein konnte. Ich dagegen brauche es geradezu, immer wieder zur Ruhe zu kommen, also meine Gedanken zu ordnen, auch wirklich Phasen, in denen ich ganz allein bin.

Bio   Der entscheidende Satz ist in diesem Film [»Marlene«] – ob er nun so gefallen ist, aber er ist natürlich völlig richtig, wenn man das Leben der Marlene Dietrich betrachtet – sie wird gefragt: »Willst du berühmt werden oder willst du glücklich werden?« Haben Sie diesen Konflikt auch?

Flint   Für mich stellt sich die Frage nicht, weil: Ich weiß schon, dass ich lieber glücklich bin als berühmt. Und – ja, meine Berühmtheit ist noch nicht so, dass es für mich ein Problem wäre.

[…]

Bio   Sie haben einen Sohn. Wie alt ist der jetzt?

Flint   Der ist elfeinhalb, also fast zwölf.

Bio   Wie machen Sie das, wenn Sie so einen großen Film drehen?

Flint   Ach, da gibt's die Omas, eine sitzt da – *Flint dreht sich lachend zu den Zuschauern im Studio* – und ich hab eine Assistentin, die nebenan wohnt und die einspringt. Das ist alles gut organisiert und alles vorher genau geplant.

Bio   Alles eine Frage der Organisation?

Flint   Absolut! Und der Disziplin!

Bio   Sie machen zwischen den Filmprojekten große Pausen?

Flint   Ja, ja.

Bio   Und da sind Sie dann mehr oder weniger ganz für ihn da?

Flint   Ja, im Gegensatz zu vielen Frauen, die berufstätig sind, die jeden Tag arbeiten gehen, bin ich da natürlich *richtig* da und hab viel Zeit für ihn und bereite ihn dann auch darauf vor, dass ich irgendwann dann wieder arbeiten gehen muss. Und seitdem er drei, vier Jahre alt war, hat er schon verstanden, dass ich Geld verdienen muss, um unsere Miete zu zahlen und einzukaufen.

Bio   Sie sind allein erziehende Mutter; Sie waren verheiratet mit Heiner Lauterbach, der auch der Vater ist –

Flint unterbricht   Also ich muss sagen, ich bin natürlich nicht ganz allein erziehend, weil: Der Vater erzieht auch mit, obwohl der Oscar bei mir lebt.

Bio   – gut, muss ich's anders formulieren: Sie leben allein mit ihm?

Flint   Ja.

Bio   Sind Sie lieber allein, auch wenn Sie in einer Beziehung leben, allein mit dem Sohn?

Flint   Im Moment ist es so, dass mein Beruf so aufwendig ist, auch für mich in der Vorbereitung, dass ich einfach diese Freiräume brauche, dass ich auch mal meine Ruhe in der Wohnung hab. Also wenn ich da immer noch 'nen Mann hätte, der etwas von mir will, würde mich das, glaub ich, nerven. Ich bin ganz froh, dass ich mich nur zum Vergnügen mit Männern treffe – und trotzdem natürlich verliebt man sich gerne und hat –

Bio unterbricht   Sie haben mal in einem Interview gesagt – aber da muss ich erst mal fragen, ob das auch stimmt, weil: Papier ist geduldig, und es wird viel gedruckt –

Flint   Ja.

Bio   »Mich zu verlieben ist eine meiner Lieblingsbeschäftigungen!«

Flint lachend   Allerdings!

Bio   Gehen Sie der auch öfter mal nach?

Flint   Ja! *Zuschauer lachen / Applaus*

Bio lachend   Dann muss ich jetzt angesichts der Tatsache, dass in Ihrer Biographie nur Heiner Lauterbach und Bernd Eichinger auftauchen, mit Marlene Dietrich fragen: »Sag mir, wo die Männer sind, wo sind sie geblieben?« *Zuschauer lachen*

Flint   Ich habe gelernt, jetzt das ein bisschen diskreter zu machen; also bei Heiner Lauterbach und Bernd Eichinger war's unmöglich, aber die Freunde, die ich in letzter Zeit hatte, die hab ich dann immer so in ein, zwei Metern Abstand über den roten Teppich laufen lassen – und keiner hat was gemerkt!   *Bio lacht*

[28.4.1998, Folge 277 unter der Überschrift »Vier Damen vom Film« / Zu Gast sind Karin Dor, Winnie Markus, Nadja Tiller sowie die Sängerin, Schauspielerin und Moderatorin Margot Hielscher]

Bio   Sie sind – der Weg zum Film ist ja insofern kein ganz normaler, weil Sie auf Wunsch Ihres Vaters erst mal Kostümbildnerin gelernt haben!

[...]

Hielscher   Ich hatte auf meinem Zeugnis immer nur zwei Einsen – alles andere war »mangelhaft«, »gerade genügend« und so, Turnen war ganz schlimm – also jedenfalls –

Bio unterbricht   Sehr sympathisch!

Hielscher   – ich hatte zwei Einsen, das war Singen und Zeichnen. Na, und da hab ich dann eben gezeichnet. Aber ich dachte gleich bei meiner Prüfung [bei der Aufnahmeprüfung auf die Textil- und Modeschule in Berlin], ich wär durchgefallen, denn der erste Tag war Aktzeichnen. Und zwar einen männlichen Akt. Ich hatte mit meinen jungen Jahren noch nie vor einem männlichen Akt gesessen. Das Zimmer war kalt. Und alles das, was man an Männern bewundern könnte, war arm und bläulich – *Bio lacht laut* – und da dachte ich mir: Na, diesem armen Jungen kann geholfen werden! Und machte also das, was da so traurig nach unten …, machte ich etwas größer und dings – *Zuschauer im Studio lachen* – und auf einmal tippte mir der Zeichenlehrer auf die Schulter und sagte: »Fräulein Hielscher, Sie sollen zeichnen, was Sie sehen, und nicht, wovon Sie träumen!« *Lautes Lachen / Applaus*

[30. 1. 2001, Folge 388 zum Thema »Frühreif« / Erster Gast ist die Moderatorin und Schauspielerin Désirée Nosbusch]

Bio   Es fing ja alles [1977] mit Moderieren an, bei dir –
Nosbusch   Eigentlich schon, ja.
Bio   – und zwar extrem »frühreif«!
Nosbusch   Mit zwölf Jahren. *Nosbusch lacht*   Ich könnt schon 'ne goldene Uhr kriegen!
[…]
Bio   Was haben die Mitschüler gesagt, dass du plötzlich [1979 durch eine Sendereihe im deutschen Programm von Radio Luxemburg] so bekannt wurdest?
Nosbusch   Ich bin leider in eine Schule gegangen, muss ich sagen, wo man sich damit nicht auseinander gesetzt hat. Gut, es war zu einer Zeit, wo – in Luxemburg gab es so was nicht, also so Leute wie mich, die dann so was Komisches machen – ich muss jetzt was ganz Böses sagen – es war wahrscheinlich so: »Nutte« und »Im-Show-Geschäft-Sein«, das war so irgendwie gleichgestellt in den Köpfen meiner Lehrer damals. Und insofern hat man das alles unter Teppich gekehrt; man hat es nicht angesprochen, man hat es ignoriert. Und dann kam noch dazu, leider, dass es damals noch einen ziemlichen Deutschen-Hass gab in Luxemburg, dass man mir dann zu gewissen Zeiten irgendwelche Hakenkreuze auf meine Windjacken, die vor der Klassentür hingen, gemalt hat. Was dann einfach dazu führte, dass ich so zu 'nem Einzelgänger wurde in der Schule und dann irgendwann auch aus dem Grund abgegangen bin.
Bio   Du hast damals schon eigentlich in einer Welt der Erwachsenen gelebt? Du hast zwar Kindersendungen gemacht, aber die, die's produzieren – vom Techniker bis zum Redakteur – sind ja alle Erwachsene. Hast du überhaupt noch mit Gleichaltrigen viel zusammen gemacht?

Nosbusch Weißt du, Alfred, das merkt man später: Damals, glaub ich, hat mir das wahnsinnig imponiert! Immerhin war ich ja zu Hause die Zwölf-, Dreizehnjährige, der man gesagt hat: »Pantoffeln bitte da hinten in die Ecke stellen!« und »Hier wird geredet, wenn ich sage!« und »Füße untern Tisch!«, und auf der andern Seite war ich in einer Welt, wo mir Erwachsene zugehört haben, gesagt haben: »Boah, die hat ja Ideen!« und »Hör dir mal an, was die sagt!« – das hat mir zu der Zeit unheimlich imponiert, ich fand das toll. Und *später*, mit 16, 17, 18, merkt man dann auf einmal – wobei, bewusst wird's dir erst mit 35, sag ich jetzt mal –, aber da merkt man dann irgendwann, dass man doch nicht das Leben lebt der Gleichaltrigen.

[…]

Bio Solche Kindheitsentwicklungen – also frühe Reife, berufliche –, die können einen ja auch aus der Bahn schmeißen.

Nosbusch Total!

Bio Das kennen wir ja von vielen Kinderstars, auch aus Hollywood!

Nosbusch Also ich sag auch, das hätte bei mir – ich hab da oft auch mit meinen Eltern drüber geredet – das hätte bei mir *genauso* gut schief gehen können! Weil: Es ist ja nicht wirklich jemand da, der dich auffängt. Es ist ja nicht wirklich jemand da, der dir, wenn du vierzehn bist, erklären kann, was das für Konsequenzen hat!

Bio Was willst du deinen Kindern mitgeben?

Nosbusch Es widerspricht jetzt dem, was wir heute Abend zum Thema haben, aber: Ich wünsche mir für meine Kinder, dass sie ganz, ganz, ganz, ganz, ganz, ganz, ganz lange Kinder bleiben, dass sie so lang wie möglich unbeschwert leben!

[18.2.1992, Folge 27 unter der Überschrift »Dreihundert Jahre jung – Vier Frauen stehen ihren Mann« / Dritter Gast ist die Stummfilm- und UFA-Legende Camilla Horn / Zu ihrer Rechten sitzt die Fliegerin Elly Beinhorn-Rosemeyer]

Bio Sie haben ein Buch über Ihr Leben geschrieben, eine Biographie, das heißt »Verliebt in die Liebe«. Könnte man sagen, dass die Liebe für Sie eine Leidenschaft oder gar eine Sucht war?

Horn Also dieser Titel ist eigentlich gefährlich. Und zwar weiß ich genau, dass gerade heute man bei »Liebe« nicht an Liebe denkt, sondern an den Sex. Und das Buch war nicht dem Sex gewidmet, sondern dem, was ich unter Liebe verstehe. Sex – schön, Sie werden sagen: »Das gehört dazu!« Natürlich gehört es dazu, es ist eine natürliche Folge der Liebe, aber das war nicht der Sinn des Buches.

Bio Das war nicht das Motiv, sozusagen?

Horn   Nein, nein.

Bio   Sie waren viermal verheiratet. Und Sie schreiben sehr offen über sehr, sehr viele, sehr intime, sehr persönliche Freundschaften. Trotzdem sagen Sie heute, für Sie war Liebe das Wichtigste. Glauben Sie, dass das damals leichter war oder auch anders war als heute, diese Beziehung zwischen Eros und Sex?

Horn   Ja, ich glaube, dass ich das noch weiß, dass zuerst die Liebe war und alles, was dazu gehört. Und der Sex, schön, irgendwann kommt er dazu, aber er war nie das Primäre! Wenigstens nicht von mir aus gesehen.

[…]

Bio   Sie haben ein paar *sehr* bekannte Männer kennen gelernt, einige hätten wahrscheinlich auch gerne ein engeres Verhältnis mit Ihnen gehabt, aber Sie waren etwas reserviert – zum Beispiel Charlie Chaplin –

Horn   Ja, aber der war wirklich nur ein Freund von mir und hat mir vorgespielt – auf seiner Hammondorgel, hat mir auch Szenen vorgespielt – wir waren Freunde. Er war keiner von den so genannten He-Männern, die gleich auf die Frau losgehen. Er war sehr dezent und sehr zurückhaltend. Aber wir waren lange Freunde.

Bio   Und Peter Frankenfeld? Der war ein bisschen mehr schon »he-man«?

Horn   Also, Peter Frankenfeld, da muss ich aufpassen! Bei Peter Frankenfeld – das tut ihm ja nicht weh, er hört's ja auch nicht mehr – war alles drin, die Hölle und der Himmel. Und das sagt sehr viel!

Bio   Ja, ja.

Horn   Es war alles drin, do hot nix g'fehlt! *Zuschauer im Studio lachen*   Und war sehr amüsant, nie langweilig. Den hab ich natürlich in einer schlechten Zeit kennen gelernt; nach der Flucht von meinem Bauernhof [Camilla Horn hatte sich 1943 aus politischen Gründen auf einen Hof nach Mecklenburg zurückgezogen] trafen wir uns in Frankfurt zufällig, und ich war froh, dass ein Mensch überhaupt aus unserem Kreis da war. Er war sehr unterhaltend, aber sehr anstrengend, also heiraten hätt ich ihn nicht mögen.

[…]

Bio   Frau Horn, haben Sie Kinder gehabt?

Horn   Leider nein. Ich hätte sehr gern welche gehabt.

Bio   Aber wie war das eigentlich damals? Hat man da über Verhütung auch schon gesprochen? Gab's denn eigentlich – die Möglichkeiten, die es heute gibt, gab's doch gar nicht! Wie hat man denn das gemacht, wenn man –

Horn unterbricht   Da muss ich von einer anderen Seite antworten: Erstens mal ist man mit einem Mann ins – »man«, man kann nur von sich sprechen, was die andern gemacht haben, weiß ich nicht – ist man mit einem Mann ins Bett gegangen, wenn man es denn überhaupt getan hat, und da wäre man auch bereit gewesen, ein Kind mit ihm zu haben. Das war meine Einstellung. Erstens mal gab's ja

75

keine Verhütung, glaub ich, ich weiß es nicht – es war überhaupt kein Thema, es war überhaupt kein Thema!

Bio gleichzeitig Man konnte zählen, es gab die Knaus'sche Methode, wenn ich richtig weiß.

Horn Nein, damit hätt ich mich nie abgegeben. Es gab –

Beinhorn unterbricht Er geht aber wirklich unter die Gürtellinie, gell! *Zuschauer lachen laut / Applaus*

Bio zu Beinhorn Das sind die Themen, über die die jungen Leute heute reden und die für sie wichtig sind! Und man möchte einfach nur wissen: Wie war das damals? Hat man darüber gar nicht gesprochen? Gab's gar keine Mittel? Ich finde die Antwort doch sehr, sehr interessant, dass man sagt, man hat – oder sie: Nur dann mit einem Mann war sie zusammen, wenn sie bereit war, ein Kind zu haben! Das ist heute nicht so.

Horn gleichzeitig Es gab drei Männer, mit denen ich gerne ein Kind gehabt hätte. Und die waren alle sehr verschieden, aber das wär sehr amüsant geworden, wenn das geklappt hätte!

[Camilla Horn verstarb am 14.8.1996]

[19.1.1999, Folge 305 unter der Überschrift »Die Stärke der Frauen« / Vierter und letzter Gast ist die Schauspielerin Brigitte Mira]

Mira Das Thema, was wir heute haben – »Stärke der Frauen« – also ich muss sagen, ich hab eigentlich mehr von meinen Schwächen gelebt! *Bio und Zuschauer im Studio lachen laut / Applaus*

Bio Also ich will ja jetzt nicht hier so besserwisserisch sein, aber vielleicht war *das* genau Ihre Stärke?

Mira Na ja, sind immer gut angekommen!

Bio Ja, die Schwächen sind gut angekommen.

Mira Und ich muss sagen, ich glaube auch nicht ganz daran, dass Frauen so wahnsinnig stark sind in dem, was man unter »Stärke« versteht. Es ist mehr so die unterschwellige Stärke, die sie haben. Die können zum Beispiel, wenn sie Schmerzen haben, können sie besser aushalten.

Bio Jaaa!

Mira Das haben mir jetzt die Ärzte auch gesagt, im Krankenhaus. Weil, ich muss sagen, ich hab ganz schön – ich bin die ganze Treppe runtergekugelt, hatte hier 'ne klaffende Wunde und all solche Dinge – und fand das irgendwo alles gar nicht so schlimm – und das ist ja gut.

Bio Das ist toll! Ja, die Männer sind viel wehleidiger!

Mira Ich glaub auch, ja. *Zuschauer lachen*

Bio Muss man nicht stark sein, wenn man fünf Ehen übersteht? *Lachen*

Mira Wenn ich das sagen darf: Die Stärke lag eigentlich in der Trennung. *Zuschauer lachen laut*

Bio Ja, ja, die von Ihnen ausging.

Mira Von mir, ja, das muss ich sagen. Die Herren wollten alle gar nicht! *Lachen*

Bio Die wollten nicht Schluss machen!

[…]

Mira Ich muss sagen, also diese fünf Ehen, wenn ich da heute drüber nachdenke: Ich wollte aus irgendwelchen Gründen raus, und ich hatte gute Gründe. Und ich find es so verkehrt, wenn eine Frau sich quält mit einer Ehe.

Bio Nee, das ist klar. Aber wissen Sie, bei Ihnen, bei der Generation ist es ja schon ungewöhnlich!

Mira Na, die Generation – da hab ich ja noch was Dolleres geboten: Mein letzter Ehemann war achtzehn Jahre jünger als ich. *Zuschauer lachen*

Bio Oh, das war ein Skandal, das war ein Skandal! Oder?

Mira Das war ein Skandal! Heute nicht mehr.

Bio Nein. Wann haben Sie ihn kennen gelernt? In welcher Zeit war das? Waren das die Sechziger?

Mira Das war so '56.

Bio seufzt Mein Gott!

Mira Wir waren 27 Jahre zusammen. Und nu hab ich schon 'nen Jungen genommen – und dann stirbt der vor mir!

Bio Na, *das* ist ja wirklich traurig!

Mira Ja, ja!

[21.12.1999, Folge 342 unter der Überschrift »Leben, wie ich es mag« / Erster Gast ist die Filmregisseurin und Schriftstellerin Doris Dörrie]

Bio Sie sind, als Ihr Mann sehr krank wurde [Helge Weindler litt an Krebs] – sind Sie da zum ersten Mal konkret mit dem Buddhismus in Berührung gekommen? Sie haben ja auch in Interviews darüber gesprochen, dass Sie sich einen buddhistischen Lehrer gesucht haben.

Dörrie Den hab ich nicht gesucht, sondern der ist in dem Moment in der Stadt gewesen, als ich es gebraucht habe. Also es ist oft so, glaub ich, dass, wenn man etwas *wirklich* nötig hat und *wirklich* braucht, dann kommt es auf einen zu, im richtigen Moment! Und da hab ich einfach nur ein Buch aufgeschlagen, was der geschrieben hatte und was mir *irgendjemand* in die Hand gedrückt hatte; und da stand drin, man soll doch vielleicht einfach mal einatmen und ausatmen und sich nur auf seinen Atem konzentrieren. Das hab ich damals in einer Situation von großer Angst und großem Schrecken gemacht und habe gemerkt, dass das tatsächlich funktioniert hat, dass es mich befreit hat von dieser panischen Angst »Was wird sein, was wird sein?« – und dieser Hoffnung »Hoffentlich, hoffentlich, hoffentlich ist es alles nicht wahr!«, die mich damals komplett gelähmt hat. Und dieses simple Rezept von »hier – jetzt – in diesem Augenblick zu bleiben« hat mich damals befähigt, überhaupt für meine Familie noch funktionieren zu können.

Bio Hat es nachher auch geholfen [Helge Weindler erlag seinem Krebsleiden 1996] bei der Trauer?

Dörrie Ja, doch sehr stark! Also sich immer wieder zurückzunehmen und immer wieder zu dem zurückzukommen, was man hat. Denn was wir machen, ist, dass wir doch sehr stark immer aus einem Mangelbewusstsein heraus leben: Was fehlt mir? Und wenn ich *das* erst habe, *dann* bin ich glücklich, und *dann* ist auch alles wieder gut! Statt zu sagen: »Was ich jetzt habe, ist eigentlich schon ziemlich viel!«

Bio Heißt diese Haltung dann auch, dass Sie zum Beispiel gar nicht an schöne Erinnerungen mit Ihrem verstorbenen Mann denken?

Dörrie Och, jeder, der jemand verloren hat, weiß, dass diese so genannten schönen Erinnerungen am Anfang schrecklich sind. Es braucht ziemlich lange, bevor die schönen Erinnerungen wirklich schön werden können, denn am Anfang sind sie die, die auch am meisten quälen. Also das braucht Zeit!

Bio Haben Sie sich verändert nach dem Tod Ihres Mannes?

Dörrie Ich weiß es nicht; ich glaube, dass ich sehr viel heiterer geworden bin und sehr viel optimistischer. Das glaub ich schon.

[15.12.1998, Folge 300 mit dem »Hagen-Clan« / Gäste sind die Schauspielerin und Sängerin Eva-Maria Hagen, Tochter Nina Hagen und Enkelin Cosma Shiva Hagen]

Bio Sie sagten vorhin, dieses Buch »Eva und der Wolf« sind Briefwechsel, Tagebuchaufzeichnungen *und* Auszüge aus Stasi-Akten.

Eva-Maria Hagen Und schöne Fotos.

Bio Und schöne Fotos. Haben Sie in den Stasi-Akten Dinge erfahren, die Sie überrascht haben, die Sie nicht wussten?

Eva-Maria Hagen Ja, sehr! Ich musste sehr lachen, es war wirklich amüsant, weil die wirklich jeden Pups aufgeschrieben haben; die waren wirklich nicht nur, wie Wolf [Biermann] in einer Ballade singt, der »Eckermann« von ihm, sondern die haben auch unter der Bettdecke bei uns gesteckt. Also die haben wirklich den Dialog im Bett mitgeschnitten.

Bio Das gibt's nicht!

Eva-Maria Hagen   Das ist die Wahrheit!

Bio   Die hatten Wanzen im Schlafzimmer?

Eva-Maria Hagen   Ja! Oder an der Tür; jedes Telefonat, jedes Gespräch mit 'ner Freundin – was da für Zeit vertan wurde und für Energie, ja?

Nina Hagen   Es ist aber schön, dass wir das heute nochmal lesen können. Ich hab das nämlich neulich gelesen –

Bio gleichzeitig   Hast du das Buch gelesen?

Nina Hagen   Ja, au ja, ich hab das Buch gelesen, das war toll!

Bio   Hast du über dich was erfahren auch?

Nina Hagen   Ja.

Eva-Maria Hagen gleichzeitig   Ne Menge.

Nina Hagen   Und dann *vorher* noch, wo sie das Buch zusammengestellt hat, hab ich ein Stück Stasi-Akte lesen können, wie ich mit meiner ersten großen Liebe telefoniert hab. Und es war sehr interessant, nochmal zu gucken, worüber wir uns damals so unterhalten haben. *Cosma Shiva Hagen lacht*

Bio   Wie alt warst du da?

Eva-Maria Hagen   Fünfzehn.

Nina Hagen gleichzeitig   Dreizehn. Thomas Fuhrmeister! *Zuschauer im Studio lachen*

[31.10.2000, Folge 375 mit dem Motto »… wenn man trotzdem lacht« / Dritter Gast ist die Schauspielerin Liselotte Pulver / Zu ihrer Rechten sitzt der Sänger Nino de Angelo]

Bio   Sie führen [Tagebuch] – seit wann machen Sie das?

Pulver   Seit ich dreizehn Jahre alt bin. Ich hatte ja immer so furchtbar Liebeskummer. Und das konnte ich niemandem sagen. Dann hab ich das in das Tagebuch geschrieben. Und das mach ich heute noch, auch ohne Liebeskummer – also alles, was mich beschäftigt.

Bio   Gibt's da schon mehrere, viele Bände?

Pulver   Also ich hab jetzt gerade das 125. angefangen! *Zuschauer im Studio staunen*

Bio   Na ja, wenn sie mit dreizehn angefangen hat!

[…]

Sie haben gesagt »Liebeskummer« – als junges Mädchen; später kamen ja auch richtige, dramatische Einbrüche in Ihrem Leben.

Pulver   Ja.

Bio   Der Tod der Tochter '89, dann der Tod des Mannes '92 – hilft das auch, wenn man das in das Tagebuch schreibt – Gedanken, die man hat?

Pulver   Es hilft schon zu verarbeiten, aber es ist nicht das Wichtigste. Ich glaube einfach: Wenn man muss, kann man! Man muss auch wollen, man muss aktiv bleiben, man muss 'ne Arbeit machen, Sport machen. Und das Wichtigste ist einfach, dass einen die Familie auffängt!

Bio Ja, Sie haben ja einen Sohn, einen Enkel –

Pulver unterbricht Einen Sohn ja, einen Enkel hab ich.

Bio – also im Grunde muss man diese Einbrüche überwinden *wollen*!

Pulver Ja, es bleibt einem nichts anderes übrig.

Bio Na ja, es gibt auch welche, die einfach die Waffen strecken und dann eben irgendwie auch davon überrollt werden.

Pulver Ja, das kann schon sein. Aber ich wollte natürlich – ich war immer ziemlich aktiv, und ich habe einfach in meinem Beruf wieder ein bisschen gearbeitet *und* geschrieben. Ja, das hat mir sehr geholfen.

Bio Man sagt: »Die Zeit heilt alle Wunden.« Ist das wahr? Tut sie das?

Pulver Ich glaube nicht. Es wird ein bisschen besser; manchmal vergisst man es fast ganz – und dann ist irgendetwas, erinnert einen daran, und dann fällt man natürlich sofort wieder in den Abgrund. Und dann muss man halt – man kann das vielleicht sogar trainieren, wie man sich selber wieder herausholt. Sehr gut ist natürlich, wenn man sich neu verlieben könnte!

Bio Und? Und?

Pulver lacht still / Zuschauer lachen

Bio Würden Sie's tun? Wären Sie bereit dafür?

Pulver lachend Ich suche manchmal, ja natürlich, ich schau ja auch hin!

Bio lachend Erst mal muss man bereit sein, man muss es wollen!

Pulver Ja, natürlich. Es gibt auch jemanden, der mich sehr interessiert und –

Pulver leise zu Nino de Angelo – der Ihnen übrigens sehr ähnlich sieht!

Bio laut Au, guck mal! *Pulver lacht laut / Applaus*

Bio Weiß er es?

Pulver Nein, es ist George Clooney! *Bio und Pulver lachen laut / Anhaltender Applaus*

[24.11.1992, Folge 55 unter der Überschrift »Gefährliche Liebe« / Dritter Gast ist die Schauspielerin Christiane Hörbiger / Zu ihrer Rechten sitzt die Kollegin Beatrice Richter]

Bio Sie sind aus *der* großen Schauspielerfamilie in Wien, aber Sie haben die meiste Zeit der letzten Jahre nicht in Wien gelebt, sondern in Zürich.

Hörbiger Ich hab in Zürich gelebt. Ich bin einem Mann zuliebe – um gleich ins Thema hineinzuspringen – in die Schweiz gegangen. Das heißt: Ich wurde zuerst ans Züricher Schauspielhaus engagiert von einem Regisseur, den ich sehr geliebt hab – das war aber nicht *der* Mann –, und ich hatte da eine sehr schöne Position und hab da sehr gerne gespielt. Und dann lernte ich »den Mann meines Lebens« kennen. Zum Unterschied von Beatrice hatte ich immer das Gefühl, ich möchte gerne zu einem Mann aufschauen können – und das konnte ich. Er war, das hab ich schnell herausgefunden, das war auch nicht so schwer, er war gescheiter als ich, er war um vieles gebildeter als ich, er war acht Jahre älter als ich, und er hat eine Güte ausgestrahlt mir gegenüber. Und es ging ihm, weil Sie gerade meine Eltern erwähnt haben, zum ersten Mal in einer Beziehung ging es um *mich*; es ging nicht um die Tochter meiner Mutter, um die Tochter aus einer berühmten Familie, um eine Schauspielerin. Es ging um mich als Mensch. Und er hat mir beigebracht zu denken, zu leben, die Dinge mit seinen Augen zu sehen. Und ich wusste, dass seine Augen die Dinge sehr gut sehen und sehr richtig sehen.

Bio   War das nicht auch ein bisschen gefährlich?

Hörbiger   Ja! Im Nachhinein, nach seinem Tod – er starb '78, von mir bis heute nicht vergessen –

Bio unterbricht   Wie viel Jahre waren Sie verheiratet?

Hörbiger   Zwölf Jahre.

Bio   Zwölf Jahre!

Hörbiger   – habe ich gemerkt, dass ich eben das ganze Leben doch ihm nicht nur untergeordnet habe, sondern dass ich begonnen habe, die Dinge und die Menschen und die Politik und die Zeitungen und den Beruf und alles mit seinen Augen zu sehen. Und *das* halte ich für eine Gefahr! Und wenn ich eine Tochter hätte, würde ich sie da ermahnen: nicht aus – was man glaubt, es ist Liebe – einem Mann zuliebe das Leben mit *seinen* Augen zu sehen –

Richter unterbricht   Was man glaubt, es ist Liebe!

Hörbiger   Es ist nur ein *Teil* davon Liebe! Natürlich ist es auch Liebe, aber in meinem Fall, muss ich da sagen, war es auch Bequemlichkeit. Er hat mir Selbstbewusstsein gegeben, indem *er* mich zu seiner Frau gemacht hat. Ich hatte auf einmal ein anderes Land, ich hatte durch ihn – er war Chefredakteur damals, wie ich ihn kennen lernte – eine andere Position und [war] eben nicht mehr Mitglied der Familie Hörbiger. Ich hatte eine andere Identität. Das ging so weit, dass ich nach seinem Tod *wirklich* nicht gewusst habe, wie ich heiße. Das klingt jetzt so doof! Ich wusste – natürlich hatte ich auch den Schock von seinem Tod – aber ich wusste nicht, heiß ich »Frau Biegler«, bin i wieder die »Frau Hörbiger«!

[...]

Die Gefahr ist, dass man Liebe mit Selbstaufgabe verwechselt – und nicht verwechseln darf! Das hab ich gelernt und musste es bitter lernen. Also, ich musste lernen: verhandeln. Ich musste lernen: selber rechnen. Ich musste lernen: mit Geld auskommen. Ich musste lernen: mein Kind alleine zu erziehen. Und und und – das sind alles – es gibt ärgere Probleme bei allein stehenden Frauen, das weiß ich auch. Für mich war das sehr viel und ein sehr großer Schritt!

Bio   Sie sind erst mal in ein tiefes Loch gefallen?

Hörbiger   Ja. Und ich musste so wahnsinnig viel lernen, wo ich mir gedacht hätte: Schade, wenn er mir das beigebracht hätte noch zur Zeit, wie wir zusammen waren, mich etwas in die Selbstständigkeit entlassen hätte! Er war ein sehr autoritärer Mann, der gesagt hat: »Diese Ehe ist unser Garten, wo wir keinen Fremden hineinlassen!« Ich hatte nicht mal eine intime Freundin in der Zeit. Ich kann nur sagen, es war gut, dass der Mann gestorben ist und den Eindruck hatte: Das war eine intakte Ehe. Ob sie gehalten hätte, kann ich heute nicht sagen. Wenn ich meine Selbstständigkeit entdeckt hätte oder meine so genannte Emanzipation, vielleicht hätte ich ihm eines Tages wehtun müssen! Das ist ihm erspart geblieben – und mir auch.

[27.2.1996, Folge 189 zur Fragestellung »Singlefrauen – Glücklich allein?« / Letzter Gast ist die Entertainerin Désirée Nick, die neben anderen auf die Schauspielerin Inge Meysel trifft]

Bio zu Meysel   Die Opern haben Diven, und sie ist auch eine Diva! Also zumindest –

Nick unterbricht   Ich singe zwar nicht schön, aber dafür sehr laut, Frau Meysel!

Zuschauer im Studio lachen

Bio   Sind Sie denn privat auch eine Diva?

Nick   Das glaub ich kaum; ich glaube, da ist auch die Antwort auf meinen Status als Single: Ich muss sagen, ich bin eher unfreiwillig Single, ja. Ich gehöre aber auch nicht in die Kategorie, die eine Partnerschaft um jeden Preis sucht. Also ich habe festgestellt, dass proportional zu meinem Aufschwung als Künstlerin – *Lachen*

Bio   Was gibt es da zu lachen?

Nick   Kinder, Kinder, wir sind erst beim »Warm-up«! *Kreischen / Applaus* – dass proportional zu meinem Aufschwung als Künstlerin die Chance schwindet, eine Partnerschaft in mein beruflich dominiertes Leben zu integrieren. *Zuschauer lachen anhaltend*

Bio zu Meysel   Das ist klar, das ist ganz klar. Das ist schon klar, Inge?

Nick zum Publikum   Tja, Kinder, ich hab Abitur!

Bio   Es ist schwierig; wenn jemand so auftritt – und schon dieser kurze Auftritt hier gibt ja ein bisschen was davon zu ahnen – ich glaub, da haben die meisten Männer Angst, Désirée!

Nick   Ich glaube, die Antwort liegt in dem großen Gefälle zwischen der Wirklichkeit meiner eigenen Realität und meiner Bühnenidentität.

Bio   Das mein ich ja.

Nick   Das Publikum erfreut sich ja sehr an dieser Bühnenfigur, die ich geschaffen habe, ne?

Bio   Die ist ja auch sehr frech!

Nick   Ja, was ich mit meiner Bühnenshow mache, ist, theaterwissenschaftlich gesehen, das Genre der Farce.

Bio   Der Farce.

Nick   Der Farce! Ich führe einen Charakter ad absurdum, ich entwickle ein Zerrbild einer Bühnenfigur – und ich gebe mich frivol, ich gebe mich respektlos, ich gebe mich obszön. Das ist sehr amüsant und sehr unterhaltsam!   *Lachen / Applaus*

Bio lachend   Aber fördert nicht die Chance, einen Mann zu finden!

Meysel   Also alle hoffen jetzt nur auf eins: dass Sie obszön werden! Na los!

Bio lachend   Zumal sie genannt wird: »Die Erfinderin des Frauenwitzes!«

Nick   Frau Meysel, ich werde obszön nur gegen Eintritt!

Bio lachend   Ja, ja.

Nick   Ohne Eintritt läuft da nichts!

Bio   Das ist ja der Unterschied.

Meysel   Also ich hab Geld bei mir!   *Johlen / Kreischen / Applaus*

Fundstücke

[»speichern unter: krankenakte dankeanke« in »Blackbox – unerwartete systemfehler« von Benjamin v. Stuckrad-Barre / Verlag Kiepenheuer & Witsch, Köln 2000, S. 153 f.]

Liebling: Hohes Gericht, liebe Gebührenzahler! […] Wissen Sie, es geht ja in diesem Prozess zumindest am Rande auch um die Schwierigkeit der Unterscheidung von Show und Leben, um die Schwierigkeiten, die Darsteller wie Publikum damit haben. […] Man muss leider bei den allermeisten Figuren diesseits und jenseits des Vorhangs […] ein durchaus nachvollziehbares, aber nichtsdestotrotz illegitimes Verhalten attestieren, einfach absurd verschobene Koordinaten. Hirnforscher bezeichnen diesen Defekt bei Darstellern als Boulevard-Bio-Syndrom: Die Patienten reden sich völlig freiwillig, zumindest ohne direkten Zwang von außen, um Kopf und Kragen. Den analogen Defekt beim Publikum nennt die Hirnforschung Spanner-Syndrom: Interessant ist das Verborgene, und zwar allein, weil es verborgen, nicht weil es interessant ist. Wie man da heile rauskommt, weiß der liebe Gott allein.

[»Ruf! Mich! An!« / Romanerstling von Else Buschheuer / Diana Verlag, München und Zürich 2000, S. 76]

Zapping ist Sucht nach Abwechslung, Angst, etwas zu verpassen. Ich gucke auch gern verschlüsselt Premiere. Decoder kaufen ist unsportlich. Aber verschlüsselt gucken hat etwas Surreales. Man kann alles Nötige erkennen. Nur eine Frage der Übung. Mein Fernseher läuft eigentlich immer. Es ist unmöglich, sich dieser Bilderflut zu entziehen. Hitler hatte nur ein Ei – das erklärt vieles. Queen Mum (98) hat ihr Konto um 12 Millionen überzogen – das macht Mut. Alfred Biolek sitzt auf seinem Leichtbaustuhl, als hätte er Liebeskugeln im Arsch. Man steckt nicht drin.

Besonders zahlreich vertreten sind Jungmoderatoren, die entgeistert die Augen aufreißen, wenn sie von einem »Tja« auf ihrem Teleprompter überrascht werden! Noch einmal »Hallo und herzlich willkommen«, und ich pisse gegen den Bildschirm! Noch einmal »Die Idylle trügt« oder »Man darf gespannt sein«, und ich zerhacke die blöde Glotze! Wann wird der Mensch zur Bestie? Und wie bezwingt er seine Raserei? Wie sieht ein Moderator aus, wenn alle fünf bis sieben Liter Blut aus ihm rausgelaufen sind? Eine Süßigkeiten-Werbung von der Konkurrenz fasst mein Elend in Worte: »Wann geben Sie sich die Kugel?« Ich lade meine Walther PPK durch und schieße mitten in ein Close-up von Roger Willemsen. Es blitzt und kracht und knallt und erwartungsgemäß ist mein 2000-Euro-Breitbild-Fernseher hinüber, während Willemsen lebt. Die Welt ist ungerecht!

Ausschnitte aus Gesprächen mit …

[12.10.1999, Folge 332 unter der Überschrift »Wie es euch gefällt« / Zweiter Gast ist der Autor und Moderator Roger Willemsen]

Bio Sie sollten Universitätsprofessor werden und waren schon dabei, die Habilitation zu schreiben, haben ja auch schon unterrichtet – warum haben Sie dann plötzlich gesagt: »Nein!«?

Willemsen Also im Grunde ist es so kitschig, dass man sich kaum traut, es zu erzählen –

Bio unterbricht Bitte!

Willemsen – aber trotzdem erzähl ich es! Es ist völlig banal: Ich bin, ich glaube, über sechs Jahre immer wieder denselben Weg zur Universität gegangen, erst als Student und dann als Dozent. Und eines Tages gucke ich in den dritten Stock irgendeiner Gasse und sehe, dass da sehr schöne Fensterordnungen sind und die

Architektur schön ist. Und ich stelle fest: Ich habe es nie gesehen! Und dann hab ich gedacht: An der Stelle musst du aufhören! Bin nach Köln zu meinen besten Freunden gefahren, hab mich an den Küchentisch gesetzt und gesagt: »Ich hör auf.« Und ich war wirklich ein mittelloser, erfolgloser Autor von akademisch unverdaulichen Artikeln –

Bio   Danach?

Willemsen   – danach, nein, danach und davor. Und ich weiß noch ganz genau, dass ich in den Flur kam, in dem die Studenten sich alle einschreiben wollten für die Veranstaltung, die ja im Vorlesungsverzeichnis noch stand, und ich bin auf einen Stuhl gestiegen und hab gesagt: »Meine Damen und Herren, Sie werden Verständnis für die Gründe haben, die einen dazu führen können, hier nicht weiter unterrichten zu wollen!« Es war ein großes Gejohle, und alle verstanden. Und ich ging in die Welt.   *Bio lacht / Applaus*

Bio   Das Elternhaus, war das perfekt, war das schön und glatt?

Willemsen   Also es ist eine ganz literarische Konstellation, in der ich groß geworden bin. Und zwar gibt es in der Nähe von Bonn ein Schloss, auf dem noch ein echter Fürst wohnte, der sieben Töchter hatte wie im Märchen und der Jagden veranstaltete. Und im Herbst wurden die blutenden Strecken von Wildschweinen in den Hof gelegt. Und das einzige kleine, weltliche Häuschen, was auf dem Anwesen des Fürsten existierte, war das Häuschen, das mein Vater, der damals Maler, Kunsthistoriker, später Restaurator war, mietete. Und da gab es zwar – damals waren Mäuse unterm Klo – aber wir hatten mehr Bücher, und *die* hatten die besseren Tapeten. Und insofern hatten wir so eine Art künstlerischen Boheme-Dünkel, sagen zu können: »Wir haben zwar nicht furchtbar viel Geld, aber wir wissen, wer Knut Hamsun ist!« Und das muss man erst mal wieder loswerden, weil das auch kein angenehmes Gefühl ist! Also irgendwann sind wir dann schon ein bisschen wohlhabender geworden, ich bin halt ein Wirtschaftswunderkind, aber es war nicht – also, wenn ich an meine Kindheit denke, dann muss ich sagen: »Die ist auch brütend, die ist hysterisch-heiter, aber sie ist auch brütend!«

Bio   Ihr Vater ist gestorben, als Sie sehr jung waren.

Willemsen   Ja, mein Vater starb, als ich fünfzehn war. Und das hat die Familie in alle Himmelsrichtungen auseinander getrieben. Mein Bruder und ich haben uns dann weitestgehend selber ernähren müssen. Ich war Nachtwächter zweieinhalb Jahre und habe mit den Pennern in der Bonner U-Bahn-Station den Sommer verbracht. Oder ich habe mal Genscher fast verhaftet oder ich hab auch mal 'ne Leiche gefunden. Also ich war so 'n Springer: vom Schlachthaus in die Großkaufhäuser, in das amerikanische Konsulat. Ich war immer nachts unterwegs, ohne Schirmmütze, mit 'nem Moped – und unglaublich gefährlich. Deshalb ist auch in der Zeit nichts passiert, während ich da war!   *Zuschauer im Studio lachen*

Bio lachend   *Sie* waren gefährlich oder *es* war gefährlich?

Willemsen   Ich war einschüchternd für die Halbwelt!

Bio   Waren Sie schon so groß?

Willemsen gleichzeitig   Ich war rotwangig und einschüchternd!

Bio   Wie war die Zeit davor, zwischen Kindheit und Jugend? Waren Sie da ein fröhliches Kind?

Willemsen   Ich war ein hysterisch-fröhliches und ein betrübtes. Also ich konnte stundenlang in einer Wiese in der Nähe von Bonn sitzen, in die Ebene gucken und die Züge vorbeifahren sehen und mir vorstellen, wie es sich anfühlen würde, drunterzuliegen. Wie das so ist.

Bio   Auch einsam?

Willemsen   Ja, einsam, aber das ist so 'ne pubertäre Rührseligkeit, glaub ich, mit der man die Hand an den eigenen Nacken legt und denkt: Wie vielen Leuten macht das was aus? Aber das haben, glaub ich, alle Kinder irgendwann. Also ich würd das nicht ganz so hoch hängen!

[5.10.1999, Folge 331 unter der Überschrift »Frauen am Rande des Nervenzusammenbruchs« / Zweiter Gast ist die Moderatorin und Autorin Amelie Fried]

Bio   Sie haben eine etwas ungewöhnliche Biographie, weil Sie in einem Internat zwei Klassen übersprungen haben und mit *sechzehn* schon das Abitur gemacht haben. Fanden Sie das toll damals?

Fried   Ich wollte unbedingt – also sagen wir mal so: Ich war sehr jung eingeschult und dann hab ich eine Klasse übersprungen, weil ich so faul war. Und die Lehrer fanden, man müsste mich jetzt mehr fördern und so; aber das letzte Jahr hab ich dann übersprungen, weil ich in einen Jungen verliebt war und unbedingt mit ihm Abitur machen wollte. Und der kam halt in die Dreizehnte, und ich war irgendwie noch in der Elften. Hab ich gesagt: »Also ich mach das jetzt in einem Jahr statt in zwei Jahren!« Und das hab ich dann auch durchgesetzt gegen den erbitterten Widerstand von Lehrer, Direktor – meine Eltern fanden das auch ganz furchtbar, aber ich hab's durchgesetzt.

Bio   Also Sie waren schon damals eine Power-Frau, offensichtlich?

Fried   Na ja, sagen wir mal: Wenn ich weiß, was ich will, dann hab ich schon eine enorme Kraft.

Bio   Was haben Sie dann nach diesem Abitur gemacht?

Fried   Da hab ich erst mal überhaupt nicht gewusst, was ich eigentlich machen will, weil: Wer weiß schon mit 16, was aus einem werden soll! Und dann hab ich so allerhand Praktika gemacht, hab im Waisenhaus gearbeitet, bei einer Zeitung –

Bio unterbricht   Und haben Sie zu Hause gewohnt?

Fried   Ich hab damals noch zu Hause [in Ulm] gewohnt. Und eines Tages wollte ich aber dann nach Berlin, eben zu diesem Freund, wegen dem ich Abitur gemacht hab. Und dann hat meine Mutter mir das nicht erlaubt. Dann hab ich bei Nacht und Nebel meine Sachen gepackt und bin einfach mit dem Zug nach Berlin gefahren, hab ihr so 'n Briefchen unter den Frühstücksteller gelegt, so nach dem Motto: »Bin jetzt in Berlin. Tschüss!« Also furchtbar, wenn ich mir das heute vorstell, meine arme Mutter! Es ist wirklich ganz grausam gewesen! Nur – mit sechzehn hält man sich für erwachsen und denkt: Wer will mir eigentlich noch irgendwas erzählen, ja?

Bio   Ja, ja.

Fried   Dann hab ich mit diesem Jungen in Berlin zusammengelebt, aber, na ja, es hat nicht lang gedauert, dann bin ich wieder nach Hause –

Bio   Ist er –

Fried unterbricht   – er ist heute noch ein guter Freund von mir.

Bio   Ist aber auch nicht so einfach, mit sechzehn dann weg von den Eltern? Man muss ja sich auch irgendwie was verdienen, und man ist minderjährig.

Fried gleichzeitig   Das war das Problem. Ich hab keinen Job gefunden. Ich hab dann Nachhilfe gegeben, hab geputzt, Zeitungen ausgetragen, lauter so Jobs, die man halt irgendwie machen durfte in dem Alter. Aber ich konnt ja nicht richtig arbeiten, weil ich eben nicht volljährig war.

Bio   Und dann sind Sie nach Hause – und dann aber ziemlich schnell an die Uni nach München.

Fried   Genau, da war ich dann siebzehn, da bin ich dann an die Uni.

Bio   Kann man denn mit siebzehn überhaupt schon studieren?

Fried   Ja, also wenn man die Hochschulreife hat, dann darf man studieren, eigentlich egal, wie alt man ist. Und die Hochschulreife hatt ich ja.

Bio   Hatten Sie auch schon die Reife?

Fried lacht   Wahrscheinlich nicht! Mit siebzehn?

Bio   Haben Sie da in einem Heim gewohnt, in einem Studentenheim?

Fried   Also! Ich war sechs Jahre im Internat, ich hatte die Nase voll von Heim oder Wohngemeinschaft! Nein! Ich hab alleine gewohnt, was vielleicht auch ein Fehler war. Denn mit siebzehn allein in einer Wohnung in der Großstadt – hab ich mich natürlich zwischendurch entsetzlich einsam gefühlt und dachte: Gott, wo bin ich hier? Was tue ich hier? Also das war an sich 'ne permanente Überforderung, die ich mir da selber zugemutet habe.

Bio   Das heißt: Die innere Entwicklung konnte nicht ganz standhalten der äußeren? Äußerlich: Abitur gemacht, schon in Berlin gewesen, nach München, eigene Wohnung genommen –

Fried   Ja.

Bio   – hat es dann zum »Rande des Nervenzusammenbruchs« geführt? Oder wie kriegt man das zusammen? Diese äußere Entwicklung mit der inneren?

Fried Also es gab schon Phasen, wo's mir da sehr schlecht ging. Das hätt ich natürlich nie nach außen zugegeben; ich hab schon immer versucht, irgendwie cool zu wirken und so. Aber in Wahrheit saß ich oft allein in dieser Einzimmerwohnung und war todunglücklich und wusste überhaupt nicht, wie ich mit meinem Leben eigentlich zurechtkommen sollte. Und – also ich hab schon auch zwischendurch mal dran gedacht, ob ich mich nicht selber mal von diesem Planeten entfernen soll, weil ich einfach nicht gewusst habe: Wie soll ich eigentlich leben, ja? Ich war wirklich sehr, sehr überfordert und sehr, sehr einsam in der Zeit!

Bio Haben Sie's denn mal versucht?

Fried Ja, so halbherzig, wie wahrscheinlich viele junge Menschen in der Verzweiflung! Also es war sicherlich nicht ein wirklicher Versuch zu sterben, sondern eher der Versuch, irgendwie zu appellieren –

Bio unterbricht Ein Hilfeschrei?

Fried gleichzeitig – »Eigentlich will ich sehr gern leben, aber wer verrät mir, bittschön, wie's geht?« Ja, so war das eigentlich. Aber es hat mich dann auch stark gemacht, muss ich sagen!

[2.5.2000, Folge 361 mit dem Motto »Wo ein Wille ist ...« / Letzter Gast ist die beinamputierte Journalistin und Dokumentarfilmerin Pascale Noa Bercovitch, die mit französischem Akzent spricht]

Bio Sie sind Französin, aber Sie leben in Tel Aviv. Wie kommt eine Französin nach Tel Aviv?

Bercovitch Na ja, mein Muttersland ist Frankreich, mein Vatersland ist Deutschland und Österreich – und mein Heimat ist Israel. Ich teile, ich bin sehr kurz, aber ich teile.

Bio Sie hatten irgendwie schon als junges Mädchen das Bedürfnis, nach Israel zu gehen und –

Bercovitch Ja, immer! Ich hatte diese Traum – ich war wirklich Zionist – ich wollte wirklich nach Israel etwas bauen: Ich wollte Wüste etwas grün zu machen. Das war mein, ja, mein Herz war so voll mit diese Traum.

Bio Und Sie wollten zur Armee, zur israelischen?

Bercovitch lachend Ja, ja, ich wollte mein Pflicht zu machen, ich wollte alles machen, ich wollte eine große Rolle haben, ich wollte Golda Meir zu sein, das war klar!

Bio Und dann kam [1985] ein Unfall dazwischen. Wie alt waren Sie?

Bercovitch Ich war siebzehn Jahre alt.

Bio Was ist da passiert? Wie ist das passiert?

Bercovitch Ich müsste jedes Morgen nach Gymnasium mit Zug fahren. Ich war zu spät – und ich war sehr sportiv – ich bin gelauft – und der Zug war nicht zu spät. Und, wie heißt das, der »Sog« des Zuges hat mich –

Bio Unter den Zug gezogen.

Bercovitch – ich bin gerauscht.

Bio Sind Sie ausgerutscht?

Bercovitch Ausgerutscht am Eis und unten das Zug. Ich bin sehr glücklich [gefallen] – *Bercovitch breitet die Arme aus und deutet ihre Körperlänge an* – ich bin genau das Lange [der Abstand] zwischen zwei Schienen, französischen Schienen. Man kann benützen mich –

Bio Als Maß?

Bercovitch lachend – ja, genau! *Zuschauer im Studio lachen verhalten* Ein Meter!

Bio Bei so einem Unfall ist es ja ein Wunder, dass Sie überhaupt am Leben geblieben sind!

Bercovitch Ja, wirklich ein Wunder! Ich könnte das nicht erklären; die Ärzten könnten das nicht erklären, weil: Ich bin vierzig Minuten alleine in der Schiene an der Boden geblieben.

Bio leise Wahnsinnig.

Bercovitch Alleine! Die Leuten denkten, sie ist halb tot, vielleicht ist es besser für sie, sie ist ganz tot. Sie warten, sie warten. Sie denkten, man muss vielleicht ein Ambulanz – sie wussten nicht. Der Arzt ist nach vierzig Minuten gekommen. Das war einhundert Jahren!

Bio leise Einhundert Jahre für Sie. Was ist Ihnen durch den Kopf gegangen?

Bercovitch Ja, so viel.

Bio Wollten Sie überleben?

Bercovitch Na ja, ich wollte *nur* leben! Ich habe in diese Minuten *viel* verstanden, viel [mehr] als in eine ganze Jahr. Ich denkte, ich *muss* leben, das Leben ist kurz genug! Ich habe so viel Adrenalin dabei, ich hatte so viel Will – ich hab alleine mit mein Kopf die Blut stoppen [das Verbluten verhindert]. Das geht nicht, normalerweise. Ich mein, das ist Physik, nicht?

Bio Deswegen: Die Ärzte konnten es gar nicht fassen.

[…]

Wie hat denn Ihre Familie reagiert damals?

Bercovitch Wir müssen über das sprechen?

Bio Nein, *müssen* wir nicht, aber –

Bercovitch Das tut so viel weh für eine Mutter oder Vater. Sie können nichts klug [richtig] machen.

Bio Die Trauer hat alles überdeckt und hat sie unfähig gemacht zu glauben, dass das für Sie doch noch ein phantastisches Leben werden kann?

Bercovitch Ja, sie denkten, wir müssen die ganze Leben mit Rollstuhl, ja, mit diese »Sache« gingen.

Bio Und Sie haben genau das Gegenteil gemacht! Das ist so phantastisch, dass Sie eine Riesenkarriere als Journalistin gemacht haben: beim Fernsehen, Chefredakteurin eines Senders waren. Aber das haben Sie wieder aufgegeben und sind richtig wieder ran als Dokumentarfilmer und sind dann quasi um die ganze Welt – *Bercovitch schüttelt den Kopf* – also um die östliche.

Bercovitch Östliche, ja. Nicht die ganze Welt!

Bio Nein, nein, na ja, aber gut –

Bercovitch Das ist [auch] gut, wenn ich – ich muss noch etwas machen. Ich bin nur 32 [erst 32 Jahre alt]!

[19.1.1999, Folge 305 unter der Überschrift »Die Stärke der Frauen« / Zweiter Gast ist die Moderatorin Nina Ruge, der Bundesgesundheitsministerin Andrea Fischer, BÜNDNIS90/DIE GRÜNEN, gegenübersitzt]

Bio Wir haben eben gehört, dass Frau Fischer sich sehr abgesetzt hat als junges Mädchen von der Familie – und dass es viel Streit gegeben hat, und dass das auch für sie irgendwie sehr wichtig war. Wie war das bei Ihnen?

Ruge Genauso! Aber vielleicht noch extremer, weil: Ich war ein ganz, ganz schüchternes Mädchen und eigentlich, ja, schon fast verklemmt ein bisschen. Natürlich: Hab mir sehr, sehr viele Gedanken darüber gemacht, weil ich extrem rebelliert hab gegen mein Elternhaus, weil ich dann auch mein Leben immer wieder doch sehr extrem gelebt hab. Alles, was ich gemacht hab, mit ganz, ganz viel Engagement! Mich immer gefragt habe: »Warum bist du so? Warum handelst du so? Warum warst du erst als kleines Mädchen so schüchtern, blond gelockt, mit Lackschuhen, und ganz, ganz brav, *über*brav? Und warum kam dann der Knall? Und warum bist du dann diese vielen Schritte gegangen [zum Beispiel heraus aus dem Schuldienst, obwohl als Studienrätin für Biologie und Deutsch bereits verbeamtet], um dich zu finden?« Natürlich hat das was mit meinem Elternhaus zu tun. Ich habe zwei Eltern –

Bio unterbricht War's streng?

Ruge – ja, streng nach *meinen* Maßstäben. Nach den Maßstäben meiner Eltern bestimmt nicht! Also, die waren sehr konsequent: Sie haben mich sehr »großbürgerlich« erzogen – mit Klavierunterricht, Ballettunterricht und allem Möglichen, was dazugehört, und Faltenrock und Rattenschwänzen –, aber das für mich Entscheidende in meinem Lebensgefühl war, dass ich zwischen zwei Menschen aufgewachsen bin, die für mich wie Mammutbäume da standen. Ich war *so* klein, und die beiden waren *so* groß und unnahbar, weil, wie ich später herausgefunden habe, sie beide ein unglaublich – für mich, nach meinen Maßstäben – hartes Schicksal getragen haben, von dem ich aber nichts wusste.

Bio leise   Sie wussten nichts davon?

Ruge   Mein Vater war politisch verfolgt im »Dritten Reich«, durfte nicht studieren, wollte eigentlich dann Deutschland verlassen, hat das aber überlebt; meine Mutter war schwer krebskrank gewesen und hat eine Krebskrankheit, von der keiner glaubte, dass sie sie überleben würde, *doch* überlebt. Sie hatte einen Hautkrebs, ein Melanom.

Bio   Ab wann war das, schon vor Ihrer Geburt?

Ruge   Meine Mutter hatte die Diagnose, dass sie diesen Krebs hat, als sie im vierten Monat schwanger war mit mir. Und die Ärzte haben ihr gesagt, sie sollte mich abtreiben und dann versuchen, möglichst schnell operiert zu werden und die Chance eben so groß zu halten wie möglich. Und sie hat gesagt: »Nein, das tue ich nicht!« Sie ist Medizinerin gewesen; sie wusste, sie hat eh kaum 'ne Chance. Und sie hat gesagt: »Ich trag dieses Kind aus!«

Bio leise   Wahnsinn.

Ruge   Und als ich auf der Welt war, bin ich ins Säuglingsheim gekommen. Meine Mutter ist operiert worden, acht oder neun Stunden. Und der Professor hat meinem Vater danach gesagt: »Kaufen Sie ihr noch ein paar schöne Kleider! Die Chance ist einfach ganz gering.« Und sie hat dreißig Jahre überlebt.

Bio leise   Wahnsinn.

Ruge   Und dieser Professor hat dann hinterher gesagt – immer, wenn er mich gesehen hat: »Hallo, Engelchen!« Weil er davon überzeugt war, dass es schon – vielleicht – eine Rolle gespielt hat.

Bio   Dass Sie –

Ruge unterbricht   Aber die beiden Eltern waren halt unheimlich stark, mit diesem Schicksal.

Bio gleichzeitig   – dagegen mussten Sie sich –

Ruge   Meine Mutter hatte immer Angst vor dem Tod, und mein Vater hat in einer unglaublich kurzen Zeit dann studiert, hat die Familie ernährt, hat eine Riesenkarriere gemacht. Und wir beiden, meine Schwester und ich – meine Schwester ist fünf Jahre älter – wir waren halt die gut erzogenen, kleinen Mädchen dazwischen. Aber wir haben immer irgendwo gespürt: Da sind zwei Menschen, die sind ganz stark, aber auch ganz einsam, und die tragen ein Schicksal. Und erst als ich neunzehn, zwanzig war, haben sie mir erzählt, was war.

Bio   Aber ein Stück der Kraft, die Sie heute ausstrahlen und die Sie natürlich auch haben mussten, um so weit zu kommen im Fernsehen, kommt daher, dass Sie dagegen rebelliert haben, oder?

Ruge   Also ich denke, wer neben zwei solchen Menschen aufwächst, der muss sich beweisen, dass er –

Bio unterbricht   Oder er geht unter!

Ruge   – oder er geht unter! Das pubertäre Beweisen ist ja immer am ehesten destruktiv oder »gegen«, das ist ja das Einfachste. Und das war bei mir auch ganz radikal. Bis ich dann begonnen habe zu sagen: »Eigentlich mach ich das ja …« – und da hab ich 'ne Weile gebraucht – »ich mach Yoga, ich mach Schauspiel, also ich mach diese ganzen Sachen, weil ich *meine* Maßstäbe finden möchte – gegenüber diesen unglaublich ehernen Maßstäben meiner Eltern! Ich will meine haben!«

[19.10.1999, Folge 333 zum Thema »Schwer erziehbar« / Erster Gast ist der Journalist und Moderator Günther Jauch]

Bio   Also bei Ihnen hat man ja eher den Eindruck: Das ist ein wohlerzogener, höflicher, manchmal fast braver junger Mann. Das kann nicht immer so gewesen sein, sonst hätten wir Sie heute nicht eingeladen!   *Bio lacht*

Jauch   Das war auch nicht immer so, das war mal ganz anders.

Bio   Das war mal ganz anders! Wo sind Sie aufgewachsen?

Jauch   Ich bin geboren in Münster in Westfalen, aber da sehr schnell weg; bin dann aufgewachsen in Berlin, habe noch zwei Geschwister, eine etwas jüngere Schwester und einen sechs Jahre jüngeren Bruder und – ja.

Bio   Was war der Vater von Beruf?

Jauch   Mein Vater war bei der katholischen Nachrichtenagentur –

Bio   Oho!

Jauch   – und war für das Berichtsgebiet »DDR«, »katholische Kirche in der DDR« zuständig.

Bio   Also auch eine streng katholische Erziehung?

Jauch   Ja. Also schon jeden Sonntag in die Kirche – und Ministrant gewesen – die übliche Karriere!

Bio gleichzeitig   Ich wollt grad sagen: »Da Sie Moderator beim Fernsehen geworden sind, mussten Sie Ministrant gewesen sein wie fast alle von uns!«

Jauch   Ja, ja, das geht gar nicht anders. Und Pfadfinder!

Bio   Na, das war ich nicht, ich war in der katholischen Jugend. Aber ich hab auch so eine Erziehung genossen. War das, außer dass es eine streng *katholische* Erziehung war, auch eine *strenge* Erziehung? Denn das sind ja zwei verschiedene Sachen, nicht?

Jauch   Ja, ich hatte zumindest den Eindruck. Meine Mutter kümmerte sich also ausschließlich um uns Kinder zu Hause –

Bio   Um die Erziehung?

Jauch   – ja, und das ist ja eigentlich ganz gut, führte aber natürlich dazu, dass mir doch immer sehr deutlich gesagt wurde, was ich zu tun hätte. Und das tut man natürlich als Kind, als Fünf-, Sieben-, Acht-, vielleicht auch noch Elfjähriger, aber spätestens mit zwölf Jahren hab ich mich dagegen aufgelehnt. Und sah eben nicht ein, warum ich nicht bestimmen konnte, wie lang ich bei irgendwelchen Freunden blieb, ob ich die anrief oder ob ich zu denen hinlaufen musste. Als ich dann dreizehn, vierzehn, fünfzehn war, sah ich nicht ein, warum ich zu einem bestimmten Zeitpunkt abends zu Hause sein sollte. Ich sah auch nicht ein, dass ich bestimmte Vorgaben hatte, mit welchen Zensuren ich gefälligst nach Hause zu kommen hätte. Und dagegen hab ich mich aufgelehnt!

Bio Also ein großer Freiheitsdrang, eigentlich? Den ja nicht jeder in der Pubertät hat. Viele! Wenn überhaupt, dann kommt es ja da. Aber nicht alle haben das.

Jauch Ja, wobei ich natürlich dann auch eklig war: Meine Mutter lehnte es im Grunde ab, mit mir zu diskutieren und zu argumentieren, weil sie sagte: »Wir sind immer noch deine Eltern! Und wir bestimmen, wann du nach Hause kommst! Und wenn du zu spät nach Hause kommst, dann bist du morgen in der Schule müde – und das kommt einfach gar nicht in Frage – und in Latein hast du letztes Mal sowieso wieder 'ne Vier geschrieben!« Da wurde dann auch *alles* durcheinander gemischt. Und ich sah das irgendwann nicht mehr ein. Mit meinem Vater konnt ich argumentieren, aber meine Eltern ließen keinen Keil zwischen sich treiben!

Bio Ah ja.

Jauch Und ich hab mich dann verzweifelt gewehrt mit Dingen, bei denen ich sagen muss: »Das war schon hart!« Also ich hab mich –

Bio unterbricht Sie haben Gegendruck gegeben?

Jauch – ich hab Gegendruck erzeugt. Und zwar, weil man sich ja als Kind immer nur begrenzt wehren kann, indem ich Psychodruck aufgebaut habe. Ich hab also wochenlang mit meinen Eltern nicht gesprochen. Kein Wort!

Bio *Wochen*lang?

Jauch Wochenlang! Wochenlang nicht gesprochen, hab aber auch an keiner Mahlzeit teilgenommen, hab also von dem –

Bio unterbricht lachend Deswegen sind Sie so schlank?

Jauch – na, von dem bisschen Geld, was ich hatte, hab ich dann Knäckebrot mir gekauft und haltbare Margarine. Und dann hab ich in meinem Zimmer gesessen und habe damit klarmachen wollen: Ich brauche euch nicht und will euch im Grunde auch nicht mehr! Und das war natürlich –

Bio Das ist ja höllisch!

Jauch – ja, das war natürlich schrecklich! Das ging bis hin zu banalem Terror: Wenn ich also mit meinen Eltern völlig über Kreuz war, hatt ich mich – ich hatte so 'n kleines Zimmerchen im Dach – eingeschlossen, hab aber 'nen Fußball mitgenommen und hab den dann drei Stunden auf dem Boden auftippen lassen.

Zuschauer im Studio staunen

Bio   Mein Gott, das ist ja wirklich Psychoterror!

Jauch   Also das war schon hart! Und meine Eltern wussten, als ich dann so vierzehn, fünfzehn war, nicht mehr, wie sie mit mir fertig werden sollten.

[25.9.1991, Folge 8 / Zu Gast sind neben anderen der Anchor-Man der »Tagesthemen« Ulrich Wickert und sein Vater, der Diplomat Erwin Wickert]

Bio   Waren Sie ein strenger Vater?

Erwin Wickert   Das muss *er* beurteilen!

Ulrich Wickert   Er glaubt wahrscheinlich, dass er kein strenger Vater war. Aber wissen Sie, ich will Ihnen das mal schildern, wie das war: Ich komm nach Hause mit dem Zeugnis und hab in Latein *nur* 'ne Fünf gehabt und sage zu ihm – er kommt mir da entgegen und sagt: »Wie ist das Zeugnis?« – sag ich: »Ich hab in Latein 'ne Fünf!« Und war ganz glücklich und denke, er freut sich, dass ich keine Sechs habe. *Zuschauer im Studio lachen*   Und er hat sich nicht gefreut! Also das war für mich ein Schock. Sie sehen's, ich hab das immer noch –

Erwin Wickert unterbricht   Aber er hat's überstanden!

Bio   War das das einzige Fach mit so 'ner schlechten Note?

Ulrich Wickert   Das war das Fach mit der allerschlechtesten Note, ja.

Bio   Also insgesamt ein guter Schüler?

Ulrich Wickert   Ich war ein fauler Schüler, ich war ein fauler Student, weil: Ich bin einer der Menschen, die nur dann fleißig sind, wenn sie etwas gerne machen. Und ich bin nicht gerne in die Schule gegangen. Und das Studium, da hab ich einige Dinge gerne gemacht, aber die lagen meistens außerhalb des Bereichs, den ich studierte.

Erwin Wickert lacht   Drum hat's auch sehr lange gedauert, das Studium!

Ulrich Wickert   Na ja, aber mit Erfolg!

Bio zu Erwin Wickert   Herr Wickert, *Leistung* ist etwas, was in Ihrem Leben doch immer eine große Rolle gespielt hat!

Erwin Wickert   Ja.

Bio   Sie waren sehr früh sehr erfolgreich und haben auch sehr früh schon in wichtigen Positionen gearbeitet. Haben Sie versucht, Ihrem Sohn oder Ihren Kindern, aber nun speziell natürlich Ihrem Sohn Ulrich, dieses Gefühl für Leistung zu übermitteln?

Erwin Wickert   Ich glaube ja. Ich glaube, dass er ebenso wie ich der Ansicht ist, dass man sich bewähren muss, indem man etwas tut, und dass man es auch mit Spaß machen muss und dran seine Freude haben muss, dass etwas gelingt. Ich glaube, das hat er durchaus gelernt!

Ulrich Wickert   Da möcht ich etwas anfügen, Alfred, was ich bei ihm gelernt habe. Er hat gesagt: »Man kann die ganze Nacht durchsaufen, aber um acht muss man dann wieder in der Vorlesung sein!«

Bio   Aha.

Ulrich Wickert   Harte Sache, aber das klang ganz gut.

Bio lachend   Mein Vater hat gesagt vor dem Studium: »Trink, wie viel du willst, aber iss anständig!«   *Wickerts lachen laut*   Der war etwas nüchterner. Er hat gesagt: »Wenn du genug isst, dann kannst du auch trinken, dann wirst du's nicht so spüren!« Und er hat irgendwo aber auch gemeint: »Du musst am nächsten Tag wieder fit sein!«

[...]

Herr Wickert, Vater Wickert, wissen Sie, wann und durch wen Ihr Sohn aufgeklärt wurde?

Erwin Wickert   Na, Ulli, das weißt du, von wem?   *Ulrich Wickert, Bio und Zuschauer lachen laut / Applaus*

Ulrich Wickert   Es gibt einfach intime Dinge, über die wir nicht sprechen!

Bio   Gut, gut! Jetzt, wie – *Bio wendet sich zu den Zuschauern* – was sagt die Mutter?   *Lautes Lachen*   Nein, die Mutter weiß es auch nicht! Und wenn, sagt sie's nicht. Und wie war es, als Sie's erste Mal eine Freundin hatten? Haben Sie die nach Hause gebracht?

Ulrich Wickert laut   Nein, ich bin nicht nach Hause gekommen. Und die lagen im Bett und dachten, ich sei mit meinem Freund unterwegs.

Bio   Aha! Und Sie sind gar nicht nach Hause gekommen?

Ulrich Wickert   Doch, ich kam dann abends um elf nach Hause – und dann hatten die immer versucht, meinen Freund anzurufen, aber sie haben, Gott sei Dank, seine Telefonnummer nicht gekannt.

Bio   Und der Freund war eine Freundin?

Ulrich Wickert   Der Freund war eine Freundin!

Bio   War das ein Problem?

Ulrich Wickert   Nein.

Erwin Wickert   Nein.

Ulrich Wickert   Die Probleme kamen später.

Bio   Die Probleme kamen später? Meinen Sie jetzt die »68er Jahre«? Sie waren ein ziemlich revolutionärer Student, Sie haben mitgemacht bei dem Aufschrei der Jungen gegen den »Muff in den Talaren« –

Ulrich Wickert unterbricht   Das ist richtig, ja.

Bio   – und Ihr Vater, wie hat der darauf reagiert?

Erwin Wickert   Der hat sauer reagiert.

Bio   Sauer?

Erwin Wickert   Ja, der hat – also es hat starke Diskussionen zwischen uns beiden gegeben ohne die Konsequenz eines Abbruchs der Beziehungen.

Bio   Das nicht. Aber es gab –

Ulrich Wickert   Jajajajaja!

Bio   – richtig Krach?

Ulrich Wickert   Eines Tages, ich wohnte schon nicht mehr zu Hause – und es war in der Zeitung ein Foto von Rudi Dutschke und mir erschienen – und ich rief zu Hause an, da sagt meine Schwester: »Kommst besser mal im Moment nicht nach Hause!« *Bio, Erwin Wickert und Zuschauer lachen*   Ich habe dann so 'n bisschen gewartet –

Erwin Wickert   Denn er sollte studieren, eigentlich!

Bio   Haben Sie, Ulrich Wickert, dieses typische Sohn-Vater-Problem gehabt, dass Sie sich auseinander setzen mussten mit der politischen, geistigen Haltung des Vaters und dass Sie da nicht einverstanden waren? Oder war das nicht so sehr ein Problem?

Ulrich Wickert   Das war nicht das Problem, dass ich mich mit Vater auseinander setzen musste. Dass der nun zufällig eine andere Meinung hatte als ich, das war bedauerlich, und dass er meine nicht respektierte, war bedauerlich – ich hab auch seine nicht respektiert, da waren wir, standen wir uns in nix nach –

Erwin Wickert unterbricht   Für kurze Zeit!

Ulrich Wickert   – kurze Zeit, aber in den sechziger Jahren kämpften wir ja eigentlich gegen andere Autoritäten. Also es war nicht so die biologische Autorität, die wir angingen, sondern überhaupt »den Muff unter den Talaren« und all diese Dinge!

[22. 4. 1997, Folge 236 zur Fragestellung »Was heißt schon Glück?« / Erster Gast ist der evangelische Diplom-Theologe und moderierende Redakteur Peter Hahne]

Bio   Gibt es in Ihrem Leben irdische Genüsse?

Hahne   Natürlich gibt's irdische Genüsse! Also wenn einer das Leben bejahen kann, dann ist es ja streng genommen jemand, der als Christ an Gott den Schöpfer glaubt und die Schöpfung aus Gottes Hand nehmen kann. Und was ich aus Gottes Hand nehme, kann mir weder ein schlechtes Gewissen machen noch, dass ich's nicht genießen kann! Also für mich kommt aus dem Glauben Lebensbejahung. Wer das nicht so praktizieren kann, tut mir Leid! *Applaus*

Bio   Mein Vater hat immer gesagt: »Wein kann nichts Schlechtes sein, sonst hätte Herr Jesus bei der Hochzeit von Kanaan den nicht vermehrt!«

Hahne   Ja, der hätt's umgekehrt gemacht. Heute leben viele das Christ-Sein so – also erst mal gibt's genug Leute, die laufen so durch die Straße mit einem Gesichtsausdruck, als seien sie dauernd auf dem Weg zum Zahnarzt! Das ist also für mich kein Christ-Sein. Das wäre ja so, als hätte Jesus den Wein in Wasser verwandelt! Aber er hat's ja umgekehrt gemacht!

96

Bio   Wasser in Wein, genau.

[...]

Hilft Ihnen der Glaube, wenn die Versuchung kommt? Also, Sie sagten eben – ich hab das so verstanden –, dass Sie auch gerne ein Glas Wein trinken, und man muss doch Auto fahren – oder, wenn man in irgendeiner Stadt ist und da sind irgendwelche –

Hahne unterbricht   Oder man fährt zu schnell! Das ist ja auch eine Versuchung.

Bio   – oder zu schnell, ja, ja, es gibt ja immer wieder Versuchungen! Oder es ist irgendeine zweifelhafte Bar, in die man reinmöchte, aber dann doch nicht geht – was hilft einem da?

Hahne   Also vor der zweifelhaften Bar hilft einem schon der Bekanntheitsgrad!

Bio staunt / Zuschauer im Studio lachen / Anhaltender Applaus   Ja, natürlich, Sie können ja vieles gar nicht tun!

Bio lacht laut   Er kennt mich nicht! Ich geh trotzdem hin! Mein Ruf ist eh schon verdorben, also, Sie haben ja noch einen guten Ruf! Aber ich?

[27.12.1994, Folge 140 unter der Überschrift »Verliebt, verlobt, verheiratet« / Die beiden ersten Gäste sind der ehemalige Anchor-Man der »Tagesthemen« Hanns Joachim Friedrichs und seine Lebensgefährtin Ilse Madaus]

Bio   Herr Friedrichs, Sie waren irgendwie immer als der begehrteste Junggeselle von Hamburg bekannt, der eigentlich keine Chance auslässt – *Zuschauer im Studio lachen* – oder wie man das so vornehm anspricht; ich glaub, man sagt sonst »lässt nichts anbrennen«, irgendsolche blöden Ausdrücke gibt's da! Also man hat gesagt, Sie sind sehr lebenslustig und –

Friedrichs gleichzeitig   Also das war sehr vorsichtig! Ich war *dabei!*

Bio   – Sie waren dabei. Und als äußeres Zeichen hatten Sie einen roten Porsche, wenn das richtig ist?

Friedrichs   Einen roten hab ich nie gehabt; ich hatte einmal einen weißen und 'nen grünen und 'nen blauen, aber nie 'nen roten.

Bio   Hm, das ist also schon eine abgemilderte Form von Symbol, von Kraft- und Jugendsymbol!

Friedrichs   Ja, dazu muss ich mich bekennen. Das war so, ja. Ich hab dann aber gemerkt, dass das in einem bestimmten Lebensalter einen Effekt hat, der mir nicht so gefiel. Man macht sich da ein bisschen lächerlich, denk ich, wenn man noch so den jungen Dynamischen gibt, ohne es zu sein – und hab dann beschlossen, auf diese Art von Luxus künftig zu verzichten.

Bio   Fahren Sie ein anderes Auto jetzt?

Friedrichs   Ja.

Bio   Haben Sie damit auch die wilde Zeit abgelegt und sind Sie ruhiger geworden? Kann man das eigentlich so?

Friedrichs   Ja, das kann man. Also ich hab mir das auch schwer vorstellen können, weil ich sehr junggesellige Instinkte habe. Ich glaub ja auch, dass das erblich sein kann. In meiner Familie haben alle Männer sehr spät geheiratet; mein Bruder war –

Bio unterbricht lachend   Ich wollt grad sagen: »Wie kann ein Junggeselle seine Attitüden vererben?« Er muss ja wenigstens mal –   *Friedrichs, Madaus und Zuschauer lachen*

Friedrichs   – ja, ja, mit dem Vorbehalt hab ich das auch zu sagen versucht! Also mein Bruder war, glaub ich, 46 oder 47, bis er dann mal heiratete; mein Vater war 40, ich war 40 [zum Zeitpunkt der ersten Eheschließung], also wir haben uns da schon sehr viel Zeit gelassen. Und vielleicht wär's auch so gegangen, das wissen wir alle gar nicht. Also ich bin niemand, den es in die Zweisamkeit von Anfang an gezogen hat!

Bio   Aber: Fühlen Sie sich jetzt wohl in der Zweisamkeit?

Friedrichs   *Ja*! Und das ist das Seltsame, dass das dann irgendwann kippte. Und dass ich jetzt diesen Zustand, mit jemandem über längere Zeit relativ friedlich zusammenzuleben, *sehr* genieße!

Madaus lachend   Relativ?   *Friedrichs und Bio lachen*

[Hanns Joachim Friedrichs und Ilse Madaus heirateten am 5.1.1995 / Hanns Joachim Friedrichs erlag am 28.3.1995 einem Krebsleiden]

[13.4.1999, Folge 317 unter dem Schlagwort »Nachrichtenfieber« / Zweiter Gast ist die Fernsehjournalistin Petra Gerster]

Bio   Verfolgt Sie der Beruf ins Private hinein oder können Sie da ganz abschalten?

Gerster   Ja, also auf zwei Arten: Früher hab ich immer vom Griechisch-Abitur geträumt – oder wechselweise, wahlweise vom Mathe-Abitur –, inzwischen träum ich davon, ich weiß nicht, ob's Ihnen auch so geht, dass ich zwei Minuten vor sieben [vor Beginn der allabendlichen ZDF-Nachrichtensendung] irgendwo in der Stadt stehe und denk: Huuu, ich bin ja bei »heute«, ich hab »heute«, ich hab »heute«, ich bin ungeschminkt! Rase ins Studio, komme natürlich nicht mehr zurecht, oder grade noch, und hab dann keine Texte. Also das ist so 'n klassischer Albtraum!

Bio   Das ist aber kein spezieller Nachrichten-Albtraum. Ich hab den gleichen, natürlich!

Gerster   Ja?

Bio lachend Ja, sicher! Ja, natürlich.

Gerster Ach!

Bio Ich komm irgendwie und weiß auch: Jetzt ist gleich Sendung; ich weiß nicht, was passiert, welcher Gast kommt, ich hab nichts vorbereitet, kein Mitarbeiter ist da – ja, das ist immer – also wirklich, von Anfang an!

Gerster Und dann ein bisschen weniger lustig, jetzt zur Zeit des Kosovo-Krieges, wo man ja mit dem Krieg aufsteht und bis abends nach der Sendung, vom Frühstücksfernsehen eben bis abends, immer damit befasst ist – dann komm ich nach Hause und stelle eigentlich so im Kopf die Uhr um und denke: Jetzt Privatleben und abschalten! Dann bring ich meine Tochter ins Bett, und dann sitzt sie im Bett – die hat dann auch »heute« gesehen, die ist neun oder wird jetzt neun –, und die sagt dann plötzlich, sie hat Angst vor Albträumen. Weil sie dieses Feuer gesehen hat und diese Bomben! Und dann bin ich *wieder* beim Krieg und rede mit ihr und versuch's ihr zu erklären – und also: Ja, es verfolgt einen schon ins Privatleben, man kann gar nicht abschalten!

[18.5.1999, Folge 322 mit dem Motto »Der Weg ist das Ziel« / Zweiter Gast ist die jugendliche Moderatorin und Schauspielerin Minh-Khai Phan-Thi]

Bio Deine Eltern sind Ende der sechziger Jahre aus Vietnam geflohen –

Minh-Khai Genau.

Bio – aber noch vor den »Boat People«? Die sind noch legal ausgewandert?

Minh-Khai Ja, noch legal sozusagen. Man konnte, wenn man gute Noten hatte und ein bisschen Geld, konnte man nach Vietnam gehen [richtig: in den Westen gehen], aber eigentlich mit der Absicht, im Westen zu studieren, um nach Vietnam zurückzukehren, um Vietnam aufzubauen. Das war die Idee.

Bio Ach, das war die Erlaubnis rauszugehen?

Minh-Khai Genau.

Bio Beide Eltern sind Vietnamesen. Du bist aber schon hier geboren?

Minh-Khai Ich bin in Darmstadt – ich bin Hessin.

Bio lachend Du bist Hessin?

Minh-Khai lachend »Ich bin Hessin!« sag ich immer, genau!

Bio Hast du das schon mal jemandem – auf die Frage »Was bist du?« – gesagt?

Minh-Khai Ja, sehr oft! Viele meiner Freunde haben gesagt: »Mensch, warum sagst du immer, du bist Vietnamesin? Du bist Deutsche, du hast einen deutschen Pass, du bist hier geboren!« Hab ich gesagt: »Aber es seid *ihr* doch diejenigen, die mich dazu machen.« Weil: Wenn ich sage »aus Hessen« oder »aus Darmstadt«, dann lachen die meisten und sagen: »Nee, nee, also du kommst doch nicht aus Hessen!« Also es ist was anderes, wenn man sagt: »Woher kommen deine Eltern?« Dann würd ich sagen: »Meine Eltern kommen aus Vietnam, ich bin aber in Darmstadt geboren.«

Bio   Das ist in Amerika ja eine Selbstverständlichkeit.

Minh-Khai   Üblich, ganz selbstverständlich!

Bio   Ja, klar, weil ein *großer* Teil der Amerikaner ist ja *irgend*welcher Herkunft, ob das irisch ist, ob das asiatisch ist, ob das polnisch ist, ob das italienisch ist – aber bei uns ist es immer noch ganz ungewöhnlich.

Minh-Khai   Leider. Also ich hab eine Rede mal bei der »Lichterkette« [»Die Lichterkette/München – eine Stadt sagt Nein« e. V.] gehalten, und da hat sich eine Redakteurin sehr über meine Rede aufgeregt, weil ich gesagt habe, dass ich hoffe, dass wir irgendwann dahin kommen, dass die Leute einen nicht mehr fragen, warum man so gut deutsch spricht, wenn man nicht deutsch aussieht. Und dann hat sie gesagt: »Das können Sie doch nicht sagen! Wir haben eine andere Geschichte.« Und da hab ich gesagt: »Hören Sie mal, ich weiß, was für eine Geschichte Deutschland hat! Aber man kann doch nicht immer nur sagen, Deutschland hat 'ne andere Geschichte. Irgendwann muss man anfangen, auch anders zu denken!«

Bio   Wie bist du aufgewachsen? Zweisprachig?

Minh-Khai   Ja, zweisprachig.

Bio   Hattest du als Kind das Gefühl, du bist Vietnamesin? Oder wolltest du lieber so sein wie die Freundinnen, die Schulkameradinnen?

Minh-Khai lachend   Ich wollte deutsch sein und ich wollte blonde Haare haben und blaue Augen, also ich hab, bis ich vierzehn war, wirklich mich *geweigert* fast, Vietnamesin zu sein.

Bio   Ich kann das sehr gut verstehen. Als Kind will man –

Minh-Khai   – immer so sein wie seine Freunde!

Bio   Ja, das ist ganz klar. Das war ja früher schon auf dem Dorf, wenn man rote Haare hatte – da war man schon halbe Hexe, wenn man anders war.

Minh-Khai lachend   Ja!

[10. 2. 1998, Folge 266 unter der Überschrift »Unter Schwestern« / Die beiden ersten Gäste sind die Moderatorin Birgit Schrowange und ihre jüngere Schwester Karin Evens]

Bio   Sie sind gerne in Köln?

Schrowange   Ich bin sehr gerne in Köln.

Bio   Und auch gerne in einer *Stadt*?

Schrowange   Ja, ich wollte immer weg aus dem kleinen Dorf, wo ich herkomme. […]

Bio   Wollten Sie immer *bekannt* werden, berühmt werden? Oder wollten Sie erst mal die *Freiheit*, die Stadt?

Schrowange   Ja, ich wollte erst mal lieber in die Stadt, die Freiheit haben! Wir kommen aus einer Großfamilie; meine Mutter hat neun Geschwister. Dementsprechend haben wir ungefähr so vierzig Cousinen und Vettern. Dann – mein Vater hat auch einige Geschwister – und die Buschtrommel funktionierte immer sehr gut bei uns im Dorf. Wenn ich mal mit einem Jungen Händchen gehalten hab oder die erste Zigarette geraucht habe, dann wusste das meine Mutter *sofort*. Meine Mutter war sehr, sehr streng, unser Vater und unsere Großeltern waren nicht so streng, aber unsere Mutter war schon sehr, sehr streng! Und ich hatte auch kein eigenes Zimmer, ich musste mit meiner Schwester das Zimmer teilen. Ich hatte also nie ein Fleckchen für mich. Und ich wollte auf jeden Fall weg, ich wollte meine Freiheit und das machen und tun können, was ich will!

Bio   Wollten Sie aber auch bekannt werden?

Schrowange   Wollt ich auch, ja.

Evens   Zum Fernsehen wollte sie schon immer, solange ich lebe.

Bio   Wollte sie immer?

Evens   Immer, immer!

Bio gleichzeitig   Das haben Sie schon mitbekommen?

Evens   Ja, sicher! Sie lief nur mit 'nem Radiorecorder rum mit Mikrofon – und dann musste wieder gesungen werden und Interviews gegeben werden, immer. Also das wusste ich schon immer, dass sie zum Fernsehen geht.

Bio   Also das war keine Überraschung für Sie?   *Schrowange lacht*

Evens   War keine Überraschung, nein.

Bio zu Schrowange   Das ist ja köstlich. Wollten Sie auch im Mittelpunkt stehen, auch in der Familie?

Schrowange   Ich glaube ja!

Bio   Und Auftritte, haben Sie das auch gemocht?

Schrowange   Ja, ja! Das hab ich schon ganz gerne gemacht.

Bio   Konnten Sie das im Dorf überhaupt realisieren?

Schrowange lachend   Kaum. Ich musste in der Kirche vorbeten, das war dann so eine Art Auftritt für mich. Mein Großvater war Organist, und ich hab dann vorgebetet. Da konnt ich schon ein bisschen üben.

Bio   Sie wissen ja, die katholische Kirche ist das älteste Showbusiness der Welt!

Schrowange lachend   Genau.

Bio   Und wahrscheinlich das perfekteste!   *Evens lacht / Applaus*   Ja, ich mein, also ich muss schon sagen, da müssen sich die Musicals schon sehr anstrengen. Wenn man so ein Hochamt erlebt mit zwanzig Ministranten und vielleicht drei Geistlichen, alle in großen tollen Gewändern, dann die Musik, dann der Weihrauch – also ich mein, da werden ja alle Sinne befriedigt!

[...]

Hat die Mutter Ihnen wenigstens bei Ihrem Drang zur Freiheit geholfen?

Schrowange Nein, meine Mutter eigentlich nicht, aber meine Großmutter. Meine Großmutter sagte immer: »Bescheidenheit ist eine Zier, doch weiter kommst du ohne ihr!« Und den Spruch hab ich dann beherzigt. *Applaus*

[17.10.2000, Folge 373 unter der Überschrift »Mein guter Ruf« / Letzter Gast ist der jugendliche Moderator Niels Ruf, mit seiner Sendereihe »Kamikaze« das »Enfant terrible« des Musiksenders VIVA ZWEI / Niels Ruf trifft auf den Schauspieler Helmut Zierl, außerdem auf den durch manipulierte Zahnpastatuben unter Doping-Verdacht geratenen Spitzensportler Dieter Baumann sowie auf die Berliner Sängerin Nina Hagen, die ihr Sorgerecht für Sohn Otis gegen den in Kalifornien lebenden Vater erfolgreich verteidigt hat]

Bio Sie sind gerne ein bisschen unverschämt. Ist das ein Teil des Konzepts? Ist das eine spezielle Sprache dieser VIVA-Generation?
Ruf Ich glaube nicht, dass ich da jetzt eine besondere Sprache benutze, oder? Das ist doch ein ganz normales –
Bio unterbricht Ja, aber ich glaube, die etwas Älteren sprechen nur privat so, nicht öffentlich.
Ruf Ach so. Ja, das ist ja mein Ansatz, dass ich mir denke: Als Anwalt des Zuschauers muss ich ja die Fragen, die jetzt jedem im Kopf herumschwirren, dann doch mal stellen. Also: »Wie alt ist Nina Hagen? Ist das alles echt?« Ja, und: »Wär der Sohn nicht vielleicht doch lieber in Kalifornien geblieben?«
Bio Also einfach mal richtig ran?
Ruf Das ist eine Frage, die man sich stellt. *Zuschauer im Studio lachen anhaltend* Nein, ich stell mir gerade vor: »Berlin? Kreuzberg?« *Hagen greift schweigend zum Sektglas, rührt darin mit einem Lutscher*
Bio Gibt's eine, gibt's –
Ruf unterbricht »Kalifornien? Strand?« Nein, das sind doch Fragen, die einem durch den Kopf gehen!
Bio gleichzeitig Ja, ja.
Ruf Das heißt doch nicht, dass das so ist oder dass ich das unterstellen möchte!
Bio Gibt's eine Grenze, eine Scham –
Ruf unterbricht Oder fünf Tuben Zahnpasta?
Bio Ja.
Ruf Also auch ohne Unterstellung: Fünf Tuben Zahnpasta –
Baumann unterbricht Er relativiert schon! Er relativiert.
Ruf – hab ich das auch? Ich hab nicht mal eine, ja! *Zuschauer lachen* Ich nehm die Drogen immer gleich so. *Lachen*
Bio Gibt es irgendeine Grenze? Irgendetwas – wenn ein Rollstuhlfahrer im Studio ist – oder irgendwas, wo andere sagen: »Also, da …«?
Ruf Ich glaube, das ist ein situativer Kontext. Also, wenn man das Gefühl hat,

dass ein Rollstuhlfahrer locker damit umgeht, dass er im Rollstuhl sitzt, kann man da vielleicht auch drüber sprechen. Also, wenn man das Gefühl hat, das würde jetzt einfach jemanden wahnsinnig verletzen, dann kann man's ja auch ignorieren. Aber, wenn's erwartet wird, und ich glaube, das ist ja bei mir so inzwischen – es ist ein schmaler Grat, es ist ein situativer Kontext.

Bio Warum machen Sie so eine Sendung? Ist das ein Stück Anarchie? Eine anarchische –

Hagen unterbricht Wahrscheinlich, weil er nicht Gitarre spielen kann, und singen kann er bestimmt auch nicht! *Zuschauer lachen / Johlen / Applaus*

Ruf Aber, aber!

Hagen gleichzeitig Hab ich Recht? Hab ich Recht?

Ruf Das ist doch für dich auch kein Grund, es nicht zu machen! *Lachen*

Hagen laut zum Publikum Niels Ruf can't play guitar!

Bio lachend Herr Baumann wollte auch etwas sagen!

Baumann Er kann sozusagen – um in seinen Worten zu bleiben: Er will Anwalt der Zuschauer sein – aber er stellt dann nur die dummen Fragen.

Ruf Ja, ja.

Hagen Er ist halt noch sehr jung.

Ruf Ja, das ist doch ein Vorteil!

Bio gleichzeitig Wie jung, wie jung?

Hagen zu Ruf Ja, zurzeit vielleicht, aber später wirst du –

Ruf zu Hagen Den du mir nicht neiden solltest!

Hagen zu Ruf – wenn du dir deine alten Sachen dann anguckst –

Ruf zu Hagen Du warst doch früher auch mal jung, Nina!

Hagen laut in die Kamera Ja, aber bei mir hatte alles Hand und Fuß!

Ruf Ja, aber auch Brüste?

[…]

Bio Merkt Ihr Publikum, dass das Ironie ist? Oder –

Hagen leise zum Publikum Talentlose Idioten!

Bio – ich mein, viele Ältere werden das nicht akzeptieren!

Hagen gleichzeitig Der zielt ja nur deswegen unter die Gürtellinie, weil er überhaupt nix draufhat. Kein journalistisches Wissen, nix, gar nix! *Kurzer Applaus* Der macht die Leute fertig! Und wie du mich eben –

Ruf zu Hagen Ist ja ein tosender Applaus!

Hagen gleichzeitig – wie du mich eben – ist doch scheißegal – wie du mich eben angegriffen hast, auf welche Art und Weise –

Bio Ach, das war doch kein Angriff!

Hagen Doch!

Bio Na!

Hagen Doch, der hat gesagt –

Ruf Nee, du bist da ganz dünnhäutig!

Hagen Der – du – das –

Ruf Du bist total dünnhäutig, Nina! *Zuschauer lachen*

Hagen Nee, überhaupt nicht!

Ruf Du bist wohl außerirdisch?

Hagen Du hast gesagt, mein Sohn ist ja – ist ja wohl unklar, ob der in Kalifornien leben will oder nicht!

Bio Nein, nein, nein.

Ruf gleichzeitig Nein! Das ist eine Frage, die einem durch den Kopf geht. Das ist eine Frage, die einem durch den Kopf geht.

Hagen gleichzeitig Und da macht man keine Witze mit, mein Lieber! Das ist ein ganz ernstes Thema!

Ruf Nein, Nina, das ist vollkommen, das ist –

Hagen zum Publikum Ich weiß jetzt, warum die Leute dich nicht mögen: weil du die angreifst auf menschlicher Ebene! Und das mag kein Mensch!

Zierl gleichzeitig Ich bin Waage, Mensch, ich bin harmoniesüchtig. Könnt Ihr mal aufhören?

Bio zu Zierl Ja, ja! Nein.

Ruf Nein, Nina, das hast du falsch verstanden! Ich hab großen Respekt davor, dass – dass das wahnsinnig schwierig war – ich hab nur gesagt, dass die Frage einen beschäftigt!

Hagen gleichzeitig Nee, hast du gar nicht! Du hast mich völlig niedergemacht und meinen Sohn verscheißert, okay? Und hast gesagt –

Bio Ach nein, Nina!

Hagen – und hast gesagt – du hast das Thema völlig, völlig verscheißert!

Bio Nein, nein! Du bist jetzt etwas empfindlich, weil du –

Hagen Allerdings! Das ist ein Thema, sag ich dir!

Bio gleichzeitig Ja, ich kann das auch verstehen, in dieser Situation!

Hagen in die Kamera Es gibt überall Krieg auf der Welt – und Väter rauben Kinder und bringen sie in den Libanon – und seit vier Jahren – und so weiter –

Bio gleichzeitig Darf ich trotzdem, darf ich trotzdem –

Hagen in die Kamera – und da kommt so 'ne talentlose Idioten vorbei – *Zuschauer staunen* – und rammeln, rammeln einen hier verbal voll!

Bio gleichzeitig – Nina, darf ich trotzdem weitermachen?

Hagen aufstehend Ich geh jetzt!

Bio Okay. *Hagen winkt ins Publikum / Anhaltender Applaus* Tschüss!

Hagen geht ab Tschüss, Bio!

Bio Tschüss, tschüss! *Johlen / Lachen*

Ruf Das ist ein Punkt, den man mal – das ist ein Punkt, den muss ich mal ansprechen!

Bio   Das ist –

Ruf unterbricht   Das ist eine Sache, die passiert einem nämlich im Jahr 2000 noch ganz selten. So war das früher, 1978.

Bio   – ja, na ja.

Ruf   Rausrennen aus einer Talk-Show! »Das lass ich mir nicht bieten!« Mikrofon hinschmeißen!

Bio   Das ist ja auch lustig. Da ist was los.

Ruf lacht   Ja, genau, da ist was los!   *Johlen / Kreischen / Applaus*

Fundstück

[»Bloomsday '97« von Walter Kempowski / Albrecht Knaus Verlag, München 1997, S. 33 f. / Der Schriftsteller Walter Kempowski zappte am 16. 6. 1997 von acht Uhr morgens bis drei Uhr nachts pausenlos durch die 37 Kanäle seines TV-Geräts, protokollierte das Gehörte minutiös, meist unter Verzicht auf Namensnennungen / »w. S.« steht für »weibliche Stimme«, »m. S.« für »männliche Stimme« / Walter Kempowski gelangte dabei insgesamt dreizehnmal in die Wiederholungen des Gesprächs zwischen Alfred Biolek und dem deutschen Bundeskanzler Helmut Kohl]

m. S.: Die Reporter decken auf.

w. S.: Leugnen zwecklos. Der Penistest für Kinderschänder.

w. S. 1: Zurück in die Oberpfalz zum Pilotprojekt Juniortrain und zu Evelyn und Alexander. Bevor die beiden ihren Kontrollgang beginnen, muss noch das mobile Fahrkartenterminal mit den notwendigen Daten gefüttert werden.

w. S. 2: So, grüß Gott, meine Damen und Herren! Die Fahrscheine bitte!

w. S.: Ich pack' umgehend. Aber das schwöre ich euch: Bei der nächsten Hungersnot, da werdet ihr an mich denken!

m. S. 1 [Kohl]: … die meistbesuchte Hauptstadt in der Welt. Und die Zahl der Besucher, die hierherkommt – nicht nur die, die Sie sehen, mit Ehrenkompanie und so, sondern die, die gar nicht so auffallen –, ist enorm.

m. S. 2 [Biolek]: Kommen die alle in Ihr Büro?

m. S. 1: Ja.

m. S. 2: Und sehen alle das Aquarium?

m. S. 1: Alle.

m. S. 2: Das is' schön … Haben die Fische Namen?

m. S. 1: Nein. Aber wenn ich die Fiche … wenn ich telefoniere, schaue ich gerne den Skalaren beispielsweise – weil Sie nach einem Fichtyp fragen – zu, und da geht's sehr zu wie im Leben. Ein Skalar jagt den andern, und das ist … bei den Fichen wie bei den Leuten.

m. S. 2: Also, der Clinton hat ja diese Katze und sagt immer: my first cat. Haben Sie auch einen first fish?

m. S. 1: Nein, hab' ich nicht. Wir haben eine wunderschöne Katze gehabt, die leider nicht mehr lebt. Die hatten wir wohl.

m. S. 2: Und Sie hatten einen Hund.

m. S. 1: Der leider auch nicht mehr lebt. Aber jetzt haben wir das beides nicht, weil sowohl meine Frau wie ich auch viel unterwegs sind …

m. S. 2: Jaja, dann ist …

m. S. 1: … und ich finde, 'n Tier braucht 'ne Bezugsperson.

m. S. 2: Am Mittwoch ist immer Kabinett.

m. S. 1 (rappt): … in der Südsee …

m. S. 2: Allein?

m. S. 1 (rappt): … ja, mein Budget war klein …

m. S. 2: Na, fein.

m. S. 1 + 2: Willkommen im Verein!

Pascale Noa Bercovitch

Günther Jauch

Katrin und Friedmunt Sonnemann

Joschka Fischer

Nr. 1 · 27. Dezember 1996

DIE ZEIT

magazin

BOULEVARD
Bio

Tatorte 96

Wo der Kanzler erstmals
in einer Talk-Show saß und andere
Schauplätze des Jahres

Minh-Khai Phan-Thi

Willy Brandt

Roman Herzog

Hans-Olaf Henkel

Ausschnitte aus Gesprächen mit …

[10.1.1995, Folge 142 unter der Überschrift »First Ladies« / Dritter Gast ist Christiane Herzog, Ehefrau des deutschen Bundespräsidenten, der die Sopranistin Montserrat Caballé gegenübersitzt]

Bio   Sie sind, glaub ich, in einem Pfarrhaus aufgewachsen?
Christiane Herzog   Ich bin in einem bayerischen Pfarrhaus aufgewachsen.
Bio   Eines von den drei evangelischen Pfarrämtern von ganz Bayern! Das ist ja alles katholisch, es ist ja sehr katholisch, Bayern!
Christiane Herzog gleichzeitig   Nananananananananananananana! Also, lieber Herr Biolek, so katholisch ist Bayern auch wieder nicht! *Zuschauer im Studio lachen / Anhaltender Applaus*
Bio   Na gut, den Eindruck hat man immer. Das lässt ja hoffen, dass es auch protestantische Pfarrhäuser gibt! Sie wissen, was ich meine? Man hat ja immer so Vorurteile.   *Biolek zu Caballé*   Übrigens, es gibt bei den Sängern zwei Vorurteile: Alle Tenöre sind dumm, und alle Primadonnen sind zickig. Das sagt man immer.
Christiane Herzog   Na ja, das gibt's bei Pfarrerskindern auch. Ich bin die Ausnahme! *Lachen*
Caballé lachend   Ich auch!   *Zuschauer lachen laut / Applaus*
Bio laut   Ich kenne auch zwei intelligente Tenöre. Das sind immer diese Vorurteile: Alle Bayern sind katholisch!

[Christiane Herzog erlag am 19.6.2000 einem Krebsleiden]

[2.3.1993, Folge 69 zur Fragestellung »Alle Werte im Eimer?« / Zweiter Gast ist der ehemalige PDS-Vorsitzende Gregor Gysi, dem der Zeichner und Kinderbuchautor Janosch gegenübersitzt]

Bio   Herr Gysi, *Sie* haben bestimmt kein Lampenfieber!
Gysi   Doch, jedes Mal wieder.
Bio   Ja?
Gysi   Ja, natürlich!
Bio   Man hat das Gefühl, dass Sie sich auf der Bühne der Öffentlichkeit sehr sicher bewegen.
Gysi   Ich verstell mich besser.
Bio   Sie verstellen sich besser?

Gysi Diesbezüglich! Na, es gibt nun schon so viel Ostdeutsche, die sich einen Mangel an Selbstbewusstsein deutlich ansehen lassen, dass ich denke, man muss da auch versuchen, mal einen Gegenpart zu spielen.

Bio Haben Sie Kinderbücher als Kind gelesen?

Gysi Ja, sicher! Ich mein, ich war ja in Mitteleuropa, also! *Zuschauer im Studio lachen laut / Applaus*

Bio Also ich hab natürlich völlig vergessen, dass Sie ja nicht zwanzig sind! Denn heutzutage ist die Frage an einen Jungen, ob er Kinderbücher gelesen hat, durchaus berechtigt, denn die meisten sehen das ja in der verfilmten Version im Fernsehen. *Kurzer Applaus*

Gysi Ja, das find ich übrigens ziemlich schlimm! Also ich hab natürlich auch noch bei meinen Kindern versucht, sie an Kinderbücher ranzuführen, wegen des Lesens, der Neugier auf Bücher, die damit vielleicht entsteht. Und dann regen ja Kinderbücher die Phantasie an. Und das find ich schon wichtig, denn vieles verläuft in unserer Gesellschaft zu phantasielos. Also es könnten schon alle etwas mehr Phantasie gebrauchen! Und zum Beispiel das, was Sie eben vorgelesen haben [einen Ausschnitt aus Janoschs »Mutter sag, wer macht die Kinder?«], das regt doch bei jedem sofort die Phantasie an. *Zuschauer lachen / Applaus*

Bio Ja, aber ja!

Gysi Hab gleich selbst nachgedacht.

Janosch lachend Wie das war damals?

Gysi lachend Wie das früher war, ja. *Lachen / Applaus*

Bio zu Gysi Sind Sie eigentlich von Ihren Eltern aufgeklärt worden?

Gysi Warten Sie mal, wie war denn das? Ich bin zunächst von meinen Freundinnen und Freunden in der Schulklasse aufgeklärt worden – oder im Kindergarten, das weiß ich jetzt nicht mehr genau. Das Wissen war unvollständig, aber vorhanden.

Bio mit Blick auf Janosch Solche Bücher gab's damals nicht – für Kinder?

Gysi Doch, doch!

Bio Doch schon?

Gysi Und in irgendeiner Schulklasse, aber ich weiß nicht mehr in welcher, da gab's eine Elternversammlung, und da wurden die Eltern stark angeregt, jetzt ihre Kinder aufzuklären, und bekamen alle ein Buch mit. Und ich erinnere mich an die *sehr* peinliche Szene, als meine Mutter versuchte, mir das zu erklären; es war mir eher unangenehm, weil ich das schon ahnte – *Zuschauer lachen* – und ich glaube, es war ihr auch unangenehm, aber ich wollte nu auch ausnahmsweise mal nicht den Besserwisser spielen – *Lachen* – hab also nicht dazwischengehakt –

Bio lachend Schön!

Gysi – aber es war mir etwas peinlich. Vor allen Dingen weil: Meine Phantasie ist ja nu wirklich relativ lebhaft. Das heißt: Ich stell mir das dann wirklich immer gleich vor, und dadurch wurde es noch unangenehmer – und dann hab ich das Thema abgebrochen, ja.

[19.10.1999, Folge 333 zum Thema »Schwer erziehbar« / Dritter Gast ist BDI-Präsident Hans-Olaf Henkel]

Bio   Sie lassen sich den Mund nicht verbieten, kann man sagen.

Henkel   Nee! Das hab ich früher nicht gemacht – und das mach ich heute auch nicht.

Bio   Das ist der wunderbare Link zu unserem Thema, denn wenn man das weiß, dann wundert man sich nicht, dass Sie auf acht Schulen und drei Internaten waren. *Bio lachend*   Was ja sehr ungewöhnlich ist! *Zuschauer im Studio staunen*   Wie kam das? Hat das mit der Nachkriegszeit zu tun?

Henkel   Ja, das hing mit der Nachkriegszeit zusammen. Man darf nicht vergessen – es war ja in dieser Generation recht verbreitet: Mein Vater ist in den letzten Kriegstagen in Ungarn gefallen, unser Haus ist zwei Jahre vorher zerbombt worden. Und ich hatte eine sechs Jahre ältere Schwester, einen zwei Jahre jüngeren Bruder. Meine Mutter stand allein. Und sie war vor die Wahl gestellt, kümmert sie sich »nur« – in Anführungsstrichen – um die Kinder oder übernimmt sie das Geschäft meines Vaters, versucht das wieder aufzubauen – das war ja alles zerstört –, um den Kindern eine wirtschaftliche Grundlage für ihre Zukunft zu geben. Und sie hat sich für beides entschlossen. Das ging teilweise natürlich auch zu Lasten, wenn Sie so wollen, der Fürsorge für die Kinder. Aber ich bin ihr dankbar dafür, dass sie das gemacht hat, denn auf der anderen Seite hat sie auch viele Dinge geschaffen, von denen wir dann profitiert haben.

Bio   Haben Sie dann nicht immer zu Hause gelebt?

Henkel   Nein, also das war ziemlich turbulent bei mir! Meine Mutter hatte dann ihre beiden Söhne auf Internate verteilt – nach dem Motto: »Wo ist ein Platz frei?« Mein Bruder ging auf ein evangelisches Internat; der wurde Protestant. Ich ging auf ein katholisches Internat, ich wurde Kathole. *Bio lacht*   So lief das. Meine Schwester ging dann hier in der Nähe von Köln, nach Pützchen, in ein Kloster.

Bio   Wurde aber nicht Nonne?

Henkel lachend   Nein, nein, nee, nee! Also gut, damit ging's los! Und dann hatten wir uns – oder ich mich auch besonders – beschwert über die Unfreiheit, die mit einem Internat verbunden war.

Bio   Also auch Freiheitsdrang?

Henkel   Das ist bei mir sehr ausgeprägt, zieht sich wie ein roter Faden durch mein ganzes Leben, wenn Sie so wollen, aber auch durch das, was ich versuche, hier im Land zu erreichen. Dass man eben wieder mehr für die Freiheit tut! Gut, jetzt komm ich zurück: Und dann wollt ich wieder mal nach Hause. Und dann hatte meine Mutter Erbarmen, hatte mich zu Hause wieder aufgenommen. Dann hatte ich mich mit ihr gestritten, dann musste ich wieder in ein anderes Internat. Ja, so ging das hin und her.

Bio Auch bei den Großeltern teilweise?

Henkel Ja, meine Großeltern waren sehr gut zu mir. Und auch dort hab ich 'ne Zeit lang verbracht; ich erinnere mich noch sehr gut, dass ich mal aus einem Internat »ausgeratzt« bin, wie es so schön heißt.

Bio leise Abgehauen?

Henkel Abgehauen, ja. Und dann hatte man mich tagelang gesucht – so nach dem Motto – übers Radio: »Wir suchen einen blonden Jungen!«

Bio Nee!

Henkel Ja, ja! Und ich hatte mich bei meiner Oma im Keller versteckt. Meine Mutter hatte das vermutet, fuhr vorbei, und meine Oma hat nicht gesagt, dass ich dort war, weil sie Mitleid mit dem Sohn hatte. Also solche Geschichten waren das!

Bio Und diese vielen Schulen? Das kam daher, dass Sie dann, wenn Sie aus einem Internat zurückkamen, wieder auf eine andere Schule –

Henkel So ist es!

Bio – und immer wieder?

Henkel Ja, letzten Endes waren es dann acht Schulen.

[...]

Bio Hatten Sie Heimweh, wenn Sie in so 'm Internat waren?

Henkel Also nicht *im* Internat! Aber ich erinner mich noch sehr gut an diese – ich durfte dann oder wir durften öfter am Wochenende nach Hause zu meiner Mutter; und dann ging es am Sonntagnachmittag wieder ins Heim, das war eine traurige Zeit. Ich erinnere mich, da hab ich manche Träne vergossen. Aber im Heim selbst ging es uns eigentlich sehr gut.

[18.11.1997, Folge 254 unter dem Schlagwort »Sturköpfe« / Erster Gast ist der deutsche Bundesfinanzminister Theo Waigel, CSU / Theo Waigel ist in zweiter Ehe mit der Ärztin und früheren Ski-Rennläuferin Irene Epple verheiratet und 1995 erneut Vater geworden]

Bio Wie oft sehen Sie ihn, den Kleinen?

Waigel Ja, den Konstantin, natürlich über jedes Wochenende! Und ich sag ganzehrlich: Wenn ich da am Freitag heimkomm [von Bonn] und seh also meine Familie wieder, die Irene, den Kleinen und auch oft meine beiden erwachsenen Kinder, dann kann ich vieles von dem wieder vergessen, was so an Ungemach und Ärger über die Woche entstanden ist.

Bio   Also ist das ein wichtiger Gegenpart zu dem Leben in Bonn?

Waigel   Ja, das ist natürlich eine völlig andere Welt, nicht! Ein Kind frägt einen nicht: »Wo warst du? Wo bist du gewesen?« Sondern: »Wie bist du? Und hast du noch ein Gespür für mich?« Und das ist eine riesige Herausforderung, da etwas von dem abschütteln zu können, was einen vorher plagt.

[…]

Bio   Sie fahren da immer in Ihren Heimatort?

Waigel   Ja, das ist Schwaben, das Allgäu. Die Allgäuer, das ist der südliche Teil des bayerischen Schwaben, möchten sich überhaupt nicht als Schwaben bezeichnen lassen, sondern sie sind Allgäuer – und darauf legt auch meine Frau größten Wert. Aber wenn ich in Stuttgart oder in Memmingen oder in Augsburg lande, dann spielt's fast keine Rolle, ob ich nach Oberrohr fahre – dort, wo ich geboren bin, ein kleines Bauerndorf, und in dem Bauernhof lebe, in dem ich auch geboren wurde – oder nach Seeg, einem reizenden Ort in der Nähe von Füssen, wo meine Frau aufgewachsen ist und auch das Skifahren gelernt hat.

[…]

Bio   Haben Sie noch Kontakt mit den Dorfbewohnern? Sonntags gibt's doch sicher auch einen Frühschoppen nach der Kirche oder so was?

Waigel   Ja, das schaff ich zu wenig! Neulich hab ich mal, am Mittwochabend im Dorf, die Männer beisammen gesehn; da sag ich: »Warum kommt ihr eigentlich am *Mittwoch* immer zusammen?« Dann ham die g'sagt: »Weil dann die Woche ned so lang is!« Aber das schaff ich leider nicht mehr regelmäßig. Die Älteren kenn ich noch, aber natürlich zwischenzeitlich die Kinder, die Jugend oder die, die dazugezogen sind, kenn ich nicht mehr jeden. Aber ich gehör noch zum Dorf – und ich glaube, dass mich die Leute auch als den Ihren akzeptieren. Und für mich ist es ganz wichtig, nach der Politik wieder eine Welt zu wissen und zu kennen, wo einen die Leute auch grüßen als Nachbarn und als Freund oder Verwandten.

Bio   Haben Sie am Wochenende wirklich Zeit für die Familie oder nehmen Sie wieder so viel Akten mit, dass Sie dann nur noch am Schreibtisch sitzen?

Waigel   Das ist 'n Stück Beruhigung. Also ich nehm mir mal zwei große Taschen mit – und vielleicht zu einer komm ich. Die andre nehm ich dann wieder mit zurück [nach Bonn]. Telefongespräche natürlich viele, auch wieder Termine. Aber ich nehm mir schon vor, entweder Samstag oder Sonntag wenigstens am Abend konzentriert da zu sein und mich dann um meine Angehörigen zu kümmern.

Bio   Bringen Sie dann den Kleinen ins Bett?

Waigel   Das ist das Schönste, das ist das Schönste! Und ich muss ehrlich sagen, es ist so unglaublich, wenn dann so ein kleiner Stöpsel, zweieinhalb, von einem plötzlich fordert, ob man noch ein Gedicht kennt oder ein Abendgebet und –

Bio unterbricht   Und können Sie welche?

Waigel – seit ein paar Tagen liebt er ein Gedicht ganz besonders und will das dann am Abend drei-, vier-, fünfmal immer wieder hören. Und als ich das zum ersten Mal gesehen hab oder auch danach gehört hab, hat mir das auch ungewöhnlich gut gefallen: »Peterchen, stille, stille / Der Mond trägt eine Brille / Ein graues Wölkchen schiebt sich vor / Und setzt sich leis auf Nas und Ohr / Peterchen, stille, stille.« Und wenn ich ihm das dann sag, sagt er: »Nochmal, Papa!« *Zuschauer im Studio lachen leise* Und dann sag ich's nochmal. Und dann summt er's so leise mit und dann: »Nochmal, Papa!« *Bio und Waigel lachen*

[24. 10. 2000, Folge 374 zum Thema »Allein erziehen – allein erzogen« / Zweiter Gast ist FDP-Generalsekretär Guido Westerwelle, dem die Journalistin Wibke Bruhns gegenübersitzt]

Bruhns Darf ich mal eben 'ne Zwischenfrage stellen? Ein Vater und vier Söhne [die Eltern Guido Westerwelles trennten sich um 1970]: Haben Sie genug Zärtlichkeit gehabt als Kind?
Westerwelle Ja –
Bruhns Ist geschmust worden?
Westerwelle – das glaub ich schon. Aber anders! Das ist bei Jungs – also bei uns war das jedenfalls nicht so, dass man da, sagen wir mal, gekuschelt hat.
Bruhns Haben Sie weinen dürfen? Oder mussten Sie sich zusammennehmen?
Westerwelle Zusammennehmen!
[...]
Bio Sie sagten vorhin, es war eine heile Familie, vom Gefühl her. Aber es war doch nach außen hin auch, gegenüber Ihren Mitschülern, ja doch eine ungewöhnliche Familie, vor allem damals?
Westerwelle Damals war das außergewöhnlich, wirklich außergewöhnlich! Ich bin ja auf der Realschule gewesen, erst später aufs Gymnasium gekommen. Und ich weiß noch, auf der Realschule, dass natürlich die Mitschüler das sich schon ein bisschen angeguckt haben. Später auf dem Gymnasium nicht mehr, aber in der Realschule guckt man schon. Also die kamen nach Hause – und es war alles natürlich –
Bio unterbricht Ein bisschen anders?
Westerwelle – bei uns war's chaotisch, unordentlich, »Villa Kunterbunt«.
Bio Aber haben nicht manche Sie auch um gewisse Dinge beneidet?
Westerwelle Natürlich, deswegen waren die immer alle bei uns! *Bio lacht laut* Klar, die waren immer alle bei – was glauben Sie –
Bio unterbricht Vermutlich haben die *Eltern* die Nase gerümpft, aber die *Mitschüler* fanden das sehr lustig!

Westerwelle zu Bruhns   Wir haben das nie so gemacht wie Ihre Kinder. Ihre Kinder, haben Sie gesagt, sind schleichend ruhig gewesen, haben gesagt: »Mutti denkt!« Bei uns war das genau umgekehrt: Unten hatte mein Vater die Sprechstunde mit Mandanten; wir haben oben die Matratzen genommen, ins alte Treppenhaus gelegt und haben dann die Schlittenfahrt gemacht.   *Zuschauer im Studio lachen*   Das ist, glaube ich, für meinen Vater eine geradezu übermenschliche Anstrengung gewesen, das auszuhalten!

[…]

Bio   Sie wohnen in Bonn und zwar im selben Haus wie Ihr Vater?

Westerwelle   Immer noch, ja, ja.

Bio   Immer noch.

Westerwelle   Immer noch; wir haben auch dann später – was einfach 'ne tolle Sache ist, war 'ne *tolle* Zeit, ist ein ganz toller Mann auch – wir haben zusammen eine Zeit lang sogar die Kanzlei gehabt.

Bio   Sie sind ja auch Rechtsanwalt?

Westerwelle   Ich bin Rechtsanwalt, er ist Rechtsanwalt.

Bio   Ist das *eine* Wohnung in dem Haus?

Westerwelle   Nein, das ist unten Kanzlei; dann haben wir auf der ersten Etage gemeinsame Räume und dann haben wir noch so zwei –

Bio unterbricht   Jeder für sich?

Westerwelle   – genau, jeder für sich, noch so zwei private Wohnungen. Das klappt ganz toll. Auch in der Kanzlei, das hat toll geklappt.

Bio   Und in der Wohnung gibt's nichts, was den einen vom andern nervt?

Westerwelle   Ja, natürlich gibt's das! Also ich bin natürlich als Kontra-Reaktion zu der Art, *wie* man groß geworden ist, ein ungeheuer ordentlicher Mensch geworden.

Bio   Penibel?

Westerwelle   Penibel will ich nicht sagen. Ich kann Ihnen sagen: »Bei mir können Sie immer kommen!« Also da ist immer alles aufgeräumt, ich kann es nicht ertragen, wenn da Chaos ist. Und mein Vater lässt nun mal gerne – *Westerwelle in die Kamera* – Entschuldigung! – Sachen liegen.

[23.5.1995, Folge 161 unter der Überschrift »Zweikönigstreffen« / Die beiden Gäste sind der ehemalige deutsche Bundesaußenminister Hans-Dietrich Genscher, FDP, und der Kabarettist Dieter Hildebrandt]

Hildebrandt zu Genscher   Nur eins möcht ich fragen, ob das *wahr* ist! Ein Kollege von mir hat einmal erzählt, er wäre mit einem Kreis von Leuten – Sie trinken ja gern auch, ne? *Zuschauer im Studio lachen*

Genscher   Es klingt freundlicher, wenn Sie sagen: »Sie trinken gern auch mal ein Bier?«

Hildebrandt   Na ja, oder auch mehrere, und es dauert manchmal auch länger. Dann ist die Geschichte schon gefährdet, wenn Sie gleich so abblocken!

Genscher   Also, jetzt bin ich aber –

Hildebrandt unterbricht   Dann kann's mit den Memoiren [Hans-Dietrich Genscher steht kurz vor der Vollendung seiner »Erinnerungen«] auch nicht gut gehn!

Bio und Zuschauer lachen   Nein, nein, ich erzähl Ihnen die Geschichte, die gefällt mir nämlich wunderbar, würde also Sie so wunderbar beleuchten: Sie sind mit ein paar Leuten in einer Kneipe gewesen, Kollegen von mir waren dabei, sind dann, es wurde etwas später, haben dann eingeladen, was für die wunderbar ist, in Ihr Haus. Und einer hatte zu viel getrunken. Und da [sagen Sie]: »Bleib doch auf dem Sofa und schlaf dort!« Und der schlief dort. Und morgens um halb sieben hörte er einen Schreckensruf von Ihnen auf der Treppe: »Scheiße, ich muss nach Korea!«   *Bio und Zuschauer lachen*   Ist das wahr?

Genscher   Ich weiß nicht, ob es Korea war, aber sonst –   *Lautes Lachen / Applaus*

[9.9.1997, Folge 244 / Einziger Gesprächsgast ist der deutsche Bundespräsident Roman Herzog]

Bio   Würden Sie sagen, dass Sie sehr diszipliniert sind?

Roman Herzog   Ja, doch, das ist so. Das beginnt mit der Zeiteinteilung.

Bio unterbricht   Sie stehen sehr früh auf?

Roman Herzog   Ja, gut, ich wache früh auf.

Bio   Ist das Ihr Biorhythmus – oder ist das mehr vom Verstand her?

Roman Herzog   Ich weiß nicht, ob ich in Ihrer Anwesenheit von »Biorhythmus« sprechen darf!   *Zuschauer im Studio lachen / Applaus*   Ich hatte in meiner Jugend einen anderen Rhythmus: Meine Doktorarbeit hab ich im Grunde geschrieben zwischen zwölf Uhr mittags und zwei Uhr nachts. Und dann bin ich in die Federn gesunken und war erst um zehn Uhr wieder wach. Aber seit vielen Jahren wach ich sehr früh auf, meistens so halb fünf, zehn vor fünf, und das ist herrlich, und man muss allerdings dann, wenn's geht, um neun Uhr ins Bett, denn acht Stunden Schlaf brauche ich.

Bio   Geht das bei Ihrem Amt?

Roman Herzog   Das geht häufig. Es geht natürlich in vielen Fällen nicht, aber es geht häufig. Und das sind die schönsten Stunden: erstens von der Natur her, wenn der Tag aufwacht, wenn die Vögel zu erwachen beginnen, wenn die ersten Sonnenstrahlen kommen; und zweitens, es stört einen niemand. Da erledige ich schwierige Dinge, vor allen Dingen: Manches Mal lässt es sich nicht vermeiden, dass man große Denkschriften, möglicherweise noch in Fremdsprachen, lesen muss. Das mach ich um diese Zeit –

Bio unterbricht Und Sie stehen auf und fangen gleich an zu arbeiten?

Roman Herzog – sofort, ja. Meiner Frau geht's, Gott sei Dank, genauso; die macht das auch – und meistens so eben ab Viertel nach fünf, halb sechs – man geht ja vorher noch ins Bad. Und dann treffen wir uns so um halb acht Uhr zum Frühstück, da hat jeder schon zwei Stunden Arbeit hinter sich.

Bio Sind Sie dann –

Roman Herzog unterbricht Also, wir sind hellwach, aber wir sind noch nicht kommunikativ, um es so zu sagen. Wer uns da beim Frühstückstisch sähe, der würde glauben, unsere Ehe steht kurz vor der Scheidung! *Zuschauer lachen* Und ich muss allerdings zugeben: Es verschwinde nicht nur ich hinter der Morgenzeitung, sondern auch meine Frau. Also erst nachher kommen wir ins Gespräch.

Bio lachend Irgendwo hab ich mal gelesen, Sie würden morgens Kreuzworträtsel lösen?

Roman Herzog Ja, das tue ich auch.

Bio Ja? Warum?

Roman Herzog Ja, Kreuzworträtsel lösen, Herr Biolek, da muss ich sagen wie Franz Josef Strauß: »Die Frage ist falsch gestellt!« *Zuschauer lachen* Die Frage ist: »Warum nicht?«

Bio Ach so! Ich habe in meinem Leben noch nicht ein einziges Kreuzworträtsel gelöst. Deswegen frage ich »warum«. Ist das so reizvoll?

Roman Herzog Nein.

Bio Ist das spannend?

Roman Herzog Nein, es sind in den Tageszeitungen ja ganz leichte Rätsel, da hat man schon den ersten intellektuellen Erfolg am Morgen. *Lachen / Applaus* Aber man kann Interessantes daraus entnehmen: Wenn Sie an die Zeit '89/'90 denken, da sind bei den geographischen Fragen in unseren Zeitungsrätseln plötzlich wieder ostdeutsche Städtenamen, ostdeutsche Flussnamen gefragt worden; und da ist mir erst aufgefallen, dass die vorher nicht drin waren, dass da wirklich so eine Abschottung stattgefunden hat!

[24. 11. 1998, Folge 297 zum Thema »Kleinstadtjugend« / Erster Gast ist der Präsident des Deutschen Bundestages Wolfgang Thierse, SPD]

Bio Sie haben viele Ratschläge gekriegt, hab ich gelesen, wie viel Anzüge Sie sich kaufen sollen – und so. Traut man den »Ossis« nicht zu, dass sie sich anständig anziehen? Oder was ist das also? *Zuschauer im Studio staunen*

Thierse Ich weiß nicht, ob dieser Unterton dabei gewesen ist. Ich wehre mich dagegen und sage: »Auch Joschka Fischer hat ganz viele Kommentare zu seinem Aussehen bekommen!« Im Übrigen bin ich es gewohnt. Als ich 1990 in die Politik geraten bin [nach der Tätigkeit am Zentralinstitut für Literaturgeschichte], damals noch in Ostdeutschland, in der DDR, da sah ja mein Aussehen noch etwas verwegener aus. Und ich habe zu dieser Zeit sehr viele Schlipse zugeschickt bekommen, Kämme, viele Briefe, die sich mit meinem Aussehen befassten. Mir schrieben also viele, *ganz* freundlich: »Herr Thierse, was Sie sagen, ist *wunderbar*, Sie sprechen uns aus dem Herzen, aber Ihr *Bart*, Ihre *Haare* – können Sie nicht – und 'nen Schlips müssten Sie gelegentlich tragen, dann würde alles noch viel besser wirken!«

Bio   Das ist ja enorm! Das ist aber auch natürlich dieses Zeitalter, in dem wir leben, wo die Medien so eine große Rolle spielen und damit natürlich auch das Äußere.

Thierse   Ohne Zweifel! Es gibt dann Fachleute, die sagen einem: »Viel wichtiger ist, wie Sie aussehen, wie Sie wirken, als das, was Sie sagen!« Das ist für jemanden wie mich dann sehr enttäuschend.

Bio   Wollt ich grad sagen. Sie sind ja, glaub ich –

Thierse unterbricht   Ich finde schon wichtig das, was man sagt, auch wie man es sagt, auch die Sprache, die man dabei im Munde führt. Ich möcht schon gern zu denen gehören, die immer wieder versuchen, *ganz* verständlich, auch ganz einfach zu reden, weil ich auch – ich sag immer: »Ich bin in einem Alter in die Politik geraten, wo ich nicht mehr mich bis zur Unkenntlichkeit meiner selbst verändern kann und wo ich auch einen *inneren* Widerwillen habe gegen diesen Polit-Jargon!«

[2.10.1991, Folge 9 zum »Ersten Jahrestag der Wiedervereinigung« / Zweiter Gast ist der deutsche Altbundeskanzler Willy Brandt, Ehrenvorsitzender der SPD, Friedensnobelpreisträger 1971]

Bio   Sie sind doch jetzt als Politiker in einer schönen Situation, weil eigentlich Ihre politischen Visionen aufgegangen sind!

Brandt   Etwas davon.

Bio   Ja – und auch ein bisschen anders, als es vielleicht von Ihnen gesehen wurde damals?

Brandt   Ja, also erst mal bin ich in einer guten Situation, Herr Biolek, weil meine Beförderung zum Ehrenvorsitzenden meiner Partei, vor drei Jahren, bedeutet hat, dass ich nicht mehr an so viel Sitzungen teilnehmen muss.

Bio   Ja, das ist wunderbar, das ist schon mal *wunderbar*! *Applaus*

Brandt   Verglichen mit den voraufgegangenen Jahrzehnten meines Lebens: mehrere Abende in der Woche frei!

Bio   Och, wie phantastisch!

Brandt   Ich kann zu Hause zu Abend essen, ich kann ein bisschen von den Fernsehprogrammen mitbekommen, viel mehr als früher, ich kann lesen, das ist ein großer Gewinn. Und trotzdem noch hier und da meinen Rat geben, zum Beispiel auf den Gebieten, auf denen wir noch nicht weit genug sind. Nicht, also natürlich ist das 'ne große Sache, dass das militärische Gegenüber auf deutschem Boden zu Ende geht. Ne gewaltige Veränderung, wenn man an die Zeit denkt, die hinter uns liegt. Aber damit sind andere Gefahren – Armutsgefahren, Umweltgefahren – nicht beseitigt. Also man wird immer wieder gefragt, ob man da nicht noch ein bisschen mithelfen kann. Ich versuch es.

Bio   Ja, das ist eine gute Sache. Als Sie damals diese Visionen hatten und auch diese – das waren ja nicht nur Visionen, Sie haben ja konkret politisch daran gearbeitet – die Öffnung zum Osten, die Annäherung, also der »Wandel durch Annäherung«, die Abrüstung – da hat man Sie ja belächelt, Sie und Herrn Bahr [Egon Bahr war an der Seite Willy Brandts Staatssekretär im Bundeskanzleramt und dann Bundesminister für besondere Aufgaben] als Phantasten – man sagte damals: »Willy Brandt steht fest mit beiden Beinen in den Wolken.« Hat Sie das damals sehr getroffen?

Brandt   Manches hat mich gekränkt. Aber es fing für mich nicht dort an. Wissen Sie, für mich fing dies an gegen Ende des Zweiten Weltkrieges. Alles Wesentliche, was man hinterher »Ostpolitik« genannt hat, war im Kopf da und weithin auch aufgeschrieben, 1944/45/46. Dann kam der Kalte Krieg über uns. Und was machst du dann? Wirst Bürgermeister in Berlin [1957–1966] und musst dich deiner Haut wehren, deiner und deiner Mitbürger, Mitbürgerinnen Haut. Und bist aber ganz froh, wenn du doch wieder die Anknüpfung findest, nämlich an den Gedanken: Wenn Ost und West auseinander driften, hoffnungslos auseinander, dann endet das in einem neuen Krieg! Also ich hab wieder aufgegriffen, als ich Außenminister [1966] und Bundeskanzler wurde [1969–1974], was ich als etwas jüngerer Mann gegen Ende des Zweiten Weltkrieges als Überzeugung gewonnen hatte. Da dies aber so ist – und da das so festsaß, konnten die als ungerecht empfundenen oder auch wirklich ungerechten Vorwürfe oder die Kränkungen mich dann doch nicht sehr treffen.

Bio   Sie haben ja überhaupt in Ihrer politischen Karriere so manche Blessur einstecken müssen! Wir werden ja immer gefragt, die Künstler: »Wie ist das, wenn am nächsten Tag 'ne schlechte Kritik in der Zeitung steht?« Bei Ihnen waren ja auch die Gegner nicht zimperlich und auch die Medien! Gewöhnt man sich daran? Kriegt man 'ne dicke Haut? Wie ist das?

Brandt   Also ich bin froh darüber, dass die Haut nie *zu* dick geworden ist. Das ist dann bei euch Künstlern auch so, ginge auch nicht.

Bio   Ja, ja.

Brandt Ginge auch nicht. Also wenn man neunzehnhundertwasweißich, '70 auf den Straßen einer großen deutschen Stadt Plakate hat sehen müssen »Brandt an die Wand!«, dann fand man das schon als ein bisschen übertrieben – oder ungerecht oder irgendwasweißich. Aber im Ganzen hat man doch auch viel Unterstützung gefunden. Und es gibt dann ja auch die Situation, wo man sagt: »Nun erst recht!« Gerade wenn man ungerecht angegangen wird, herausgefordert wird. »Nun erst recht und nicht klein beigeben!«

[...]

Bio Herr Brandt, wenn Sie sagen, dass Sie eigentlich sich als Journalist oder Autor verstanden haben, der gelegentlich ein hohes Amt bekleidet hat, heißt das dann auch, dass – wenn dieses Amt zu Ende war – dass Ihnen der Machtverlust keine solchen Probleme bereitet hat wie manchen anderen?

Brandt Nein, was ist eigentlich Macht?

Bio Na ja! *Zuschauer im Studio lachen leise*

Brandt Nicht! Einfluss, ja Einfluss kann wichtig sein, um etwas zu bewirken. Das ist klar. Aber es ist so viel Brimborium verbunden mit dem Begriff äußerlicher Macht! Und das haben ja manche auch schon erfahren müssen, dass das, worauf es letzten Endes dann doch ankommt, ist – *Brandt lachend* – ob jemand den Mantel ausfüllen kann, der ihm umgehängt wird. Nein, nein – ich hab nicht gelitten unter dem, was Sie eben »Verlust der Macht« genannt haben.

[Willy Brandt verstarb ein Jahr später, am 8. 10. 1992]

[11. 9. 1996, Folge 206 / Einziger Gesprächsgast ist der deutsche Bundeskanzler Helmut Kohl, CDU]

Bio Sie haben ja eine historische Stunde erlebt, die etwas mit einer Freundschaft zu tun hat – nämlich Gorbatschow, Michail Gorbatschow –, wo es um die Wiedervereinigung ging. Hat da auch das Verhältnis zu ihm geholfen?

Kohl Ja.

Bio Also ich glaube nicht, dass die Wiedervereinigung –

Kohl unterbricht Nein.

Bio – nur gekommen ist, weil Sie Freunde waren?

Kohl Nein, aber es gab eine sehr konkrete Situation: Ich war mit Gorbatschow natürlich gar nicht gut – vom Ursprung. Ich habe auch eine sehr dumme Aussage über ihn gemacht, ganz am Anfang in einem Interview [Helmut Kohl hatte in einem Interview für »Newsweek« im November 1986 Michail Gorbatschow mit dem nationalsozialistischen Propagandaminister Joseph Goebbels verglichen] – und die mir sehr geschadet hat. Das war auch nicht klug. *Kohl lachend* Die er kannte! Bei unserem ersten, allerersten Gespräch hat das natürlich auch eine Rolle gespielt. Aber wir haben uns dann aneinander angenähert. Und die objektiven Verhältnisse – es ging ja in einen Abschnitt der Abrüstung hinein, dann – waren gut. Und dann haben wir uns ausgesprochen im Sommer 1989. Nachts spät im Kanzleramt [in Bonn] waren wir ganz allein unten am Rhein auf der Mauer gesessen und haben erzählt – und das war nicht Politik –, wie wir gelebt haben im Krieg; er hat erzählt von seinem Vater, der schwer verwundet wurde. Er war vierzehn bei Kriegsende, ich fünfzehn. Ich hab erzählt, wie wir die Fliegerangriffe – wie mein Bruder, der vier Jahre älter war, gefallen war – es gab da sozusagen einen ersten menschlichen, guten Kontakt. Und dann gab es ein paar Stationen, wo ich ihm helfen konnte, das heißt: ich im Namen der Bundesrepublik. Wir hatten ja dann schwere Zeiten in Moskau, im damaligen Leningrad [die Bevölkerung] im Winter, in der kalten Winterzeit zu versorgen. Und da hat er um Hilfe gebeten, und wir haben, ohne viel drüber zu reden, geholfen.

Bio Und so entstand eine Art Freundschaft?

Kohl Ja, zunächst einmal Vertrauen. In einer ganz konkreten Situation, das war am Tag, am Abend vorher war die Mauer gefallen, war eine große Kundgebung in Berlin, ich kam von Warschau herüber, hat er in Bonn angerufen, weil der Stasi und der KGB auf ihn Druck ausübten, er soll das Militär »loslassen«, ich sag's einmal so. Wobei für jeden, der Erinnerung hat, der 17. Juni sofort in Erinnerung kommt oder Vorgänge in Budapest und anderswo –

Bio ergänzt Prag!

Kohl – und ich hab ja nicht mit ihm sprechen können, weil ich vor dem Rathaus, auf dem Rathausbalkon in Schöneberg [Berlin] stand und gerade ausgepfiffen wurde von der Menge dort. Ich konnte also nicht weg, die Leute hätten das überhaupt nicht verstanden. Und da hab ich ihm durchgegeben: Er hat mein Wort, dass die Leute – an der Mauer würde niemand sowjetische Einrichtungen angreifen, das hat man ihm ja gesagt –

Bio unterbricht Ach, das war das Wichtige, ja?

Kohl – und er hat mir geglaubt. Das war schon eine Frage – ich weiß nicht, wie's anders gewesen wäre – aber ich weiß auch von ihm selbst, dass er später gesagt hat, er hat mir – später haben wir uns geduzt: »Ich hab dir geglaubt.«

[3.10.2000, Folge 371 mit dem Motto: »Wer's glaubt, wird selig« / Erster Gast ist Wolfgang Schäuble, ehemaliger Partei- und Bundestagsfraktionsvorsitzender der CDU]

Bio Ihr Buch [»Mitten im Leben«] ist lang, da steht vieles drin, aber ein entscheidender Punkt ist ja schon Ihre Aussage, dass Ihr Scheitern in der Partei auf eine Intrige zurückzuführen ist.

Schäuble   Ja, nein, das sag ich nun wiederum nicht!

Bio   Och, doch!

Schäuble   *Auch*! Eigentlich sag ich in dem Buch schon, ich wäre auch ohne diese Intrige nicht der richtige Parteivorsitzende gewesen, wenn und weil die CDU vorübergehend in eine so selbstzerstörerische Situation auch mit dem Erbe von Helmut Kohl gekommen ist. Ich wäre schon – wenn diese Auseinandersetzung '98 gewesen wär, wär ich gar nicht Parteivorsitzender geworden. Denn ich war ja in den sechzehn Jahren, in denen er Kanzler war, eine der wichtigeren Stützen dieser Kanzlerschaft.

Bio   Sicher! Umso erstaunlicher ist doch –

Schäuble unterbricht   Ja, gut, ich meine, diese Randgeschichte ist natürlich eine inszenierte Intrige, das kann jeder Mensch, der's mit Ruhe sich anschaut –

Bio gleichzeitig   – es geht auf der einen Seite um Millionen, auch in Hessen – der Herr Koch [Ministerpräsident Roland Koch], da stehen alle bereit ihn zu schützen, sein Vorgänger nimmt alle Verantwortung auf sich, legt das Bundestagsmandat [nieder] –, und bei Ihnen kommen die Belastungszeugen aus den eigenen Reihen!

Schäuble   Ja, was heißt »Belastungszeugen«? Wissen Sie, es ist ja im Grunde eine Affäre um nichts.

Bio unterbricht   Das Schlimme – also hat sie einen anderen Sinn?

Schäuble   Der Punkt ist doch: Ich hab ja damals eine Spende entgegengenommen [100 000 DM von dem in Kanada ansässigen Waffenhändler Karlheinz Schreiber, unterschiedlichen Aussagen zufolge 1994 oder 1995] im Anschluss an eine Veranstaltung der Partei, die zum *Einwerben* von Spenden *war*, und hab sie an die Partei weitergeleitet. Der Sachverhalt ist völlig unstreitig. Blödsinnigerweise, das hab ich aber erst Jahre später erfahren, hat die damalige Schatzmeisterin diese Spende nicht entsprechend den gesetzlichen Bestimmungen behandelt, sonst wär *überhaupt* kein Problem! Dann hab ich auch nie einen Hehl daraus gemacht: Alle, die intern damit zu tun hatten, wussten von der Sache – immer.

Bio   Aber Sie haben's dann beim Bundestag [nicht mehr erinnert] –

Schäuble unterbricht   Da hab ich einen Fehler gemacht.

Bio   – das war ein Fehler, das haben Sie auch immer wieder gesagt –

Schäuble unterbricht   Das hab ich auch gesagt. Ich hab mich auch entschuldigt. Im Übrigen, wer die Situation im Bundestag genauer sieht, der wird verstehen: Ich hab's im Moment gar nicht gemerkt; Mitarbeiter haben mich hinterher darauf aufmerksam gemacht. Aber als ich dann und zwar öffentlich unter Druck gesetzt [wurde] – denn es war ja öffentlich in einer Sonntagszeitung [»Die Welt«] von einem Rechtsanwalt aus Essen: Demnächst werde man erfahren, wer von diesem Herrn in Kanada Geld bekommen habe! – und ich wusste ja, wer damit gemeint ist –, hab ich's am nächsten Tag im Fernsehen gesagt; und *dann* erst ging's ein paar Tage, bis es dann plötzlich hieß: »Nein, das war nicht Ende September, sondern Anfang Oktober!« Als ob das eine Rolle spielt!

Bio   Aber das sind doch eigentlich völlig unwichtige Sachen?

Schäuble   Ja, sag ich ja: Es ist eine Geschichte um nichts.

Bio   Aber eine Geschichte –

Schäuble unterbricht   Aber eine Intrige!

Bio   – eine Intrige, die *Sie* unglaubwürdig machen sollte.

Schäuble   Das war das Ziel. Die ganze Geschichte besteht nur darin, dass aus irgendwelchen Gründen *ich* unglaubwürdig gemacht werden sollte, nicht mehr und nicht weniger.

Bio   Herr Schäuble, ich hatte schon angenommen, dass Sie im Gespräch etwas zurückhaltender sein werden, als Sie im Buch sind. Und deswegen darf ich eine Stelle zitieren, die sehr heftig ist.   *Zuschauer im Studio lachen*   Ja, ich bewundere Sie ja dafür! Ich hab Ihnen vorhin schon gesagt, dass ich das Buch gut finde.

Bio vorlesend   »Ende Juni berichtete mir ein Journalist, er sei in den entscheidenden Wochen tagelang bei Schreiber in Kanada gewesen.«

Bio zu Schäuble   Das ist der Herr, den Sie eben erwähnt haben.

Bio vorlesend   »Schreiber, das sei ihm [dem Journalisten] klar gewesen, habe ihn für sein Spiel benutzen wollen und ihm deshalb sehr viel Einblicke gewährt. So sei er bei Telefonaten anwesend gewesen, die mehrfach aus dem unmittelbaren Umfeld von Kohl mit Schreiber geführt worden seien. Die Kampagne zu meiner [Schäubles] politischen Vernichtung sei dabei minutiös geplant worden.«

Bio zu Schäuble   Das ist ziemlich deutlich. Und warum –

Schäuble unterbricht   Das hat mir dieser Mann berichtet.

Bio   – und warum sollten Sie vernichtet werden? Wissen Sie das nicht?

Schäuble   Ja, ich schreib das, was ich weiß. Mehr weiß ich nicht. Und die Schlussfolgerungen überlass ich jedem.

Bio   Überlassen Sie jedem. Also kann es sein, dass – Sie können ja nicht beweisen, wer Sie vernichten will und wer –

Schäuble unterbricht   Nein, deswegen behaupte ich es auch nicht.

Bio   Aber wir wissen's alle! Sie wissen's nicht, aber wir wissen's!   *Zuschauer lachen / Applaus*   Vor allem: Wir *dürfen's* wissen! Ich mein, was war da? Sollte abgelenkt werden? War Kohl böse, weil Sie ihm beim letzten Gespräch gesagt haben, dass das nie stimmen kann mit diesen Spendern und dass Sie ihm das sogar nachgewiesen haben? War's vielleicht auch für Sie von Nachteil, dass Sie so erfolgreich waren in dem Jahr, wo Sie Parteivorsitzender waren? Immerhin: Da gab's [1999] diese Sonntagsumfrage »Was würden Sie nächste Woche wählen, wenn Sie zur Wahl [gehen könnten]?« – da waren 55 Prozent für die CDU!

Schäuble   Vor allem, wir haben nicht nur die Umfrage, wir haben Wahlen [die Europawahl, drei Landtagswahlen, eine Kommunalwahl] gewonnen, und zwar –

Bio unterbricht   Und Sie haben auch noch Wahlen gewonnen, ja, ja!

Schäuble   – serienweise, serienweise!

Bio   Und Sie haben im Buch geschrieben, dass Kohl sich schwer tat, sich über diese Wahlerfolge zu freuen.

Schäuble   Anfangs hatte ich den Eindruck, ja. Im Herbst [1999] ist es besser geworden, aber da hat er dann auch sie sich selber zugeschrieben. Wissen Sie, ich hab mir abgewöhnt, Spekulationen zu äußern. Was ich weiß und was ich für mitteilenswert halte, schreib ich – es ist nicht das eigentliche Anliegen dieses Buches, aber es gehört dazu. Wenn ich über die Zeit als Parteivorsitzender schreibe, muss ich, kann ich ja nicht nur die Erfolge beschreiben, sondern muss auch die Misserfolge beschreiben –

Bio unterbricht   Sicher, aber –

Schäuble   – aber das Thema und das Anliegen ist ein anderes: Ich lege dar, was ich weiß, spekuliere nicht, verdächtige nicht, sage nicht, was ich nicht beweisen kann, und –

Bio unterbricht   Ja, aber das, was Sie wissen und schreiben, ist schon heftig genug, weil –

Schäuble   – ja, manchmal ist das Leben eben so, wie es ist.

Bio   Ja, aber es gibt ja Einblicke eben in die Art und Weise, wie Politik gemacht, Personalpolitik gemacht wird, und ich denke, dass da mancher noch sehr naiv ist. Manchmal dacht ich, dass –

Schäuble unterbricht   Ja, ich kam mir, manchmal bin ich mir selber sehr naiv vorgekommen.

Bio   Ja, ich fand auch, dass Sie manchmal naiv waren, weil: Sie waren ja nun so viele Jahre in der unmittelbarsten Nähe des Sonnenkönigs. Und da muss man ja – *Zuschauer staunen* – na ja, »l'état, c'est moi« – ich weiß nicht, was »Partei« auf Französisch heißt, »la partie, c'est moi« wahrscheinlich –, da müssten Sie doch gespürt haben – aber das weiß man nicht, wahrscheinlich ist man dann auch zu befangen?

Schäuble   Nein, wissen Sie, es ist auch ein wenig anders! Mein Verständnis, aber vielleicht bin ich da ein bisschen zu einfach strukturiert oder naiv, ist schon: Wenn man mit einem Bundeskanzler zusammenarbeitet oder mit einem Parteivorsitzenden, hat man Loyalitätspflichten. Es ist ja nicht so, dass man jeden Tag mit allem einverstanden ist; ich hatte genügend Freiräume, ich hab vieles selber gemacht – dann gab's auch Auseinandersetzungen, das ist völlig normal. Aber ich hatte nie ein Loyalitätsproblem. Ich bin immer loyal gewesen!

Bio   Und Sie haben natürlich erwartet, dass man auch zu Ihnen loyal ist?

Schäuble   Ja.

Bio   Und das war man nicht?

Schäuble   Nicht alle!

[…]

Bio   Wer wird der nächste Kanzlerkandidat der CDU?

Schäuble lachend   Wir haben uns, wir haben – manchmal kann man auch vom politischen Gegner lernen, und die Sozialdemokraten haben das richtig gemacht: spät '98 zu entscheiden, erst im Frühjahr '98. Das machen wir genauso. Also 2002 wird's die CDU/CSU entscheiden!

Bio   Ich vermute, es ist schon entschieden: Er wird »Helmut Kohl« heißen.

Zuschauer lachen laut / Applaus

[9. 6. 1998, Folge 283 unter dem Schlagwort »Wechselbäder« / Erster Gast ist Joschka Fischer, Vorsitzender der Bundestagsfraktion von BÜNDNIS 90 / DIE GRÜNEN]

Bio   Sie sind sehr präsent in den Medien, im Augenblick!

Fischer   Na, wen wundert's? Wir haben das Jahr 1998 und am 27. September gibt es ein großes Ereignis [die Bundestagswahl] in der Bundesrepublik Deutschland!

Bio   Sind Sie in den letzten Wochen, Tagen irgendetwas wichtiges Politisches nicht gefragt worden?

Fischer nach einer Pause   Glaub kaum.

Bio   Also die Politik ist ziemlich abgehakt. Trotzdem müssen wir kurz politisch werden: Vorgestern war der Parteitag der GRÜNEN. Ich kann mich noch erinnern, da konnten die Delegierten bei Parteitagen der GRÜNEN zwei bis drei Pullover stricken. Jetzt reicht es nur noch zu einer Socke – vielleicht – einer grünen Socke! Woher kommt die Disziplin?

Fischer   Hauptsache, keine rote Socke!

Bio   Nein, nein, natürlich nicht. Woher kommt die Disziplin?

Fischer   Na ja, es ist einfach ernster geworden. Die Probleme, um die es jetzt geht, angefangen von der Arbeitslosigkeit – die Frage des ökologischen Umbaus, die Frage des Regierungswechsels und des Politikwechsels in Deutschland steht jetzt im Vordergrund. Die GRÜNEN werden ernst genommen als mögliche Regierungspartei, und das hat den Blick auf uns verändert. Das hat einige Probleme für uns bedeutet.

Bio   Ich habe manchmal das Gefühl, vielleicht jetzt seit Sonntag nicht mehr so sehr, aber vorher, dass die Parteibasis gar nicht an die Macht wollte, gar nicht in die Regierung wollte, weil sie Angst hatte, dass sie dann zu viele Kompromisse schließen muss!

Fischer   Nein, den Eindruck habe ich nicht, sondern – nochmals: Es ist zum ersten Mal, dass wir in so eine Situation gekommen sind – im Gegensatz zu den anderen Parteien; auf kommunaler Ebene, auf Landesebene hatten wir diese Erfahrungen schon gemacht, aber auf Bundesebene geht es um mehr, wird es wirklich verflucht ernst am 27. September. Und das Land ist im Umbruch. In Europa verändert sich sehr viel, und die Ereignisse jetzt im Kosovo machen auch klar, was auf eine neue Bundesregierung alles zukommen kann [am 24. 3. 1999, neun Monate später, beteiligte sich die Bundesrepublik Deutschland an der Luftoffensive der NATO im Kosovo-Krieg]. Also das sind alles Herausforderungen, wo die Wählerinnen und Wähler aus guten Gründen sehr kritisch alle Parteien anschauen, auch unsere.

Bio   Also bei Ihnen hatte ich natürlich nie das Gefühl, dass Sie nicht an die Regierung wollen!

Fischer   Warum eigentlich nicht? [Joschka Fischer wurde am 27. 10. 1998 als neuer deutscher Bundesaußenminister vereidigt]

[…]

Bio   Ich hab irgendwo gelesen, Sie sagten, Sie seien Romantiker. Stimmt das?

Fischer nach einer Pause   Ein bisschen, ja.

Bio   Glauben Sie noch an die große Liebe?

Fischer schweigt lange und lacht still / Zuschauer im Studio lachen

Bio lachend   Schwer!   *Applaus*

Fischer   Also, 'ne ehrliche Antwort: Der Realist in mir sagt: »Nein!« Aber ich kann's nicht lassen, doch dran zu glauben!

Bio   Na also, das ist auch wunderbar!

Fischer   Aber es endet doch immer wieder im irdischen Jammertal! Was göttlich begann, endet im irdischen Jammertal.   *Applaus*

Bio lachend   Aber Sie wollen doch nicht den Rest Ihres Lebens allein verbringen?

Fischer nach einer Pause   »Schaun mer mal!« –

Bio lachend   »Schaun mer mal!«

Fischer   – um einen bedeutenden deutschen Fußball-Lehrer zu zitieren. Also das ist nichts, was mich jetzt unmittelbar umtreibt. Aber in der Tat, ich denke: Auf Dauer ist eine einsame Existenz 'ne karge Existenz.

Bio   Es ist auch gefährlich, wenn man abends zu Hause sitzt und Mozart hört –

Fischer unterbricht   Man wird kauzig.

Bio   – das! Da muss man aufpassen!

Fischer   In unserm Alter muss man da –

Bio   Ja, *wem* sagen Sie das, haha! Ich bin schon noch ein paar Schritte voraus!

Fischer   Da wird man sehr kauzig.

Bio   Da muss man aufpassen.

Fischer   Aber besser noch Mozart als Wagner; stellen Sie sich vor, Sie sind allein und hören Wagner. Was da herauskommt!

Bio   Oh, da werden Sie nicht kauzig, sondern da werden Sie wahnsinnig vielleicht, oder so, nicht? *Zuschauer lachen* Das ist noch viel schlimmer! Nein, aber ich denke: Bei aller Erotik der politischen Macht sollte man die andere Erotik doch nicht vergessen und –

Fischer Wie muss ich das jetzt verstehen?

Bio Na ja, die hat doch auch eine Erotik, die politische Macht!

Fischer Nein, aber ich mein das andere: Bitte – *Zuschauer lachen* – ich nehme ja jeden Hinweis gerne dankend auf!

Bio lachend Ich meinte das nicht konkret, sondern nur: dem auch sozusagen offen entgegen!

Fischer Aber jetzt in diesem Wahljahr, also ich bin ja dauernd unterwegs –

Bio gleichzeitig Da haben Sie wahrscheinlich andere Probleme, keine Zeit?

Fischer Keine Zeit, nein, nein. Der Wahlkampf fordert seinen Tribut!

[Joschka Fischer heiratete am 17. 4. 1999 die Journalistin Nicola Leske, seine vierte Ehefrau]

[3. 1. 1995, Folge 141 unter der Überschrift »Auf ein Neues« / Zweiter Gast ist die ehemalige Terroristin Silke Maier-Witt]

Bio Wenn man Ihre Biographie hört oder liest, dann kann man eigentlich sagen, dass Sie mehrere Leben gelebt haben. Würden Sie das auch so sehen?

Maier-Witt Ja – doch, aber mit Kontinuität.

Bio Mit Kontinuität, ganz bestimmt! Um mal vier Phasen aufzuzeichnen: Sie sind Tochter aus gutem Haus, wie man das so sagt, und dann zum harten Kern der RAF [Rote Armee Fraktion] gestoßen – und Sie galten als »Terroristin«, wie man das gemeinhin nennt. Dann sind Sie in der DDR untergetaucht, weil Sie sich getrennt haben, weil Sie sich abgesetzt haben oder nicht mehr mitmachen wollten und sind dann [nach der Wiedervereinigung schließlich enttarnt] rechtskräftig verurteilt worden zu einer Gefängnisstrafe; sozusagen das vierte Leben, das aber jetzt sich öffnet, denn aus der Tatsache, dass Sie hier sitzen, sieht man, dass Sie zumindest die Möglichkeit haben rauszugehen. Haben Sie jetzt –

Maier-Witt Urlaub.

Bio Urlaub. Das gibt es? Sie sind »Freigängerin«, wie man das nennt?

Maier-Witt Ja.

Bio Das heißt: Sie sind noch im Gefängnis, aber Sie dürfen raus?

Maier-Witt Ja.

Bio Und Sie studieren, glaub ich.

Maier-Witt Ich studiere.

Bio Was studieren Sie?

Maier-Witt Psychologie.

Bio   Haben Sie das schon mal?

Maier-Witt   Das hab ich schon mal gemacht – in meinem, wenn Sie so wollen, in meinem *ersten* Leben.

Bio   In Ihrem ersten Leben. Und hatten Sie damals irgendwelche Scheine oder Prüfungen?

Maier-Witt   Ja, ich war fast fertig. Ich schrieb schon an der Diplomarbeit. Und jetzt hab ich beim Vordiplom wieder angefangen.

Bio   Das hat man also anerkannt?

Maier-Witt   Das hat man anerkannt.

Bio   Was haben Sie für Pläne – beruflich?

Maier-Witt   Ja, ich denke, dass ich dann, wenn ich jetzt fertig bin mit dem Studium und dann auch aus dem Gefängnis raus bin, dass ich dann als Psychologin arbeiten kann.

Bio   Wann kann man damit rechnen, dass Sie entlassen werden?

Maier-Witt   Ich hoffe, dass ich auf »Halbstrafe« entlassen werde. Das wäre dann im nächsten Jahr.

Bio   Sie sind verurteilt worden zu zehn Jahren Haft?

Maier-Witt   Ja.

Bio   Dank der so genannten Kronzeugenregelung, denn eigentlich war ja der Schuldspruch auf »Mord«, auf »versuchten Mord«; es ging um Schleyer, Hanns-Martin Schleyer [Präsident der Bundesvereinigung der Deutschen Arbeitgeberverbände, entführt in Köln am 5.9.1977, erschossen 43 Tage später] und General Haig [US-General Alexander Haig, auf den in Mons/Belgien am 25.6.1979 ein Sprengstoffanschlag verübt wurde] und dann um Beteiligung an einem Anschlag in der Schweiz – mit Todesfolge. Und da wär normalerweise [das Urteil] »lebenslänglich« gewesen! Aber durch die Kronzeugenregelung – und sicherlich auch, weil Sie zwar zum harten Kern gezählt wurden, deswegen waren Sie auch auf den Fahndungen [Fahndungslisten/-plakaten] immer dabei – Sie waren nie *direkt* beteiligt an einer dieser Taten?

Maier-Witt   Nein.

Bio   Sie waren – logistisch haben Sie gearbeitet – und solche Dinge –

Maier-Witt   Logistisch.

Bio   – aber es wird als »Mittäterschaft« angerechnet?

Maier-Witt   Ja.

Bio   Wie sind Sie 1969, glaub ich, sozusagen Sympathisantin geworden? Oder war das schon früher?

Maier-Witt   Es war später.

Bio   Oder später.

Maier-Witt   Ja, aber egal, in etwa.

Bio   In etwa um die Zeit. Gab es da ein auslösendes Moment?

Maier-Witt   Ja, letztendlich kann ich's natürlich aus der heutigen Sicht nur noch schwer erklären. Als ich '69 anfing zu studieren, war die Studentenbewegung am Abflauen schon wieder; aber es gab damals noch die Demonstrationen gegen den Vietnam-Krieg. Und an der Universität wurde viel über Politik geredet. Es war auch so eine euphorische Stimmung, dass wir die Gesellschaft verändern können. Und die RAF damals hat mich vor allen Dingen wegen ihrer Konsequenz beeindruckt. Das schien mir wichtig. Dann kam als letztlich ausschlaggebendes Ereignis der Tod von Holger Meins im Hungerstreik [am 10.11.1974 in der Justizvollzugsanstalt Wittlich] dazu. Das war eigentlich der Punkt, an dem ich mich dann dem »Komitee gegen Folter« damals angeschlossen hab.

Bio   Es waren eigentlich sehr idealistische Gründe?

Maier-Witt   Ja, sicher.

Bio   Sie sind dann, ich glaube 1977, wenn ich das nicht wieder falsch sage –

Maier-Witt   Ja, 1977.

Bio   – sind Sie sozusagen von der Sympathisantin zur Terroristin, zum Mitglied geworden. Was hat sich da verändert für Sie?

Maier-Witt   Hauptveränderung war, dass ich eine Waffe genommen habe, bekommen habe dann.

Bio   Und Sie mussten untertauchen?

Maier-Witt gleichzeitig   Ja, die Kontakte waren alle abgebrochen dann – zu Freunden und Verwandten!

Bio   Mit der Waffe, das ist ja ein sehr markanter Veränderungspunkt?

Maier-Witt   Ja.

Bio   Da mussten Sie ja damit rechnen, dass Sie mal irgendwo in eine Situation kommen, wo Sie sie auch benützen werden. Sonst hätten Sie sie ja wahrscheinlich nicht nehmen müssen. War das sehr theoretisch, haben Sie das auch *verdrängt*?

Maier-Witt   Ja, das hab ich weitgehend verdrängt. Ich habe mir, glaub ich, nie richtig bewusst gemacht, was ich mit dieser Waffe alles anrichten könnte. Also es war –

Bio   Sie haben sie auch nie benützt?

Maier-Witt   Nein, nur zum Probeschießen.

Bio   Was waren Ihre Aufgaben?

Maier-Witt   Ja, am Anfang hat sich das wenig unterschieden von normalem Leben. Ich hab am Anfang Autos gemietet und später Wohnungen gemietet, und mal haben wir Waffen transportiert über die Grenze.

Bio   Also mehr eben, was man »Logistik« nennt?

Maier-Witt   Was man »Logistik« nennt.

Bio   Und gewohnt haben Sie wo in der Zeit?

Maier-Witt   Am Anfang in Amsterdam.

Bio   Wir sagten schon, dass Sie verurteilt wurden wegen der Beteiligung an dem Attentat und dem ganzen *Drama*, muss man ja sagen, um Hanns-Martin Schleyer. Hatten Sie da auch solche Funktionen?

Maier-Witt Im Wesentlichen hab ich da auch nur solche Dinge gemacht.

Bio Sie sind mit ihm nicht zusammengekommen?

Maier-Witt gleichzeitig Mit ihm direkt bin ich nie – ich habe da die Erklärungen und die Forderungen mitverteilt.

Bio Die Forderungen der RAF. Was war – das Motiv war doch eigentlich die Freipressung –

Maier-Witt – der inhaftierten Gefangenen, also [Andreas] Baader, [Ulrike] Meinhof, [Gudrun] Ensslin [falsch: Ulrike Meinhof hatte in der Justizvollzugsanstalt Stuttgart-Stammheim bereits am 9. 5. 1976 Selbstmord begangen, sechzehn Monate vor der Entführung Hanns-Martin Schleyers].

Bio War das zu diesem Zeitpunkt sozusagen schon das Hauptziel der RAF? Oder wollte sie auch noch die Gesellschaft verändern und den Vietnam-Krieg sozusagen rächen – oder was immer vorher alles noch war?

Maier-Witt Nein, eigentlich ging es nur noch darum. Und das war natürlich gleichzeitig auch: Wenn die Aktion so stark sein würde, dass die RAF-Gefangenen befreit werden konnten, wäre das auch der maximale Angriff gegen den Staat. So war das damals.

Bio Also war das doch gleichzeitig der Angriff gegen diesen Staat! Warum war dieser Staat für Sie so gehasst?

Maier-Witt Ja, »gehasst«, ich weiß gar nicht –

Bio Ja, Sie haben ja *Krieg* gegen ihn geführt!

Maier-Witt Für mich war's im Grunde, im Wesentlichen festgemacht an der Situation der Gefangenen. Es war damals auch, heute kaum noch nachvollziehbar, eine eskalierte Situation.

Bio Sie haben doch mit Sicherheit auch die Bilder [bei der Entführung Hanns-Martin Schleyers wurden sein Fahrer und drei Begleitpersonen erschossen] von diesem Drama gesehen hier in Köln?

Maier-Witt Ja.

Bio Hat das in Ihnen irgendwelche Emotionen hervorgerufen – zumal da ja zumindest der *Fahrer*, wenn schon nicht die Polizisten, die in Ihren Augen ja sozusagen Handlanger des Systems waren, aber der Fahrer war ja eigentlich eher ein Opfer – hat das Sie irgendwie bewegt?

Maier-Witt Es bewegt mich heute mehr, als es mich damals bewegt hat. Heute sehe ich diese Brutalität und diese Sinnlosigkeit anders an. Aber damals hab ich, wenn ich es aus heutiger Sicht sehe, hab ich das wirklich weit weggeschoben. Ich weiß, dass ich die ersten Bilder, die ich davon gesehen habe, schon auch schrecklich, also entsetzlich fand. Aber ich kann es heute schwer noch nachvollziehen –

Bio unterbricht Eins hat das andere ergeben? Und Sie mussten ja auch aufpassen, dass Sie nicht entdeckt werden? Man hatte sehr wahrscheinlich auch gar nicht die Zeit, sich hinzusetzen und das zu tun, was die Juristen »Güterabwägung« [nennen] – haben Sie das überhaupt je so abgewogen?

Maier-Witt Eben nicht. Ich denke, dass das genau auch viel zu wenig – also das ist das, was ich mir selber auch heute noch übel nehme. Dass ich immerhin vollverantwortlich bin für diese Taten, aber auf der anderen Seite darüber wirklich mir keine Gedanken gemacht habe! Was ich auch umso schlimmer finde, als ja auch da gar kein persönlicher Bezug war.

Bio Sie haben dann auch wieder logistisch und nicht direkt mit der Waffe mitgewirkt an dem Banküberfall in der Schweiz, in Zürich?

Maier-Witt Ja.

Bio Der diente ja nur dem Geldbeschaffen?

Maier-Witt Der diente nur dem Geld, ja.

Bio Und da wurde eine unbeteiligte Passantin erschossen. Wenn ich das richtig gehört habe, war das für Sie ein Anlass, Zweifel zu bekommen?

Maier-Witt gleichzeitig Das war so der letzte Anlass, wo wirklich Schluss war. Wo mir also die Sinnlosigkeit der ganzen Sache wirklich voll zu Bewusstsein kam. Wobei ich sagen muss, dass ich es auch mehr als meine Unfähigkeit begriffen habe, also: Ich konnte *das* nicht! Und nicht so sehr, dass ich die ganze Sache schon damals in Frage gestellt hätte!

Bio Sind Sie zu den andern gegangen und haben gesagt: »Ich kann nicht mehr mitmachen!«? Oder wie verlief dann der Bruch?

Maier-Witt Nein, das war so: Nach diesem Banküberfall, ich war da in der Wohnung geblieben, und als die andern zurückkamen, hatte ich nur im Kopf, dass diese Frau erschossen worden war. Und das war auch meine erste Bemerkung. Und da war klar für alle Beteiligten, dass das so der Schluss war von der Sache.

[…]

Bio Wenn man das jetzt nochmal zusammenfasst, wie Sie heute dazu stehen, was ja auch wichtig ist für das, was Sie vorhaben – Sie wollen ja hier in dieser Gesellschaft leben –

Maier-Witt Ja, die Zeit der Haft hab ich eigentlich – ich war ja dann gezwungen, mich nochmal mit meiner Vergangenheit wirklich auseinander zu setzen und auch darüber nachzudenken, wieso *ich* dazu gekommen bin, was da eigentlich die Rolle gespielt hat. Und auch zu sehen, dass die Zeit in der RAF sehr viel mit *mir* zu tun hatte. Also dann auch wirklich *den* Abstand zu bekommen, der dann nicht nur theoretisch mich von dieser Politik weggeführt hat, sondern wo ich also die Unglaublichkeit dieser Politik für mich voll hab spüren können, ja. Sodass ich eigentlich sagen kann: »So lässt sich nichts verändern!« Wo ich auch sehen kann, wie sinnlos die Opfer sind, die es da gegeben hat. Und wo ich auch sagen kann, dass Veränderung, die gewaltsam *so* läuft, wie's die RAF versucht,

einfach auch ein Widerspruch in sich ist. Man kann nicht vorgeben, für mehr Menschlichkeit zu kämpfen, und dabei gleichzeitig –
Bio leise   Unmenschlich sein.
Maier-Witt   – unmenschlich sein!

[15.12.1992, Folge 58 unter der Überschrift »Wer hat Angst vorm weißen Mann? – Schwarze in Deutschland« / Zweiter Gast ist der Nürnberger Facharbeiter Joseph Chialo, der reines Hochdeutsch spricht / Dritter Gast ist der bärtige Münchener Taxifahrer Isaak Thiendou Cisse, der bayerisch spricht]

Bio   Herr Chialo, Sie kommen aus Nürnberg?
Chialo   Genau.
Bio   Was sind Sie für ein Staatsbürger? Was für einen Pass haben Sie?
Chialo   Tansania.
Bio   Tansania. Wo sind Sie geboren?
Chialo   In Bonn. Mein Vater ist im diplomatischen Dienst. Und aufgrund dessen bin ich in Bonn zur Welt gekommen.
Bio   Also wenn wir in Deutschland das »Staatsbürgerrecht des Bodens« hätten wie die Amerikaner, dann wären Sie deutscher Staatsbürger?
Chialo   Ja, oder ich hätte die doppelte Staatsbürgerschaft!
[…]
Bio   Herr Cisse, wo kommen *Sie* her? Und was sind Sie für ein Staatsbürger?
Cisse   Also i bin aus 'm Senegal und – also ich bin seit zwei, drei Jahren deutscher Staatsbürger.
Bio   Und wo Sie leben, muss ich nicht fragen!
Cisse   In München natürlich! *Zuschauer im Studio johlen / Applaus* Ein würdiger, bayerischer Vertreter! *Lachen / Applaus*
Bio   Ist der Bart auch etwas von [König] Ludwig beeinflusst?
Cisse   A sowieso! *Zuschauer lachen*
Bio   Meine Damen und Herren, ich empfehle Ihnen sehr, irgendwann mal, wenn Herr Cisse wieder was zu mir sagt, einfach die Augen zu schließen! Sie werden sich einfach etwas ganz anderes vorstellen: so einen Bayern mit Lederhose und Gamsbart und so. Wo sind Sie geboren?
Cisse   In Dakar, das is die Hauptstadt von Senegal.
Bio   Und sind wann nach Deutschland gekommen oder mit wie viel Jahren?
Cisse   Seit '76 bin i do. *Lachen*
Bio   Haben Sie denn das Bayerisch schon im Senegal gelernt?
Cisse   Nein, aber die ganze Zeit bin ich in München; und ich bin mit einer Bayerin, einer Niederbayerin verheiratet – und des macht scho was aus.

Bio   Einer Niederbayerin, das is ja doll! Wie hat denn diese niederbayerische Familie reagiert – auf den schwarzen Schwiegersohn?

Cisse   Hmmm, also muss i leider sag'n, mein Schwiegervatter hab i no nie kennen g'lernt; also seit er g'wusst hat, dass die Tochter mit einem Schwarzen verheiratet ist, dann war Sense. Die Mutter war am Anfang auch so, aber mit der Zeit hat sich die Lage geändert. Also die Mütter, die san a bissel flexibler als die Väter! Also in diese Richtung. *Zuschauer lachen / Applaus*   Un, muss i a ganz ehrlich sag'n, zum Beispiel mein Vatter – also der lebt nimma –, aber der wär auch total dageg'n!

Bio   Dass Sie 'ne weiße Frau heiraten?

Cisse   So is es.

Bio   Also ist dieses Problem mit einer andern Hautfarbe nicht nur ein Problem von Weißen mit Schwarzen, sondern auch umgekehrt?

Cisse   Auch umgekehrt, genau.

[…]

Bio zu Chialo   Was erleben Sie in letzter Zeit – und hat sich das geändert gegen[über] früher?

Chialo   Auf jeden Fall! Ich denke, vor 'm Mauerfall war's ein bissel anders. Ich hab das Gefühl, dass aufgrund der deutschen Einheit – und das Erwachen des Nationalgefühles hier in Deutschland – und auch wegen dieser leidigen Asyldebatte die Leute mehr Mut bekommen haben, sich Ausländern gegenüber aggressiver, in negativer Weise zu äußern.

[…]

Bio   Womit wehren Sie sich, wenn Sie spüren – ob nun eine offene, direkte Aggression – oder es gibt ja auch sehr feine, subtile Formen von Diskriminierung – haben Sie 'ne Pistole bei sich?

Chialo   Nein, ich hab keine Pistole. Zunächst einmal, ich glaube, das Erste – man muss es über 'n Verstand machen. Ich weiß, dass ich den meisten intellektuell wirklich überlegen bin. Wenn ich zum Beispiel erzähle »Wann war das Hambacher Fest? 1830!« – *Chialo verdeutlicht das Unwissen seiner imaginären rechtsradikalen Gegenüber jeweils mit einem dümmlichen Gesichtsausdruck* – »Hä?« – »Wartburgfest?« – »Hä?« – »Wann war die deutsche Revolution? 1848!« »Deutsche Reichsgründung? 1871!« – lauter solche Fakten wissen sie von ihrem eigenen Land nicht! Aber die rechte Hand ausstrecken und dann immer den so genannten HH-Gruß, also! *Applaus / Johlen*   Nee! Ich muss an dieser Stelle nochmal einen schönen Gruß an meinen ehemaligen Geschichtslehrer [schicken]! *Chialo küsst die Fingerspitzen seiner rechten Hand und winkt dann / Bio lacht laut / Applaus*   Nee, also wirklich!

Bio   Also Sie versuchen, es intellektuell zu machen?

Chialo   Ja!

[15. 4. 1997, Folge 235 zum Thema »Mein Leben als Witwe« / Erster Gast ist Lea Rabin, die Witwe des am 4. 11. 1995 in Tel Aviv von einem rechtsextremistischen jüdischen Studenten ermordeten israelischen Ministerpräsidenten Jitzchak Rabin / Lea Rabin, 1933 als Fünfjährige mit ihren Eltern aus Königsberg emigriert, spricht mit leichtem Akzent]

Bio   Ist es für Sie schwierig, nach Deutschland zu kommen – nach all dem, was passiert ist? Denn es sind ja sicher auch Verwandte von Ihnen im Holocaust ums Leben gekommen?

Rabin   Nein, das ist nicht schwierig! Das hat vor langer Zeit aufgehört, schwierig zu sein. Ich habe einmal gedacht, ich werde vielleicht nie nach Deutschland kommen; wir haben das alle mal gedacht. Alle Israelis und viele Juden, die von Deutschland weggelaufen sind – und direkt nach der [dem] Holocaust konnte man immer wieder hören: »*Nie* werd ich nach Deutschland fahren, *nie* werd ich einen deutschen Wagen kaufen, *nie*!« Man soll nie sagen »nie«!

Bio   Man soll nie »nie« sagen!

Rabin   Weil: Es kommt doch der Moment, wo man sich versöhnt. Und wir haben uns nicht mit der Vergangenheit versöhnt, aber wir haben uns mit der Gegenwart versöhnt. Und außerdem kann man nicht deutsches Wiedermachungsgeld [deutsche Wiedergutmachungszahlungen] die ganze Zeit bekommen, was für Israel *enorm* wichtig war, und in derselben Zeit sagen: »Ich möchte deine Waren nicht kaufen!« Das ist doch ein logischer Fehler irgendwie. Und bei mir war es so: Der erste deutsche Botschafter in Israel, mit dem wir uns später, wie wir uns in Washington getroffen haben, *sehr* angefreundet haben – und dann hab ich mir meine private Konsequenz gezogen, gesagt: »Wie kann man sich mit dem deutschen Botschafter immer küssen und umarmen und lieben und befreundet sein und sagen, ich werde nie nach Deutschland fahren?« Also und dann waren wir im Jahre '75 hier in Bonn –

Bio   Offiziell?

Rabin   – offiziell – und das war ein großes Erlebnis.

Bio   Haben Sie das Gefühl, dass die Anteilnahme an Ihrer Trauer und an dem Tod Ihres Mannes in Deutschland besonders groß ist?

Rabin   Es ist groß, aber: besonders groß in *vielen* andern Ländern, nicht überall. […]

Bio   Ihr Buch heißt »Ich gehe weiter seinen [auf seinem] Weg«. Wie wollen Sie das machen?

Rabin   Erstens mal hab ich das Buch geschrieben! Und ich glaube, das Buch ist eine Darstellung, wie sich das alles entwickelt hat, wie es wirklich gekommen ist von Krieg zu Frieden, wie wir das geschaffen haben, wie wir endlich bewiesen haben, wie *stark* wir sind, dass wir dann Frieden uns erlauben konnten. Und das sag ich auch *heute*: Wir sind heute eben so stark, so machtvoll, dass wir ein bisschen großzügiger sein können den Palästinensern gegenüber und ihnen mehr glauben und mehr Vertrauen in sie haben und ihnen diesen Frieden leichter machen [können] und –

Bio unterbricht   Was die jetzige Regierung ja nicht tut!

Rabin   – sie macht es ihnen schwer, wollen wir so sagen. Es ist überhaupt ein schwerer Moment. Und ich glaube, es ist kein Grund [vorhanden], die Araber dauernd in Verdacht zu haben; weil: Wir sind die Macht. Was können sie – wir haben schon x-mal bewiesen, wir sind nicht zu zerstören. Israel ist *nicht* zu zerstören; das ist *unmöglich*.

[Lea Rabin erlag am 12.11.2000 einem Lungenkrebsleiden]

[19.3.1997, Folge 231 zum Thema »Heimatgefühle« / Letzter Gast ist Azra Atovic, bosnische Muslima aus Sarajevo, die mit leichtem Akzent spricht / Sie engagiert sich in der Hilfsorganisation »Schritt für Schritt« für eine Wiedereingliederung von Flüchtlingskindern in deren alte, zum Teil kriegszerstörte Heimat]

Bio   Wie alt waren Sie [1992], als der Krieg – den es schon gab, aber nicht in Sarajevo – als der sozusagen nach Sarajevo kam?

Atovic   Ich war erst volljährig, eigentlich. Ich habe erst angefangen, das Leben so richtig zu genießen. Und die ganzen Welt war vor mir, dacht ich; und ich wollte noch sehr viel erleben und sehn und in mein Stadt erfahren.

Bio   Sie hatten gerade Abitur gemacht?

Atovic   Ja, ich habe gerade Abitur gemacht. Ich wollte Wirtschaft studieren. Und dann hab ich mich erworben [beworben]. Dann ist Krieg angefangen.

Bio   Haben Sie erwartet, dass es losgehn wird *in* der Stadt?

Atovic   In Sarajevo nie! So jung wir waren, wir haben so kräftig dagegen gekämpft [demonstriert]; wir dachten, es kann vielleicht in Kroatien sein oder irgendwo anders, aber in Sarajevo nicht. Keiner will's zulassen, dass so was hier passiert. Und irgendwie denkt man immer: Nicht in mein Stadt, nicht hier!

[…]

Bio   Wie war Ihre Familie – also Ihr Vater und – Sie hatten ′n Bruder – noch mehr Geschwister?

Atovic   Ja, ich habe einen großen Bruder und einen kleinen Bruder, also zwei Bruder.

Bio   Die waren auch alle in dieses Kriegsgeschehen involviert?

Atovic   Ja, eigentlich wir alle waren in diesen Kriegsgeschehen eingeschlossen, nur dass mein Vater und mein Bruder, der übrigens sechzehn war, irgendwie auch zu Kämpfer geworden sind.

139

Bio Verteidiger! Die wollten die Stadt verteidigen. Und Ihr Bruder wurde dann schwer verletzt. Wie haben Sie das erfahren?

Atovic Das war Ende '92. Es war Hölle los in Sarajevo, war ganz schlimm. Brannte alles. Ich habe angerufen, weil: Die hatten irgendwie diese Punkte, wo man anrufen konnte – dann hab ich angerufen und gefragt, wie es meinem Bruder und meinem Vater geht. Und dann sagte einer: »Na ja, denen geht's gut!« Und in diesem Zeitpunkt war mein Bruder schon unterwegs in Krankenhaus. Danach ist mein Vater nach Hause gekommen; wir wussten immer noch gar nichts. Mein Bruder inzwischen war schon operiert worden, hat beide Beine amputiert bekommen. Und mein Vater kam nach Haus und war ganz komisch. Habe gefragt: »Vater, ist was passiert mit Akmir?« Mit meinem Bruder. »Was ist mit dem?« – »Er ist in Ordnung.« – »Na ja, also irgendetwas stimmt doch gar nicht! Etwas ist nicht in Ordnung!« – »Na ja, also dein Bruder ist verletzt worden. Er ist verletzt worden.« – »Und wie, Vater?« – »Er hat Bein verloren.« – Ich weiß nicht, wieso ich habe gefragt: »Rechtes oder linkes Bein?« Ich weiß nicht; ich dachte, mit rechtem Bein kann er etwas mehr. Fragte ich auch nach, ob das rechtes oder linkes Bein war. Dann sagt er: »Beide.« Ich weiß nicht. In diesem Moment wusste ich, dass mein Leben sich verändert, und ich war nicht mehr die Gleiche.

Bio Da wurde Ihnen schlagartig klar, was diese ganze Kriegssituation für Sie bedeutet?

Atovic Ja. Erst mal war mir gar nichts klar. Ich wusste gar nicht, was soll denn das. Inzwischen war meine Mutter zu Hause – sie hat übrigens vorher gearbeitet – war meine Mutter zu Hause, war Familie irgendwie zusammen, und wir versuchten alle, sich zusammenzuhalten. Und auch mit Nachbarn war genauso; wir waren alle so ganz nah zusammen. Und irgendwie – also Krieg war nicht so schlimm für mich. Und erst dann, wenn [als] mein erster – ein Freund von mir getötet worden ist, dann wusste ich: Irgendetwas verändert sich. Aber es war noch nicht so weit – bis mein Bruder verletzt worden ist.

[1.2.2000, Folge 348 unter dem Schlagwort »Einzelkämpfer« / Dritter Gast ist die Ärztin Heidemarie Kremer, deren HIV-Infektion nach einem Musterprozess vom Bundessozialgericht als Berufskrankheit anerkannt wurde]

Bio Sie sind 36 Jahre alt, sind Ärztin, und ich sagte schon bei der Vorstellung [zu Beginn der Sendung], dass Sie sich bei der Arbeit angesteckt haben und jetzt HIV-positiv sind. Seit wann wissen Sie das?

Kremer Ich hab das 1988 erfahren.

Bio Und wie haben Sie's erfahren? Ich mein, da muss man ja einen Test machen – und so aus 'm heiteren Himmel macht man so was nicht!

Kremer   Ich selbst wäre *nie* auf die Idee gekommen, den Test machen zu lassen, weil: Es gab keinen Grund; ich gehörte keiner »Risiko-Gruppe« an. Ich hatte meinem Mann erzählt: »Ja, ich hab auch HIV-positive Patienten behandelt.« Auf einmal gab's Panik: »Du könntest dich ja bei der Arbeit angesteckt haben!« Und dann war auch in Planung – wir wollten vielleicht auch mal Kinder haben. Und diese Panik, die war einfach da; und ich wollte diese Panik beruhigen, hab den Test gemacht, um meinem Mann zu beweisen, es ist alles unbegründet. Dann, am Abend vor dem zweiten mündlichen Staatsexamen, hab ich erfahren, dass ich HIV-positiv bin.

Bio   Haben Sie's gleich geglaubt?

Kremer   Ich hab es erst nicht geglaubt, obwohl es eigentlich ein sehr sicheres Ergebnis war. Aber ich konnte mir nicht vorstellen, woher … – es war doch der Funken Hoffnung da, es ist ein Test-Fehler.

Bio   Und haben Sie noch mal Bestätigungsstests machen lassen?

Kremer   Wir haben nochmal Blut abnehmen lassen. Ich bin auch am nächsten Tag in mein Examen gegangen. Und wir hatten auch vorgehabt, 'ne Reise zu machen; und wir haben auch diese Reise gemacht. Aber dann musst ich leider doch erfahren – unterwegs –, dass dieses Testergebnis positiv war und dass es nichts dran zu rütteln gab.

Bio   Was hat Ihr Mann gesagt?

Kremer   Also für meinen Mann war der Schock groß! Und es war erst mal die Frage auch: »Ja, hab ich ihn angesteckt?«

Bio   Das war die große Angst natürlich.

Kremer   Das war auch meine große Angst! Unglücklicherweise waren wir zu der Zeit in Indien und konnten uns nirgends testen lassen. Wir haben die Reise abgebrochen, weil wir einfach damit nicht mehr leben konnten. Sind nach Deutschland zurück und haben dann erfahren, dass mein Mann [HIV-]negativ ist.

Bio   Dann ist der große Stein vom Herzen gefallen! Wie können Sie sich angesteckt haben? Darüber müssen Sie ja nachgedacht haben.

Kremer   Ja, das war natürlich auch während der Indienreise – es ging [mir] ständig im Kopf herum.

[…]

Die Arbeit! Und plötzlich bekam ich ganz hohes Fieber und wurde in die Uni-Klinik eingeliefert. Und hab dann mit dem Professor auch drüber gesprochen, über meine HIV-Infektion – natürlich wegen dem Fieber – und dann auch, dass eben ich den Verdacht hab, dass ich mich vielleicht bei der Arbeit hätte anstecken können. Plötzlich blickte ich in ein ganz entsetztes Gesicht, und dann kam die Warnung: »Versuchen Sie ja nicht, das als Berufskrankheit anerkennen zu lassen! Da ziehen Sie nur den Kürzeren!«

Bio   Ach! Was kann denn passiert sein? Sie haben ja einen Prozess geführt, da kommen wir gleich noch drauf, und wurden als erste Ärztin – wurde die Infektion als Berufskrankheit anerkannt; da muss ja auch darüber diskutiert worden sein, wie's passiert sein konnte?

Kremer   Ja, es war für mich erst auch unbegreiflich, warum gerade ich! Ich kam mir eigentlich als jemand vor, der sehr vorsichtig war. Ich hab beim Blutabnehmen auch immer schön Handschuhe getragen. Es gab auch welche, die mich schon deshalb ausgelacht hatten. Aber dann fiel mir ein, die Hektik und Situationen – es war halt so, dass ich sehr viel Nachtdienste gemacht habe während dem Studium, in der Krankenpflege; und wir haben dort immer die ganzen Ampullen und Infusionen gerichtet. Es gab halt Glas-Ampullen, die damals noch keine Bruchrillen hatten, die man so schön aufbrechen musste mit zwei Tupfern – und diese Glassplitter, die diese Schnittwunden hinterließen.

Bio   Da gab es Schnittwunden?

Kremer   Und da ist mir öfter auch schon Blut von Patienten oder auch eben Blut-Produkte [zum Teil noch nicht virus-inaktivierte Produkte] über solche Schnittwunden gelaufen – in Situationen, wo's halt eilig war, wo man zupacken musste, wo man nicht mit Handschuhen arbeiten konnte.

[...]

Bio   Was haben denn Ihre Ärzte Ihnen gesagt, was Sie für eine Lebenserwartung haben oder welche Folgen diese Infektion für Sie haben könnte?

Kremer   Also zu den Zeiten konnte man sehr wenig sagen. Gut, 1990 kamen die ersten Medikamente. Ich hatte das Pech gehabt, dass ich sehr schnell schlechte Blutwerte hatte – und ich hab auch mit den Medikamenten begonnen. Aber dann hab ich sowohl von den Ärzten als auch durch eigene Recherchen erfahren, dass mit einem Medikament alleine man gar nicht so 'ne Verlängerung der Lebenserwartung bringen kann. Als ich das erfahren hatte, hab ich natürlich auch selbst nachgeschaut in Büchern – und da stand dann »eine Lebenserwartung von drei Jahren« und »eine HIV-Infektion führt unweigerlich zu AIDS, und AIDS führt unweigerlich zum Tod«. Aber das war nicht das, was ich in mir gefühlt habe. Ich merkte irgendwo: Das is es nicht, ich hab Leben *vor* mir. Und hab auch danach gelebt!

Bio   Sie haben dann diesen Prozess geführt. Der hat neun Jahre gedauert! Wie kann man das erklären? Sie sind ja bis zum Bundessozialgericht, also bis zur letzten Instanz, und haben dann, das hab ich schon gesagt, gewonnen. Erst mal: Warum haben Sie das gemacht? Ging's da um die Rente?

Kremer   Um die Rente ging's nicht. Ich war zum Schluss auch schon längst berentet, weil ich schon krank war, und eine Rente war mir sicher. Es ging mir um das Prinzip! Also es war erst so: Als ich das erfahren hatte, dachte ich erst, ich bin vielleicht nicht die Einzige! Und das hat sich bestätigt. Ich hab später von anderen erfahren, dass sie in ähnlichen Situationen waren und sich nicht getraut haben, einen Prozess zu führen, weil sie Angst hatten. Und was für mich [außerdem wichtig] war: Der Blut-Skandal und die Möglichkeiten, sich zu infizieren – man hat das einfach alles abgetan! Und dann auch: Der Prozess hat so lange gedauert, weil 'ne gewisse Taktik dahinter steckte.

Bio Man hat gehofft, wenn man das hinauszögert, erleben Sie vielleicht das Ende des Prozesses nicht mehr?

Kremer Ja!

[…]

Bio Haben Sie's gefeiert, als Sie dann endlich gewonnen haben?

Kremer Als ich endlich gewonnen hatte, war dieser Prozess eigentlich gar nicht mehr von Bedeutung für mich. Also für mich war von Bedeutung, dass sich die Gesetze ändern.

[25.4.1995, Folge 157 zum Thema »Deserteure« / Letzter Gast ist Ludwig Baumann, Initiator einer Kampagne zur Rehabilitierung von Wehrmachtsdeserteuren]

Bio Herr Baumann, wie alt sind Sie jetzt?

Baumann Dreiundsiebzig Jahre.

Bio Und wie alt waren Sie, als Sie im »Dritten Reich« zum Militär mussten?

Baumann Da war ich neunzehn Jahre.

Bio Sie sind 1942 wegen Fahnenflucht zum Tode verurteilt worden und später zu zwölf Jahren Zuchthaus »begnadigt« – in Anführungszeichen, wenn man da von einer Gnade sprechen kann. Warum sind Sie desertiert?

Baumann Ja, also das ist wirklich nicht so einfach zu sagen; natürlich hat das 'ne Vorgeschichte. Also wie ich 1940 Soldat wurde, da hab ich gleich auch Befehle verweigert. Wenn ich mal wieder dran war, wie andere auch, Stiefel zu putzen für Vorgesetzte – hab ich nicht gemacht. Ich hab denn [zur Strafe] Wochen auf 'm Bauch gelegen, ich hab gerobbt, ich hab Wache geschoben – ich hab's aber nicht getan. Aber, um meine Motivation zur Desertion – da denk ich, es war erkennbar, was Hitler für einen furchtbaren Krieg führte. Und wenn Leute sagen, sie haben's nicht gewusst mit Auschwitz und so, dann möcht ich ihnen ein Beispiel sagen, was wir alle gewusst haben: Es war im Juni '41, also Überfall auf die Sowjetunion, und da waren – die Wehrmacht hatte ja ungeheure Erfolge – riesige Kesselschlachten, Hunderttausende in jedem Kessel – und die »Wochenschauen« in der Heimat, an der Front, zeigten es überall – unübersehbare Menschenmassen – die ganze Landschaft durch. Und denn kam dieser so frühe, so kalte Winter. Und es erfroren auch viele deutsche Soldaten. Da liefen dann große Kleidersammlungen, aber natürlich nur für deutsche Soldaten. Da hab ich meine Kameraden und auch mich gefragt: »Also die Russen da, auf freiem Feld bei vierzig Grad unter null, die müssen ja alle erfrieren, millionenfach?« Und so ist es ja auch gewesen. Und das weiß ich wie heute – ich hab gesagt: »Nein! Dieses, dazu willst du dich nicht missbrauchen lassen! Du willst Menschen nicht umbringen! Ja, und du willst ganz einfach leben!«

Bio Und Sie wollten leben. Ich denke, das ist ein Motiv besonders *dann*, wenn dieses In-den-Tod-Gehen ja *nicht* eine Verteidigung zum Beispiel des Volkes ist – wir [Deutschen] haben ja einen *Angriffs*krieg geführt!

[...]

Sie waren in Frankreich, als Sie desertierten und haben, glaub ich, französische Widerstandskämpfer kennen gelernt?

Baumann Also ich war bei der [deutschen] Hafenkompanie in Bordeaux. Da war aber wenig zu bewachen; die Alliierten hatten ja die Häfen blockiert. Wir hatten Freundschaften zu den Franzosen dort, Wachleute, Feuerwehrleute und so. Wir haben ein Glas Wein getrunken. Und das waren Leute vom Widerstand, was wir damals nicht wussten. Ja, und dann wurde darüber gesprochen zu desertieren; dann kam durch uns oder auch durch die Franzosen das Gespräch darüber – die Grenze zum unbesetzten Frankreich war in der Nähe, und dann haben die Franzosen uns Papiere besorgt. Wir sollten dann über Toulouse nach Marokko, das war damals 'ne französische Kolonie. Von da aus wollt ich nach Amerika. Das war so der Traum für mich von der Freiheit. Bin nie hingekommen – nun ist auch gut! Na gut, so, das war unser Vorsatz. Dann sind wir, mein Freund und Kamerad Kurt Oldenburg und ich, nachts in die Waffenkammer eingebrochen; wir haben uns mit Pistolen schwer bewaffnet. Dann sind wir raus aus dem Tor. Draußen um die Ecke standen die Franzosen mit 'm Laster; wir da rein. Denn haben wir zivil uns angezogen. Dann sind wir zur Grenze gefahren, es war noch dunkel.

Bio Grüne Grenze?

Baumann Es war unbewacht. Dies unbesetzte Frankreich war [hatte] ja 'ne »Marionetten-Regierung« von Hitlers Gnaden [das so genannte Vichy-Regime mit Sitz im Kurort Vichy im Departement Auvergne] – und da wollten wir rüber, Marokko, Amerika. Und es war noch so dunkel; wir haben uns denn in die Büsche geschlagen. Und wie das Morgengrauen – da sind wir los. Und da sind wir, wirklich dummerweise, einer deutschen Zollstreife in die Arme gelaufen. Denen kamen wir verdächtig vor, weil wir so 'n bisschen zurückgingen. Und die wollten uns mitnehmen. Aber die haben uns nicht durchsucht; die hielten uns ja für Franzosen. Es war schon makaber: Sie hatten die Gewehre umgehängt, wir hatten die entsicherten Pistolen in der Tasche – wir hätten sie erschießen können.

Bio Das heißt also, wenn Sie die Pistolen gezogen hätten, hätten Sie schneller schießen können?

Baumann   Wir hätten sie erschießen können, ja.

Bio   Warum haben Sie's nicht getan?

Baumann   Also ich glaube nicht, dass man genau weiß, was man damals ge-dacht hatte. Wir haben's nicht tun können. Das weiß ich. Wir haben's nicht tun können.

Bio   Waren Sie sich im Klaren darüber, was eigentlich Sie erwartet, wenn Sie ge-schnappt werden?

Baumann   Ich denke schon. Also einmal möcht ich noch sagen: Man fühlt sich vielleicht sicherer – also um die Pistolen, die wir mitgenommen haben –, wenn man sich bewaffnet. Heute würd ich mich auch nicht mehr bewaffnen. Ich fühl mich *so* sicherer. Wir haben es eben getan, Pistolen mitgenommen, aber wir ha-ben sie nicht gebrauchen können. Und wenn Sie mich fragen, was uns erwartete – Hitler hat ja laut und deutlich gesagt und geschrieben in dem Buch »Mein Kampf«: »Der Soldat an der Front *kann* sterben, der Deserteur *muss* sterben!« Und so sind wir ja auch verfolgt worden.

[...]

Es sind über 30000 Todesurteile, über 100000 Zuchthausstrafen gegen uns [De-serteure] ausgesprochen worden, über 20000 Hinrichtungen, aber überlebt ha-ben das Grauen der Verfolgung in den KZs, in den Straflagern, in den Strafbatail-lonen – wir schätzen heute – 4000. So sind wir –

Bio unterbricht   Von, von ...?

Baumann   – von 130000. Und heute sind wir vielleicht noch 300. Und wir sind alle noch vorbestraft! Das ist so ungeheuerlich.

Bio   Sie sind heute noch vorbestraft wegen Desertion, wegen Fahnenflucht.

[...]

Sie sind [nach Verurteilung 1942 und »Begnadigung«] in ein – ja, was war das? War es ein KZ, war das ein Straflager, ein Wehrmachtsstraflager?

Baumann   Also ich kam ins Emsland, dann kam ich nach Torgau; Torgau war das zentrale KZ der Wehrmacht.

Bio   Nicht zu verwechseln mit *den* KZs, diese Vernichtungs-KZs für die Juden und –

Baumann   Nein, nein!

Bio   – für politisch Gefangene! Das war ein eigenes Straflager mit KZ-ähnlichen Methoden für Soldaten, speziell für Soldaten?

Baumann   Ja.

[...]

Bio   Sie sind dann zu einem Strafbataillon versetzt worden. Und das war ja nun fast der sichere Tod. Also das war eine Art nachträglicher Vollstreckung des To-desurteils, wenn man zu diesen Strafbataillonen kam?

Baumann   So ist das, ja. Wir wurden nur noch an der zusammenbrechenden

145

Ostfront dort eingesetzt, wo fast überhaupt kein Überleben mehr war, einfach dort, wo alles zusammenbrach.

Bio Als »Kanonenfutter«!

[...]

Sie sind dann nach dem Krieg als Kriegsheimkehrer wieder nach Hamburg gekommen. Was glaubten Sie, wird die Zukunft Ihnen bringen?

Baumann Also ich bin ja total kaputt nach Hamburg gekommen, wie viele andere auch. Ich hab das alles nicht verkraften können. Ich hab den Besitz meines Vaters vertrunken – mit allen andern, die auch kaputt waren. Ich bin denn nach Bremen gekommen, hab meine Frau kennen gelernt. Die Kinder sind gekommen; die sollten nicht kommen. Die Frau war unglücklich; ich hab mehr getrunken. Ja, ich hab mich schuldig gefühlt, zu Recht. Und dann ist meine Frau bei der Geburt des sechsten Kindes gestorben. Und erst von da an hab ich Verantwortung übernehmen können für meine Kinder und für mich. Und – andere [Deserteure] hatten auch Schicksale, alle kaputt – als wir uns endlich finden konnten, im Oktober '90, da waren wir 37 alte Männer, fast alle gebrechlich, fast alle arm geblieben, keiner Anschluss an die Gesellschaft gefunden.

[...]

Bio Sie haben mir einen Brief gezeigt, den ich einfach fast nicht glauben wollte! 1994 schreibt ein Oberst, mit hohen Orden ausgezeichnet, aus München mit vollem Namen, Sie sollen sich doch Zyankali nehmen. Kriegen Sie mehr solche – haben Sie das öfter gekriegt?

Baumann Also das war einer der wenigen mit Namen. Und da läuft auch 'ne Anzeige. Aber bislang war es so: Wir sind ja immer »Feiglinge« – kann ich mit leben; aber die Anrufe und die Briefe sind immer anonym! Ich bekomm das sehr oft. Und ich versteh das auch, warum die Leute, die mitgemacht haben – wir ihnen so, so schwierig sind. Und es ist ja auch so: Im Bundestag wird ja *ganz* klar gesagt von den Gegnern unserer Rehabilitierung, wir können nicht rehabilitiert werden, weil sonst alle, die glaubten, bei Hitler für eine gerechte Sache zu kämpfen – sich dadurch die ganze männliche, deutsche Kriegsgeneration ins Unrecht gesetzt fühlen müsste!

[Am 28.5.1998 hob der Deutsche Bundestag mit großer Mehrheit alle in der NS-Zeit ergangenen Unrechtsurteile pauschal auf / Rehabilitiert wurden dadurch auch alle Deserteure / Ein neuer, über bestehende gesetzliche Regelungen hinausgehender Entschädigungsanspruch für lebende Verurteilte oder Angehörige von Hingerichteten besteht allerdings nicht]

[1.6.1999, Folge 324 unter der Überschrift »Böse Überraschung« / Letzter Gesprächspartner ist der »Bürgerschreck« Dieter Kunzelmann, dessen Erscheinen in der Sendung bis zuletzt fraglich war: Er wird mit Haftbefehl gesucht, ist untergetaucht, weil er die Haftstrafe erst an seinem 60. Geburtstag antreten möchte / Zu seiner Linken sitzt der Journalist Pit Schnitzler und ihm gegenüber der Entertainer Michael Schanze]

Bio   Ich will ganz kurz sagen, weswegen Sie verurteilt wurden und weswegen Sie auch immer noch gesucht werden, nämlich: Sie haben zunächst [in Berlin] ein Ei auf die Windschutzscheibe des Wagens von Bürgermeister Diepgen geworfen.

Kunzelmann   Beim ersten Spatenstich [am 11.10.1993] zu diesem jetzt stehenden Schandmal [dem Architekturensemble] am Potsdamer Platz, ja!

Bio   Und durch irgendein Missgeschick ist die Windschutzscheibe beschädigt worden –

Kunzelmann unterbricht   Kaputtgegangen.

Bio   – kaputtgegangen, durch ein Ei.

Schanze   Was war denn das für 'n Ei?

Bio   Ja, das war wahrscheinlich ein Beton-Ei.

Kunzelmann   *Nein*! Das war ein rohes Ei! Ich kann die Frage – selbst im Prozess – ich konnte die Frage nicht beantworten; Sie müssen die Frage der Mercedes-Vertretung stellen. Das ist – *Bio und Zuschauer im Studio lachen / Applaus*

Bio   Aber jetzt kommt's: Und bei der Verhandlung über diese Sachbeschädigung, für die Sie dann soundso viel Monate bekommen haben, fünf Monate oder was –

Kunzelmann   Fünf Monate *ohne* Bewährung!

Bio   – bei dieser Verhandlung haben Sie dem Zeugen Eberhard Diepgen ein Ei auf dem Haupte zerdrückt und gesagt – was haben Sie dazu gesagt?

Kunzelmann   Es war am 20. Dezember [1995], vier Tage vor Weihnachten: »Frohe Ostern, Sie Weihnachtsmann!«   *Johlen / Kreischen*

Bio   In den Zeitungen stand immer »*Du* Weihnachtsmann«, ich finde schon doll, dass Sie »*Sie* Weihnachtsmann« gesagt haben!

Kunzelmann   Ja, ja.

Bio   Also Ordnung muss sein?

Kunzelmann   Ja, ja, Abstand, auch wenn man ein Ei zerklatscht!

Bio gleichzeitig   Und daraufhin sind Sie – ist er verletzt worden?

Kunzelmann   *Nein*! Ja, es ist nicht angenehm, wenn Eidotter in den Hals, in den Hemdkragen läuft.

Bio   Aber er ist nicht verletzt worden?

Kunzelmann   Ach was, überhaupt nicht! Es war ja auch nicht – der nachfolgende Prozess war ja nicht wegen »Körperverletzung«, sondern wegen »Beleidigung mittels einer Tätlichkeit«.

Bio   Und diese beiden Dinge hat man zusammengefasst, und jetzt haben Sie *elf*

147

Monate ohne Bewährung; und die müssen Sie noch absitzen. Haben Sie vor, das zu tun?

Kunzelmann Ja, ja, ich hab in absehbarer Zeit vor, das zu tun. Ich war ja eineinhalb Jahre im Exil, in Italien, bin da von Freunden sehr gastfreundlich aufgenommen worden, wie es so in den mediterranen Ländern üblich ist. Ich will das hinter mich bringen; ich war ja schon mal fünf Jahre von 1970 bis '75 im Gefängnis – und ich will schon mich wieder in Berlin, in der Stadt, in der ich lebe und die ich auch sehr gern habe, möcht ich mich auch wieder frei bewegen können.

Bio Also Sie werden sich da hinbegeben –

Kunzelmann unterbricht Und auch unter Umständen für neue Aktivitäten wieder bereit sein! *Zuschauer lachen*

Bio – neue Dinge aushecken? Neue Dinge aushecken.

[...]

Sie waren ja sogar eine Zeit lang Abgeordneter [der Alternativen Liste] im Berliner Abgeordnetenhaus?

Kunzelmann Ja, ja.

[...]

Bio Sie waren ja nie *der* »Terrorist«, der sich nun gewaltsam völlig aus der Gesellschaft herauskatapultiert hat?

Kunzelmann Nein, nein. Aber [die RAF-Terroristen] Gudrun Ensslin und Andreas Baader, die alle '77 in Stammheim ums Leben gekommen sind [in der Nacht vom 17. auf den 18. 10. 1977 Selbstmord verübt haben], mit denen war ich schon gut bekannt, weil sie schon zum Kreis der »Kommune« [der Berliner »Kommune 1«] gehörten.

Bio Irgendwann hat sich ja der Weg gespalten; die sind *einen* Weg gegangen – und Sie sind einen anderen gegangen.

Kunzelmann Ja, ja.

Bio Obschon auch in Ihrem Leben, und auch heute noch bei bestimmten Kerntruppen der Autonomen, Gewalt eine Rolle gespielt hat?

Kunzelmann Ja, weil Herr Schnitzler ja da ist [Pit Schnitzler war als Auslandskorrespondent in serbische Gefangenschaft geraten] – oder so [anders]: Ich finde den Krieg, die Bombardierung von Jugoslawien ein Verbrechen! Also da versteh ich schon, wenn es Gruppen gibt, die dagegen auch militant protestieren. Weil: Diese Bombardierung hat *nichts* gelöst an dem Konflikt, im Gegenteil, sie hat ihn nur verschärft.

[...]

Bio Sie sind als einer der letzten eigentlich von dieser Garde der »Achtundsechziger-Aktivisten« übrig geblieben. Der eine Teil hat resigniert, und der andere *regiert*! Nicht?

Schanze lachend *Er* drückt noch Eier!

Bio   Er drückt Eier und der andere –

Kunzelmann   Das ist ein *ganz, ganz* übles Gerücht, dass der eine Teil regiert! Also: Unser Bundeskanzler, den gab es zu dem Zeitpunkt nicht, und unser Außenminister, der kam erst 1970 nach Frankfurt, da war die antiautoritäre Bewegung ja vorbei.

Bio   Ja, gut. Okay, gut.

Kunzelmann   Ja, es schmücken sich viele Leute mit diesem Etikett, und es stimmt nicht.

Bio   Ich meine auch jetzt »regiert« nicht nur politisch, »das Land regieren«, sondern in der Wirtschaft, in den Werbe-Agenturen und so weiter –

Kunzelmann gleichzeitig   Jajajajaja. Im Landesparlament, ist korrekt, ja –

Bio   Ich hab das ein bissel pauschalisiert, jetzt. Aber: Sehen Sie sich, wenn Sie so zurückblicken, als einer auf verlorenem Posten – oder finden Sie alles okay?

Kunzelmann   Ich find das alles okay, ja.

Bio   »No regrets!« – wie es so schön heißt!

Kunzelmann   Rosa Luxemburg hat den Begriff des »langen Atems« geprägt; man braucht für eine Veränderung in dieser Gesellschaft einen langen Atem. Ich kann die Umstände nicht erklären, warum mir diese Gabe zuteil geworden ist, einen langen Atem zu haben.

Bio   Was war das Ziel? Gab es ein Ziel – oder war der Weg das Ziel?

Kunzelmann   Na, der Weg ist natürlich auch das Ziel. Aber ich bin ein Mensch, der Ungerechtigkeiten nicht ertragen kann – und all meine Gedanken zusammenfasse [der all seine Gedanken zusammenfasst], um dagegen vorzugehen.

[Der Auftritt Dieter Kunzelmanns bei »Boulevard Bio« war juristisch nicht zu beanstanden / Dieter Kunzelmann fand sich wenige Wochen später, am Morgen des 14. 7. 1999 und damit seines 60. Geburtstags, wie angekündigt und dennoch für die Behörden anscheinend überraschend in der Justizvollzugsanstalt Berlin-Tegel ein]

[21. 12. 1999, Folge 342 unter der Überschrift »Leben, wie ich es mag« / Zu Gast sind neben anderen die jugendlichen Eheleute Friedmunt und Katrin Sonnemann / Ihr Zuhause im Hunsrück ist ein selbst gebautes Lehmhaus mitten im Wald, ohne Strom / Sie leben mit ihren beiden Kindern von der kontrolliert-biologischen Samenvermehrung alter Gemüsesorten, Getreide und Ölfrüchte sowie seltener Kräuter]

Bio   Sie haben wahrscheinlich keinen Fernseher?   *Katrin Sonnemann schüttelt mit dem Kopf*   Zeitung auch nicht?

Katrin Sonnemann   Nee.

Friedmunt Sonnemann   Also »Amtsblättchen« noch.   *Zuschauer im Studio lachen leise*

Bio lachend   Das ist spannend! Kommt denn der Postbote überhaupt dahin?

Friedmunt Sonnemann   Nein, wir haben einen Postkasten im Dorf. Und da gehen wir so zweimal die Woche hin und holen unsere Post ab.

Bio   Da wohnen, glaub ich, auch Ihre Eltern?

Friedmunt Sonnemann   Die wohnen noch 'n Dorf weiter.

Bio   Und Radio?

Katrin Sonnemann   En Radio ham wir, hauptsächlich für 'n Wetterbericht. Und ja, auch wenn man mal gern Musik –

Bio   Haben Sie mal irgendein wichtiges Ereignis nicht mitbekommen oder erst später mitbekommen?

Katrin Sonnemann lachend zu Friedmunt   Du!

Friedmunt Sonnemann lachend   Ja, da war mein Vater so entsetzt! Mein Vater ist Politologe. Und ich hatte etliche Tage nach dem Öffnen der DDR-Mauer noch nichts gewusst. Ich glaub, neun Tage war das.   *Zuschauer lachen*

Bio lachend   Neun Tage wussten Sie nicht, dass die Mauer gefallen ist?

Friedmunt Sonnemann   Da war er sehr entsetzt!

Bio   Was vermissen Sie?

Katrin Sonnemann   Na ja, am meisten vermiss ich aufgrund unsrer beengten Wohnverhältnisse en eigenes Zimmer. Das ist schon manchmal hart. Also in Berlin hatt ich halt immer en eigenen Raum.

Bio   Das ist klar. Wäre das möglich, das anzubauen? Ja, theoretisch ja?

Katrin Sonnemann   Also an diesem Haus nicht, weil: Wir ham auf der einen Seite riesengroße Eichen und auf der andern Seite 'n Sumpf. Also –

Bio   Ach so. Haben Sie nie Sehnsucht nach der Stadt?

Katrin Sonnemann   Also ich fahr einmal im Jahr nach Berlin, meine Eltern besuchen. Die wohnen glücklicherweise in Reinickendorf, im grünen Norden. Und –

Bio   Also dann ist das nicht so 'n Kulturschock?

Katrin Sonnemann   – ja, das ist nicht so krass, ja!

Bio   Waren Sie denn in all den Jahren mal im Kino?

Katrin Sonnemann   Ja, ja, also ich gehe. In Bernkastell ist ein kleines Kino, das ist ganz angenehm.

Bio   Was war der letzte Film?

Katrin Sonnemann   »Krieg der Sterne, Episode …«   *Bio und Zuschauer lachen laut / Applaus*

Bio   Im August vergangenen Jahres ist Ihre fünfzehnjährige Tochter tot aufgefunden worden. Sie war drogenabhängig. Wissen Sie, woran sie gestorben ist?

Monika Walluks   Wissen wir nicht genau. Also an Drogen ist sie nicht gestorben; das war sehr minimal, was sie im Körper [gefunden] haben. Das war nicht die Todesursache – und wir wissen es bis heute noch nicht.

Bio   Auch keine Gewalteinwirkung?

Monika Walluks   Keine Gewalteinwirkung, keine Vergewaltigung, nichts!

Bio   Sie sind relativ bald nach diesem Todesfall mit der Geschichte an die Öffentlichkeit gegangen. Warum, Herr Walluks?

Horst Walluks   Wir haben mit den Medien zusammengearbeitet, um andere Eltern wachzurütteln, anderen Jugendlichen zu helfen, auch den Staat ein bisschen zu fordern, weil: Die meisten Eltern, die verschließen sich einfach davor. Es gibt sicher viele Eltern, die einfach sagen: »Mein Kind nimmt zwar Drogen, aber das behalt ich für mich!«

Bio   »Das ist eine Schande!«

Horst Walluks   Ja, genau.

[…]

Bio   Wie ist das denn mit Therapie? Jemand, der so minderjährig ist, so jung ist, so kindlich ist, kann man da – Sie sind ja erziehungsberechtigt, Sie sind ja auch *verantwortlich* für dieses Kind – was können Sie da machen?

Horst Walluks   Einmal, da kam unsere Tochter von der Schule – oder: hatte sie gesagt, dass sie zur Schule gewesen ist – war sie natürlich nicht – sie war in Hamburg, in St. Georg – sie war so mit Drogen voll, da hatte meine Frau mich angerufen, ich nach Hause. Sie lag im Bett. Ich hab sie am Arm genommen, hab sie zum Hausarzt gebracht. Der Hausarzt hat sie gleich untersucht, konnte ihr gleich in die Augen gucken, hat gesagt: »Sie ist voll Drogen!« Hat er versucht, überall rumzutelefonieren, bei uns im Krankenhaus und in Rickling – wo man entgiftet [werden] und auch Therapie machen kann. Und weil unsere Tochter minderjährig ist, gibt's nur eine Sache, und das ist in Schleswig, das ist die Jugendpsychiatrie, die sie aufnimmt. Dann hat der Hausarzt erst mit dem Arzt gesprochen im Krankenhaus, und dann sagt der: »Okay, dann bringt sie her!« Dann hab ich sie wieder ins Auto getragen, hab sie hingefahren. Dann kam sie so langsam wieder zu sich; er hat sie untersucht. Dann hat unsere Tochter ja zugegeben, dass sie Drogen nimmt. Und da hat der Arzt zu uns gesagt: »Ja, Blutdruck und das ist alles einigermaßen wieder normal. Denn nehmen Sie man Ihre Tochter wieder mit nach Hause und versuchen, mal irgendwo 'ne ambulante Therapie zu kriegen!«

Bio   Aber das geht doch nur auf freiwilliger Basis?

Horst Walluks   Das geht *alles* nur auf freiwilliger Basis! Das Einzige, was man eben machen kann, das haben wir auch gemacht: Wir haben 'en richterlichen Bescheid geholt – und das ist aber nur für die Entgiftung.

Bio   Und wie lange dauert das?

Horst Walluks   Eine Woche bis höchstens vierzehn Tage.

Bio   Und dann gibt es 'ne Therapie nur, wenn –

Horst Walluks   Wenn das Kind es möchte. Es ist egal, ob es 10 oder 11 Jahre alt ist oder 17 Jahre alt ist oder 20 oder 25 – ist egal!

Bio   Das kann doch so 'n Kind gar nicht richtig entscheiden?

Horst Walluks   Nein, nein. Aber die Therapeuten und alle sind einer Meinung: »Es geht nur so!« Und wir sind in einem Elternkreis drin, also von drogensüchtigen Kindern – und das geht eben von 15 bis 35 –, und alle Eltern sind eigentlich dafür, dass man wenigstens Minderjährige, dass die Eltern entscheiden können: »Mein Kind ist krank und das muss irgendwohin!« Meinetwegen wo's geschlossen ist, aber mit Therapie, mit Schule, mit allem Drum und Dran.

[...]

Wir Eltern möchten ja bloß, dass meinetwegen – bei uns in Bramstedt sind schon welche, die sind elf Jahre alt und spritzen. Und diese Elfjährigen, die können ja von sich aus nicht entscheiden: »Ich bin krank!« Wenn die bis zum achtzehnten Lebensjahr wenigstens von den Drogen wegkommen!

Bio   Das geht aber nur mit einer entsprechenden staatlichen Hilfe.

Horst Walluks   Und das gibt 's nicht! Wir hatten [Schleswig-Holsteins Ministerpräsidentin] Heide Simonis bei uns gehabt zu Hause und ham da drüber gesprochen. Und wir ham nachher 'nen Brief gekriegt, mit dem Gesetzentwurf, dass die Therapeuten eben nicht dafür sind.

Bio   Ist auch sehr schwer zu entscheiden!

Horst Walluks   Ja, es ist auch sehr schwer zu entscheiden.

Bio   Das wissen Sie auch?

Monika Walluks   Das wissen wir auch, ja.

Horst Walluks   Wir haben so viel mit Jugendämtern telefoniert, was wir mit unserer Tochter machen sollen. Und dann haben die gesagt: »Sie müssen Ihre Tochter zu Hause behalten!«

[15.10.1996, Folge 211 unter der Überschrift »Keine Zeit!« / Dritter Gast ist der Manager Daniel Goeudevert, der mit französischem Akzent spricht]

Bio   Hatten Sie für Ihre Kinder Zeit?

Goeudevert   Nein. Ich hab geglaubt, ich hätte Zeit für die Kinder; ich war zwar da –

Bio unterbricht   Zu Hause?

Goeudevert   Zu Hause! Ich hab mehr Vater gespielt, als ich ein Vater war. Das muss ich sagen. Ich würde das [heute] völlig anders machen! Das ist eine Sache der Selbstentscheidung: Man muss *alles*, was man tut, egal, ob das in der Familie, für die Kinder, an der Arbeit – als Vorstand – irgendwo die Zeit dann ein bisschen, eine Minute bevor man etwas anfängt und anpackt, nachzudenken, warum tue ich das. Eigentlich wir sind alle geprägt von der Frage »wie«; unsere Welt ist: »*Wie* löse ich ein Problem?« Aber *warum* ich ein Problem gelöst habe, fragt sich kaum einer.

Bio   Die Kinder!

Goeudevert   Die Kinder fragen viel mehr »warum«, ja, das stimmt! Als Erwachsener fragt man nicht mehr »warum«!

Bio   Man lacht, aber dabei haben die *Recht*, die Kinder!

Goeudevert   Aber das hat große Konsequenzen, Herr Biolek. Gucken Sie mal, wir wissen, dass das Umweltthema in dieser Welt einer der größten Thema des nächsten Jahrhundert ist. Wir müssen das lösen. Die Politik wird das nicht lösen, aber die Wirtschaft muss das lösen. Aber die Wirtschaft hat eine eigene Geschwindigkeit, die absolut nicht dazu passt, die Umweltprobleme, die ihren eigenen biologischen Rhythmus haben, zu lösen.

Bio   Einen anderen Zeitbegriff.

Goeudevert   Das geht nicht, das passt nicht zusammen! Das heißt: Wie kann man das lösen? Die Wirtschaft muss in bestimmten Aktivitäten sich »entschleunigen« – ein schlimmes Wort, die muss eigentlich sich selbst bremsen. Und bei bestimmten Themen sich Zeit geben, die Problemen, die mehr Zeit brauchen, mit ein anderen Geschwindigkeit zu lösen.

Bio   Vielleicht müssen wir das ein bisschen beispielhaft erklären: Also ein Wald, der heute belastet wird mit Schadstoffen, stirbt nicht sofort, sondern vielleicht erst in zehn oder zwanzig Jahren.

Goeudevert   Ja, und regeneriert sich auch sehr langsam.

Bio   Sehr langsam!

Goeudevert   Man kann nicht also irgendwo eine Tablette geben und sagen: »Baum, du wächst schon schneller!« Es ist schon fast so weit: Wir pflanzen neue Arten von Bäumen, die in zehn Jahren so groß sind, dass man sie als Papier benutzen kann. Nur weil das schnell geht! Was man vergisst dabei, ist: Ein Baum,

der so schnell wächst und wachsen muss, natürlich macht die Erde wahnsinnig arm unten. Und das wird einmal, zweimal, dreimal klappen – das dritte Mal nicht! Erinnert mich an eine schöne Geschichte von [Antoine de] Saint-Exupéry, der eigentlich alles gesagt hat. In dem Buch »Der kleine Prinz« – übrigens, ich hatte das einmal zu einem Weihnachten zu meinem Vorstandskollegen geschickt, der hat das zurückgeschickt und hat mir gesagt, er lese keine Kinderbücher – *Bio lacht* – aber im Grunde genommen, es ist ein sehr schönes Buch. Und in diesem Buch ist eine Passage, die über Zeit das Schönste gesagt hat: Da kam der kleine Prinz zu einem Mann, und der Mann verkauft Tabletten. Und da sagt der kleine Prinz zum Mann: »Was sind das für Tabletten?« Der Mann sagt: »Ich verkaufe Tabletten, um den Durst der Menschen zu stillen.« Da sagt der: »Was soll das? Warum das?« – »Ja«, sagt er, »wenn man mit Tabletten arbeitet, gewinnt man, spart man unheimlich viel Zeit! Tablette – keine Durst mehr, brauch ich nicht Wasser zu holen und so weiter.« Da wird der kleine Prinz nachdenklich – und sagt er: »Ich versteh die Menschen nicht. Wenn ich Durst hätte, würd ich gemächlich zu einem Brunnen gehen.« Und wir haben also diese Art nicht mehr; wir haben keine Zeit mehr, zum Brunnen zu gehen, um den Durst in aller Behutsamkeit zu stillen. Das ist für Management dasselbe! Ein Manager will sofort Problemen lösen. Was macht er, weil er keine Zeit hat? Er kauft ein Management-Buch. Geht zum Regal und sagt: »Da sind Rezepte. Und die Rezepte, die müssen ausgeübt werden!« Er kauft ein Buch und liest das. Und vielleicht gibt es eine Rezept für die nächste Auseinandersetzung mit den Betriebsräten? Aber es gibt kein Rezept! Es gibt kein Rezept! Man muss jedes Mal sich so anpassen –
Bio unterbricht Und er müsste Zeit haben zum Nachdenken!
Goeudevert – genau, das ist absolut so!

O.W. Fischer

Horst Tappert

Helmut Berger

Dana und Til Schweiger

Fundstück

[»Gedächtnis auf Rädern« / Erinnerungen von Dieter Hildebrandt / Karl Blessing Verlag, München 1997, S. 35 f.]

Der Tod wird es immer schwerer mit uns haben. Oder sagen wir lieber mit unserem »Zeitgeist«.

Noch immer habe ich ja diese bildkräftige Todvorstellung aus dem Mittelalter am liebsten, diesen klappernden Knochenmann mit der Sense, der jeden Einzelnen abholt. Nach einer ganzen Reihe von erstaunlichen Todesverweigerungen mit Lebensfolge sehe ich die Szene vor mir: Der Tod tritt an, und zwar den Menschen, aber dieser dreht sich nur unangenehm berührt und nervös und unwillig halb dem Tod zu […] und zischt zwischen den Zähnen: »Lassen Sie mich in Ruhe, ich habe für so was jetzt *überhaupt* keine Zeit!«

Nehmen wir an, das war ein Manager, um die es sich ja in Zukunft ausschließlich zu handeln scheint, wenn wir unsere gemeinsamen Visionen entwickeln. Ich habe ja immer geglaubt, es handle sich bei diesen Übermenschen um Absolventen der international berühmten Eliteschulen […], die praktisch auf Flaschen gezogen wie Lafite-Rothschild an den Krisenpunkten der Weltwirtschaft eingesetzt werden und dann alles zum Guten lenken.

Inzwischen taucht der Verdacht auf, sie wären gar nicht der Geist der Sache, sondern die Flaschen.

Der Geist, heißt es, wäre irgendwie entwichen oder entkommen.

Muss wohl sein, denn in einer Talk-Show des gesamtdeutschen Fernsehens erzählte der Managerlichtblick Goeudevert über einen anderen […] Supermanager, er hätte ihm zum Geschenk das Buch *Der kleine Prinz* von Saint-Exupéry mitgebracht. Der Beschenkte gab ihm das Buch zurück mit der Bemerkung, er lese keine Kinderbücher.

Wenn es doch einen Zeitgeist geben sollte, dann scheint es dieser zu sein.

Ausschnitte aus Gesprächen mit …

[24.2.1998, Folge 268 unter der Überschrift »Endlich frei« / Erster Gast ist der Schauspieler O.W. Fischer, der ununterbrochen mit seinem Spazierstock spielt]

Bio   Sie sollen gesagt haben, Ludwig II. [von Bayern] sei ein einsames, kostbares Wesen gewesen, das nicht in diese Welt gepasst habe.

O. W. Fischer lachend Sie meinen, ich hab an mich gedacht? *Zuschauer im Studio lachen*

Bio Ja, ich mein, abgesehen davon, dass Sie kein König sind, aber sonst passt es so 'n bisschen, wenn man Sie hört!

O. W. Fischer Woher wissen Sie, dass ich kein König bin?

Bio Na ja, also ich meine, bisher haben Sie das niemals gesagt; vielleicht ein König ganz besonderer Art, das gibt es natürlich auch?

[...]

O. W. Fischer Bei mir war es immer, bei mir war es schon immer – *O. W. Fischer zum Publikum* – Verzeihen Sie! Bitte nicht zu applaudieren, das wär kränkend, wenn Sie applaudieren würden! – bei mir war es schon immer ein bisschen etwas von einem anderen Stern. Ganz hierher hab ich nie gehört, ja. Und nachdem *jeder* von uns das sucht, weil ja *keiner* mit der Erde ganz zufrieden ist, mit diesem Schlachthof, nachdem *jeder* das sucht und jeder sagt: »Irgendwas muss es ja geben!« – hatte ich genau *das* von Natur aus mit dem Ludwig gemeinsam. Ludwig – auch ein Träumer, ein Kind, aber er war viel unschuldiger und viel ärmer als ich, nicht? Er hat unbewusst diese Schlösser gebaut und hat damit dem bayerischen Staat hundert Jahre nach seinem Tod noch Millionen gebracht. Er hatte irgendwo etwas – er ist, glaub ich, bewusst oder nicht so bewusst wie ich, er ist auf dem Meeresgrund der Luft gewandelt und hat gesucht: »Wie komm ich an die Oberfläche?«

Bio Er hat sich ja – wenn es denn so war, niemand war dabei – er soll sich das Leben selbst genommen haben. Hatten Sie jemals solche Gedanken?

O. W. Fischer Das glaub ich nicht.

Bio Sie glauben nicht, dass er sich –

O. W. Fischer unterbricht Ah ja, ich schon!

Bio Sie hatten solche Gedanken?

O. W. Fischer Ich schon! Ich kam, nachdem ich ein paar Welterfolge produziert hatte – »Hanussen« [1955] und »Solange du da bist« [1953], den Regisseur Tornau, Sie kennen –

Bio unterbricht Ich habe sie alle im Kino gesehen!

O. W. Fischer – hab ich eben »Ludwig« gemacht [1954] und kam mit einem Riesenvertrag nach Hollywood und sagte mir: »*Jetzt*! Es ist getan, es ist getan, ich habe ausgesorgt!« Ich hatte auch einen Riesenvertrag und alles das. Und *da*, Bio, hab ich angefangen – *O. W. Fischer legt seinen Stock auf den Beistelltisch* – was mach ich mit dem blöden Stecken immer – da hab ich angefangen, ein Mensch zu werden, was eine »façon de parler« [Redensart] ist.

[...]

Also, wenn ich sage, es geschah etwas – »straordinario« sagt man in meiner neuen Bleibe da [am Luganer See in der italienischen Schweiz], etwas Außerordentliches: Ich wurde blöde! Das heißt –

Bio   Sie hatten Ihr Gedächtnis verloren.

O.W. Fischer   Ich verlor mein Gedächtnis. Jo, aber Amnesie ist ja – wissen Sie, was Amnesie ist, als Graduierter?   *Zuschauer lachen leise*

Bio   Na, das ist doch, dass man das Gedächtnis verliert. Ist das nicht so was?

O.W. Fischer   Es ist mehr, es ist mehr! Es ist – Sie erleben das jeden Tag, die Herrschaften erleben das jeden Tag, jeder von uns, jede Katz und jeder Hund und jeder Mensch erlebt das ununterbrochen jeden Tag, wenn er ins Bett geht, gleitet er – entweder mit Bier oder ohne Bier, Schlafmittel, ohne Schlafmittel – in einen Zustand respektive in eine Welt, die *ungeheuer* ist. Von der er auch wohlweislich nichts mitkriegt. Er erinnert sich dunkel: Das und das hab ich geträumt. Aber die wesentlichen Dinge – man träumt ununterbrochen, wenn man schläft. Diese Amnesie ist ein Abgleiten in den »Gran Daemon« oder in das ungeheure Leben Ihres Inneren. Und das stärkt Sie. Ohne dieses Erlebnis werden Sie in kürzester Zeit, nach drei Tagen eine Wasserleiche und können überhaupt nicht existieren. Ohne Schlaf können Sie nicht existieren!

Bio   Aber es ist verbunden damit auch – oder war in Ihrem Fall – der Verlust des, konkret, –

O.W. Fischer   Des »Wachbewusstseins«, wie der Freud es genannt hat.

Bio gleichzeitig   – des »Wachbewusstseins«! Das heißt: Sie konnten Ihre Texte nicht mehr lernen und auswendig lernen und sich erinnern?

O.W. Fischer   Oh, das schon! Ich hab's jeden Tag mit einem Freund gebüffelt, geochst; es ging tadellos, und ich fuhr zum Atelier – und es war weniger, weniger, weniger, weniger, weniger –

Bio   War wieder weg?

O.W. Fischer   War wieder weg. Vor allem würd ich sagen, ich konnte es mechanisch sagen, aber Sie wissen als Bühnenmensch, dass es ja in Wirklichkeit nur eine Wirkung auf der Bühne gibt, und das ist die der Aura.

Bio   Natürlich.

O.W. Fischer   Die Aura war weg, also der Zauber war weg. Und [ich war] damals Europas Nummer eins – ich mein, ich hatte ja etwas zu verlieren!

Bio   Das war eine Krise.

O.W. Fischer   Für einen Darsteller war's das Ende, wenn Sie das Gedächtnis verlieren! Sie wissen ja auch nicht, ob es wiederkommt.

Bio   Und da haben Sie –

O.W. Fischer unterbricht   Da lag ich eines Tages an Santa Monica auf dem Strand – das ist ein herrliches Land, Kalifornien – *O.W. Fischer stellt mit den Händen Brandung dar* – und der Pazifik machte »wsch, wsch …« – da sagte ich: »Danke schön, dass du mir das sagst, dass ich kommen soll!« Und dann schaute ich hinauf zu den Sternen, die ja – das ist ein tropisches Land, Kalifornien – *O.W. Fischer stellt mit der rechten Hand einen funkelnden Stern dar* – und die Sterne sind ganz klar. Ich sagte: »Warum blinzelt ihr?« Und da sagten sie – in mir gaben sie mir die Antwort und sagten: »Weil du da unten dich noch schneller drehst als wir da oben, und beide nur scheinbar ruhig sind! Du kannst nicht ermessen, dass bei dieser *eminenten* Drehung, in der die ganze Welt steht und sich bewegt, es in der *nächsten* Sekunde nicht eine große Änderung wieder gibt. Lass dich doch nicht so …« – na, wie sagt man bei uns im alten Österreich [auf Jiddisch]: »mewulwe machen« – »… lass dich doch nicht verrückt machen!«

Bio Und das war der Wendepunkt?

O.W. Fischer Und da stand ich auf und wusste die Allhypnose!

Bio Und Sie haben aus einer Niederlage einen Erfolg gemacht?

O.W. Fischer Großen Erfolg! Der Liftboy im [Hotel] »Bel Air« – ich ging zurück ins »Bel Air« und hab angefangen zu schreiben, zu schreiben, zu schreiben diese Sachen [1985 erschienen unter dem Titel »Auferstehung in Hollywood«] – um dem Schizoiden in uns zu begegnen; weil: Wir haben ja keine Ahnung von den inneren Zuständen unseres – schauen Sie schon innerlich auf die Uhr?

Bio Ja.

O.W. Fischer Ja. *Zuschauer lachen / Applaus / Bio greift nach der rechten Hand O.W. Fischers*

Bio Er ist einfach der Größte! *Lachen*

O.W. Fischer applaudierend Da kann man applaudieren! *Applaus*

[19.3.1997, Folge 231 zum Thema »Heimatgefühle« / Erster Gast ist der Schauspieler Armin Mueller-Stahl, soeben wegen seiner Leistung im Film »Shine« nominiert für den »Oscar« in der Kategorie »Bester Schauspieler«]

Bio Sie *leben* jetzt in Los Angeles. Als Sie's letzte Mal bei mir waren – das ist schon einige Jahre her –, da sind Sie noch gependelt. Sie haben aber auch noch einen Wohnsitz in Deutschland?

Mueller-Stahl Ja, ja, ja. Das soll auch so bleiben.

Bio Sie sind mit der ganzen Familie jetzt in Los Angeles?

Mueller-Stahl Ja, mein Sohn studiert da, meine Frau wühlt sich durch die wahnsinnig vielen Papiere, die's da gibt. *Hier* ist schon viel Papierkram, aber *das* stapelt sich noch viel mehr!

Bio Also nicht nur Bürokratie in Deutschland?

Mueller-Stahl Nein, nein. Das ist dort noch viel mehr.

Bio Schlagen Sie Wurzeln? Ist das schon ein bisschen Zuhause?

Mueller-Stahl Wissen Sie, ganz merkwürdigerweise werden die Füße in den Boden *gezogen*! Der Staat hilft mit, Amerika hilft mit. Also man muss eine »driver's license« machen; macht man sie nicht, ist man nicht versichert.

Bio   Also einen Führerschein.

Mueller-Stahl   Ja, einen Führerschein. Man muss – sagt man sich: »Hier zahl ich Miete, jetzt Rente für eine Wohnung, hohe Rente!« –

Bio erklärend   »Rent«.

Mueller-Stahl   – »rent«, also Miete. Also man könnte eigentlich dafür ein Haus »leasen«. Man spricht diese merkwürdige Sprache: Man »travelt«, man »least«, man »rentet«, sozusagen der Übergang irgendwann in den andern Weltenbürger. Dann kriegt man einen Brief, man wird »Member« der »Academy«. Also es wird nachgeholfen, die Wurzeln *werden* in den Boden gezogen.

Bio   Ist das auch schon ein bisschen Zuhause jetzt dort?

Mueller-Stahl   Oh ja, das hab ich immer so empfunden! Aber ich weiß auch gar nicht mehr, wo mein Zuhause ist.

Bio   Und wo ist die Heimat?

Mueller-Stahl   Ich habe das Gefühl, dass Heimat auch nur ein Gefühl ist. Es ist kein Ort mehr. Es verbindet sich nicht mit einer bestimmten Stadt, mit einem bestimmten Ort. Eigentlich: Heimat definiert sich auch über Menschen. Und ich würde, wenn ich heute Ostpreußen aufsuche, wo ich herkomme, wo ich groß geworden bin – und ich glaube, ich hätte eigentlich auch vom Charakter her Baum werden können –

Bio   Baum?

Mueller-Stahl   Baum, also Eiche! Ich glaube, das wäre ein ganz interessantes Leben: Man wird dreihundert Jahre alt, wenn man Glück hat – *Zuschauer im Studio lachen leise* – und steht und raschelt und guckt zu, wie die Geschichte unter einem vorbeizieht. Ich glaube, das kann ganz spannend sein. Ich meine: Ich wäre gerne dort geblieben in Ostpreußen. Ich weiß nicht, was ich dort geworden wäre; aber das Schicksal hat mich immer westwärts getrieben.

Bio   Sie haben ein Buch jetzt herausgebracht, und das heißt »Unterwegs nach Hause«. Hat das etwas damit zu tun, dass diese Heimat sozusagen nicht mehr ein Ort ist, sondern ein Gefühl?

Mueller-Stahl   Es hat ein bisschen damit zu tun. Und ich frage mich in dem Buch – und das sind Fragen, die man sich stellt – man hat so Dinge erlebt im Leben: Was ist Familie? Was ist eine Heimat? Was sind die Toten der Familie? Sind sie Gründe, wieder zurückzugehen in das …? Ja, das sind interessante Fragen! Wissen Sie, ich denke manchmal, dass die Toten auch ein Grund sind. Ich habe neulich ein merkwürdiges Gespräch gehabt mit einem guten Freund, der hier wohnt bei Köln, Klaus Poche, der mir erzählte: »Wo möchtest du begraben sein? Erzähl mal! Wo möchtest du, möchtest du …? Such dir einen sonnigen Friedhof! Da wo meine Mutter liegt, möcht ich nicht: zu kalt, zu schattig! Möchtest du gestreut werden?« Ich sag: »Ich möcht nicht gestreut werden!« – »Na, ins Meer«, sagt er, »Meer oder in die Erde!« Also das war ein kafkaeskes schönes Gespräch, prophetisch, aber offensichtlich hat es auch damit zu tun, wo man herkommt.

Bio Machen Sie sich Gedanken darüber, wo Sie begraben werden werden?

Mueller-Stahl Nein, nach diesem Gespräch hab ich angefangen! *Zuschauer lachen leise*

Bio Das ist interessant. Und wissen Sie es schon, wo?

Mueller-Stahl lachend Nein, weiß ich noch nicht. Ich suche noch.

[6.5.1997, Folge 238 unter dem Schlagwort »Einzelgänger« / Dritter Gast ist der Schauspieler Siegfried Lowitz, der eine Brille mit dunklen Gläsern trägt und mit nahezu unverändert finsterer Miene spricht]

Bio Herr Lowitz, vor elf Jahren wurden Sie erschossen! Also ich mein nicht Sie, [sondern] Inspektor Köster in der 110. Folge von »Der Alte«.

Lowitz Ja, wissen Sie, mich ham schon viele versucht zu erschießen. Im Krieg, als ich Soldat war.

Bio Ja, *das* war natürlich was anderes!

Lowitz Ham se mit allen Kalibern auf mich geschossen. Aber wie Sie sehen, leb ich noch.

Bio Sie sind also putzfidel und munter! Waren Sie eigentlich mit diesem Titel damals glücklich – »Der Alte«?

Lowitz Nee, war ich gar nicht glücklich, aber ich konnte es nicht ändern. *Bio und Zuschauer im Studio lachen* Nicht aus Eitelkeit, sondern weil – von den »Achtundsechzigern« her kam [schallte] es ja: »Der Aaalte!« Und so weiter. Aber ich hab das überspielt. Und diese Serie war ja ein großer Erfolg. Aber ich will nicht heute Abend –

Bio unterbricht Nö! Nervt Sie das, dass Sie immer noch in irgendeiner Weise damit in Verbindung gebracht werden?

Lowitz Nein, nein, ich kann darüber lachen. Die Leute sagen manchmal – nicht manchmal, sondern ziemlich oft: »Tach, Herr Ode!« *Bio und Zuschauer lachen* Er ist vierzehn Jahre tot oder siebzehn – ich weiß nicht, wie lange der Erik schon tot ist, ich war ja selbst auf seiner Beerdigung [Erik Ode alias »Der Kommissar« verstarb am 19.7.1983] – und das glauben sie dann nicht. *Bio lacht laut* Da war ich mal in Berlin mit dem Helmut Ringelmann [Produzent von »Der Kommissar« und »Der Alte«], und da kam einer, der war als Bayer »verkleidet«; also es war schon 'n echter Bayer, der hatte so Stutzen und so und so 'n Ding – *Lowitz deutet mit der Hand einen Hut mit Gamsbart an* – und hat gesagt: »Jo, da is ja der Herr Ode!« Sag ich: »Nein, ich bin nicht der Herr Ode!« – »Doch, doch, Sie san der Herr Ode!« Ich konnte dem Mann das nicht ausreden. Bis sein Freund, der bei ihm saß, sagt: »Also, du Depp, des is doch der Herr Lowitz! Des is doch nit der Herr Ode; der Herr Ode is ja g'storbn!« Pause. Sagt er: »Dann *spielt* er den Ode!«   *Zuschauer lachen*

Bio laut lachend   Das ist sehr gut!

Lowitz   Das war die beste Pointe, aber wollen wir aufhören –

Bio   Eine einzige Frage noch zum »Alten«: Warum haben Sie aufgehört?

Lowitz   Das war deswegen, weil ich nicht mehr wollte. Das war mir zu stereotyp, immer an der Leiche stehn und dann fragen: »Wo waren Sie gestern Abend?«

Bio lacht laut / Zuschauer lachen   Das ist ja uninteressant, nicht wahr. Ich habe zu viel Respekt vor diesem wunderbaren Beruf des Schauspielers, der ja heute doch sehr oft durch den Dreck gezogen wird, durch Darbietungen, die grauenvoll sind. Und unser – *Lowitz zieht ein Notizbuch aus der Jackentasche* – den einen Satz muss ich Ihnen noch sagen – der Herr Bundespräsident [Roman Herzog] hat gesagt in einer Rede: »Der Schwachsinn, der die Bildschirme bevölkert …!« Ich möchte das nicht so formulieren. Ich möchte den Herrn Bundespräsidenten nicht korrigieren, aber der Schwachsinn ist nicht immer vorhanden! Man kann nicht also Schauspieler wie den [Heinz] Hoenig als »Schwachsinnige« bezeichnen oder – da kann man sehr ins Einzelne gehen. Aber der Schwachsinn besteht in einer entsetzlichen Direktionslosigkeit: Da läuft 'n »Tatort« und da 'n »Tatort« und da noch 'n »Tatort« – und es wird immer grausamer und das Blut rinnt vom Fernsehschirm; man kann es nicht mehr sehn, es *kotzt* einen an!

Bio   Also heißt das, Sie gucken nicht viel Fernsehen?

Lowitz   Ich gucke schon, um mich zu informieren, aber natürlich nicht ununterbrochen. Es ist schlimm, es ist schlimm. Auch die Witze, die gemacht werden, sind schlimm. Manches, ich will hier keine Namen nennen –

Bio unterbricht   Was halten Sie von den jetzigen Kommissaren?

Lowitz   Die Antwort hat mir der Arzt verboten!   *Bio lacht laut / Johlen / Applaus*

[Siegfried Lowitz verstarb am 27.6.1999]

[20.10.1998, Folge 292 unter der Überschrift »Gentlemen bevorzugt« / Erster Gast ist der Schauspieler Horst Tappert, durch seine Rolle als Oberinspektor Stephan Derrick dem Fernsehpublikum in 108 Ländern bekannt / In Deutschland wurde die 281. und letzte Folge der Kriminalserie »Derrick« am 16.10.1998 ausgestrahlt, vier Tage zuvor]

Bio   Was für Gefühle beschleichen Sie so 'n paar Tage nach diesem Abschied Ihres Alter Ego?

Tappert   Na ja, es ist nicht so leicht nach 24, 25 Jahren; wir haben nämlich '73 schon angefangen, die erste und zweite Folge zu drehen. Es ist nicht so leicht, Abschied zu nehmen. Aber einmal musste es sein! Und ich hatte mich entschlossen, Schluss zu machen. Und ich war absolut einig mit [Helmut] Ringelmann, meinem Produzenten, dass wir Schluss machen sollten. Ich halte es für einen guten Entschluss, denn es hat mich in einem Moment »getroffen«, wo ich noch alle Tassen im Schrank habe – *Zuschauer im Studio lachen* – wo ich noch fit bin, in Form bin und andere Rollen endlich mal spielen kann.

Bio   Das heißt: Sie waren nicht »amtsmüde«, sondern Sie wollten auf dem Höhepunkt aufhören?

Tappert   Das ist genau richtig, ja!

Bio   Wobei ich sagen muss: »Das war ein sehr *langer* Höhepunkt!«

Tappert   Ein sehr langer Höhepunkt, das kann man –

Bio unterbricht lachend   Ein langer Höhepunkt!

Tappert lachend   – da werden viele neidisch sein, ja!   *Applaus*

[…]

Bio   Wie war denn die Zeit, als Sie noch gedreht haben? Haben Sie da praktisch jeden Tag außer [am] Wochenende – oder: Sind Sie morgens aus 'm Haus zur Arbeit? Wie muss man sich das vorstellen?

Tappert   Es hat etwas davon. Es hatte etwas von einer geregelten Arbeit. Aber es war 'ne anstrengende Zeit! Ich musste abends um neun Uhr, halb zehn musste ich ins Bett gehn, damit ich morgens um halb fünf aufstehen konnte und ausgeschlafen –

Bio unterbricht   So früh?

Tappert   Na ja, ich brauche lange. Ich muss erst zwei Eimer Kaffee trinken, um zu wissen, wie ich heiße!   *Bio und Zuschauer lachen*

Bio   Ja, dann!

[…]

Wenn Sie abends so früh ins Bett mussten, heißt das, dass Sie gar nicht viel Zeit hatten für Freunde oder für Ausgehen oder so was?

Tappert   Nein, überhaupt keine! Überhaupt keine.

Bio   Wie, Sie haben keine Freunde?

Tappert   Nein, ich hab keine. In dem Beruf kann man keine Freunde haben! Das ist nicht möglich. Ich hatte *gute* Kollegen. Aber man sieht sich ja oft jahrelang nicht.

Bio   Ja, ja.

Tappert   Und dann kommt man in ein Alter, wo einem die *liebsten* Kollegen wegsterben. Und das ist schlimm!

Bio   Und Freundschaften pflegen kostet Zeit!

Tappert   Kostet Zeit und Intensität: zuhören können, antworten können, miteinander reden können und so weiter. Das ist ein Kunststück.

164

Bio Sie haben »Ludwig II.« [1972] gemacht, Sie haben »Die Verdammten« [1968] gemacht, »Gewalt und Leidenschaft« [1974], das waren die drei –

Berger unterbricht Ja, ich hab 58 Filme hinter mir.

Bio – aber die drei großen mit *ihm*! Und im Grunde sind Sie durch die drei ja auch wirklich sehr, sehr, sehr bekannt geworden. Obwohl Sie, wie Sie sagen, 58 Filme gemacht haben. Was war das Besondere in der Arbeit mit *ihm* jetzt im Vergleich zu anderen Regisseuren?

Berger Na, mit mir war er *wahnsinnig* streng. Mit mir hat er keine Scham gehabt. Mit den anderen Schauspielern war er ein Charmeur, hat Geschenke gemacht und hat sie richtig respektiert, die Schauspielerinnen besonders. Und mit mir war's nur mit der Peitsche!

Bio Aber zu Hause, wie war's dann?

Berger Ach, dann ging's los: Beim Abendessen wurde nicht gesprochen; dann wollte ich natürlich streiken, fing ich an, zickig zu werden. Aber das ging nicht, das ging nicht – Distanz: Arbeit ist Arbeit, und Schnaps ist Schnaps!

Bio Aber er wollte doch aus Ihnen etwas machen, er hat doch Ihnen die Rollen quasi auf den Leib –

Berger Ja, ich hab das nicht mitbekommen, ich hab das *nicht* mitbekommen, damals, im Moment, wo ich gearbeitet habe!

[...]

Bio Er ist 1976 gestorben. Wo waren Sie, als er starb?

Berger Ich war in Brasilien. Ich flug – ich hab mit ihm [zu] Abend gegessen um acht Uhr und flug ab von Rom um elf Uhr am Abend nach Rio, kam um sieben in der Früh an in Rio. Und dann brachte mir eine Freundin sofort am Strand, die Schwester von Sônia Bogner – brachte mir sofort am Strand – komische Atmosphäre war das da – okay, man trinkt 'n bisschen von diesem brasilianischen Schnaps und so – zum Lunch fuhren wir in ihr Haus, und dann hat sie mir gesagt: »Ich muss dir was sagen, was Wichtiges!« – »Was is los?« und so. Und dann hat sie mir die Nachricht gegeben. Ich hab sie verschlagen, ich hab sie so verschlagen, ich konnte gar nicht glauben; ich hab [gedacht], das ist einer von diesen Witzen da – ich hab gedacht, sie macht einen Witz – um zu sehen, wie ich reagier! Also ich hab sie so verprügelt – sie hat *so* ein blaues Auge gehabt. Ich wusste gar nicht –

Bio Und sind sofort zurück?

Berger Sofort zurück! Und ich hab ihn auch nicht – bin nur zum Begräbnis gegangen. Das hab ich *auch* nicht gemerkt. Ich hab gesagt: »Steh auf, steh auf!« Hab

165

mit mir selber gesprochen: »Steh auf!« Alle waren mit Brille da, die ganzen Regierungsleute und [Alain] Delon und Burt Lancaster, alle Stars, alle mit Brille. Ich wollte ihn hypnotisieren: »Steh auf, steh auf!« Und hab's nicht geglaubt. Und das hab ich erst dann gemerkt – nach einem Jahr hab ich erst gemerkt, dass er wirklich tot war!

Bio   Sie konnten nicht durch eine Theatertournee sich fangen?

Berger   Nein, das meinte ich ja: Ich hab das nicht gemerkt, dass er tot war. Also bin ich nach einer Woche in den Nachtclub tanzen gegangen.

Bio   Sie sind ausgegangen und Sie haben sich betäubt?

Berger   Ja, selbstverständlich – und [sie haben] mich eine »lustige Witwe« genannt! Ich meine, das habe ich gar nicht mitbekommen. Langsam, langsam, langsam!

Bio   Nach einem Jahr haben Sie auch versucht, sich das Leben zu nehmen?

Berger   Ja, ich hab das genau geplant; ich wollte genau am selben Tag sterben, als er starb. *Berger schweigt*   Ich hatte genug. Für mich war das Leben zu Ende.

Bio   Das war der ganze Halt. Sie hatten sich orientiert an seinem Leben?

Berger   Ich bin gerutscht, ausgerutscht. Dann fing's auch mit meiner Karriere an runterzugehen; ich musste wieder alles neu aufbauen.

Bio   Haben Sie danach nochmal eine große Liebe an sich herangelassen?

Berger   Nein, kommt nicht in Frage!

Bio   Bedauern Sie das?

Berger   Nein.

Bio   Das heißt aber, dass Sie nie allein vielleicht, aber doch auch einsam –

Berger unterbricht   Nein, ich bin oft sehr, sehr einsam, sehr alleine. Aber ich lese – und dann kommt meine Mutter und –

[...]

Bio   Können Sie sich vorstellen, wie das Leben heute wäre, wenn er noch am Leben wäre?

Berger   Ja, fabelhaft. Er hätte mir weiter – er hat ein Projekt gehabt vom »Zauberberg« [nach Thomas Mann], ein Projekt gehabt von [Marcel] Proust; er liebte mitteleuropäische Kultur. Also das heißt: Da hätte ich noch vielleicht doch schöne tolle –

Bio   Sie hätten Filme gedreht?

Berger   – Filme mit sehr viel Stil. Und natürlich langsam –

Bio unterbricht   Klar. Aber Sie –

Berger unterbricht   – ich hätte mein Leben auch nicht so »vertrottelt« auf Österreichisch, auf Österreichisch »vertrottelt«.

Bio Weggeworfen?

Berger   Weggeworfen, ja!

[3.11.1998, Folge 294 unter der Überschrift »Der Mann an meiner Seite« / Die beiden ersten Gäste sind der Schauspieler Til Schweiger und seine Ehefrau Dana, die mit amerikanischem Akzent spricht / Til und Dana halten Händchen]

Bio   Dana, Sie sind mit dem erfolgreichsten, jungen deutschen Filmschauspieler verheiratet, der außerdem auch noch ein von allen Seiten begehrtes Sexobjekt ist. Wie hält man das aus?

Dana Schweiger   Ehrlich?   *Bio lacht laut / Zuschauer im Studio lachen*   Es is ziemlich einfach. Ich weiß es nicht.

Bio   Sie nehmen das nicht so wahr?

Dana Schweiger   Nein! Mein Beziehung mit ihm is mit ihm und nicht mit sein – wie heißt es – »image«, »public image«.

[…]

Bio   Es gibt ja so komische Umfragen in Zeitungen, wo es dann heißt, jede zweite deutsche Frau möchte eine Nacht mit ihm verbringen.

Dana Schweiger   Ja, aber nicht mit ihm leben, oder?   *Bio, Til Schweiger und Zuschauer lachen / Applaus*

Bio   Sind Sie eifersüchtig?

Dana Schweiger   Nein.

Bio   Also nicht auf die vielen Frauen natürlich, aber auch nicht so auf die Filmpartnerinnen?

Dana Schweiger   Okay, Filmpartnerinnen manchmal. Aber nur, wenn sie sehr süß is! Und du schaust auf den »rushes« oder den Kinofilm, und es is ein sehr süßes Ausschnitt, wo sie küsst und kuschelt und so was. Und ich hab eine kennen gelernt, und sie war sehr süß und sehr nett. Hab ich gedacht: Hmmm? Es is nicht so einfach, wenn du dein »man« siehst auf Fernsehen oder ins Kino, und er küsst ein ander Mädchen!

[…]

Bio   Sie haben schon gesagt: »Zu Hause ist er nicht der Star!«   *Bio zu Til Schweiger*   Ist das manchmal schwierig, sich sozusagen wieder auf Normal-Null zu bringen, wenn man gerade noch so umschwärmt war?

Til Schweiger lachend   Nein, für mich nicht! Ich sag zwar immer, wenn ich auf 'n Knien rumrutsche und den Boden scheuere, sag ich: »Lebt so ein Star?«   *Dana Schweiger und Bio lachen*   Aber ich war mein Leben lang kein Star. Es hat keiner gesagt –

Dana Schweiger unterbricht   Der Taxifahrer hat mich gestern abgeholt, und er hat auf den Tür geklingelt. Und die Tür war offen, der Til staubsaugt, und ich geh in den Taxi – und der Taxifahrer sagt: »Hey, ist das wirklich der Til Schweiger?« Ich hab gesagt: »Ja!?!« Und er hat gesagt: »Ich glaub es nicht, ich glaub es nicht! Er staubsaugt.«   *Zuschauer lachen / Applaus*

Bio Macht jemand, wenn er schon ein Star ist, zu Hause auch so –

Vogel Na klar, das hat ja mit Star und Nicht-Star nix zu tun letztendlich! Die Jungs müssen genauso helfen und kochen wie Mädels auch.

Bio Und du auch?

Vogel Na ja, klar! Ich koch auf jeden Fall, richtig viel.

Bio Auch so beim Putzen helfen, Haushalt?

Vogel Gerne! Haushalt interessiert dich ja so 'n bisschen, ne? *Zuschauer im Studio lachen laut / Applaus / Vogel greift nach Bios Hand* Auch!

Bio lachend Na ja, hast du den jungen Mann mit dem Schmetterlingsnetz vorhin nicht gesehen? Der will dich nachher gleich einfangen für »alfredissimo!«. Das ist ja klar, das werden wir nochmal hinkriegen.

Vogel Alles klar.

[...]

Bio Wie bist du überhaupt zur Schauspielerei gekommen? Du bist ja schon *sehr* lang dabei.

Vogel Ja, ich hab eigentlich Glück gehabt. Also – das ist auch schwierig, wenn Leute mich fragen: »Wie soll *ich* das machen?« Ich kann immer nur sagen: »Mach's wie ich!« Aber es geht nicht! Ich hab angefangen als Kindermodel, für Otto-Versand Kindermodefotos gemacht – *Zuschauer lachen* – da gingen auch meine Zähne noch, es war alles noch perfekt [und der Zahnstand noch nicht außergewöhnlich schief] – *Applaus* – und dann war ich in so 'ner Agentur, die mich vermittelt hat für Werbung und Fernsehspiele und Filme und so. Und dann hab ich mit fuffzehn oder knapp sechzehn meinen ersten Film gemacht. Und seitdem mach ich's eigentlich. Und das ist letztendlich großes Glück auch gewesen.

Bio Hast du mit fünfzehn noch bei den Eltern gewohnt?

Vogel Ich hab noch mit fuffzehn bei den Eltern gewohnt, mit sechzehn bin ich ausgezogen.

Bio Das heißt, das konntest du dir dann auch schon leisten, weil du schon verdient hast?

Vogel Ja, so oder so wär ich ausgezogen! Ich denke, dass ich sehr früh – einfach dadurch, dass ich auch gearbeitet habe und immer mein Geld selber verdient habe – einfach selbstständig wurde, weil ich ziemlich schnell für mich selber gesorgt habe. Das war sehr gut.

Bio Warst du auf der Schauspielschule?

Vogel Nie, nee! Also ein Tag!

Bio lachend Ein Tag. Ist das nicht wichtig? Oder hältst du's nicht für wichtig? Oder ist es nur für dich nicht wichtig? Was glaubst du?

Vogel   Ja, für mich nicht wichtig! Also ich kann das pauschal jetzt, um Gottes willen, nicht sagen! Ich weiß nur, dass man immer *da* was lernt, wo Leute was können. Wenn ich Rennfahrer werde, dann lern ich bei jemandem, der Rennen gefahren ist. Und wenn ich Schauspieler werde, dann geh ich nicht zu Leuten, die gescheiterte Schauspieler sind. *Zuschauer lachen / Applaus*   Also *ich* persönlich! Es gibt sicherlich Ausnahmen, es gibt sicherlich Ausnahmen.

Bio   Du bist zum ersten Mal mit zwanzig Vater geworden. Das ist ungewöhnlich für jemanden, der so selbstbestimmt und eigentlich so, so, so ungewöhnlich unangepasst lebt!

Vogel   Oder es ist *gerade* gewöhnlich – oder es ist gerade die Schlusskonsequenz davon, dass man also früh angefangen hat zu leben und einfach früh sowieso Verantwortung für sich übernommen hat und dann auch früh fähig ist, vielleicht Verantwortung für jemand anders zu übernehmen. Vielleicht ist es auch sehr gewöhnlich, eigentlich!

Bio   Ja, so wie du es jetzt erklärst, klingt es sehr plausibel. Das stimmt. Hast du dadurch viel verpasst? Musstest du auf viel verzichten?

Vogel   Nein. Ich hab in der ersten Zeit – klar, also ich mein, ich hab Verantwortung übernommen, aber man verpasst nichts, weil man Kinder hat oder weil man verheiratet ist oder mehrere Kinder hat; man lebt einfach ein Leben, und man bekommt, nach meiner Meinung, noch viel mehr dazu. Also ich glaube, dass das ein sehr armes Leben ist, wenn du nur für dich was machst, dein Leben lang, jahrelang arbeitest und arbeitest und Geld verdienst und die ganze Zeit letztendlich keine Kinder hast – finde ich, dass das ein sehr viel mehr abgeschlossenes und einsames Leben ist als mit Familie! *Applaus*

[25.1.1994, Folge 104 zum Thema »Traumfabrik Hollywood – Startrampe oder Sackgasse für Deutsche?« / Zweiter Gast ist der Schauspieler Horst Buchholz]

Bio   Was sind Sie eigentlich für ein Mensch? Ein Familienmensch? Einer, der immer ruhig so alles hinnimmt, oder eher der etwas Ruhelose?

Buchholz   Nee, das bin ich eher nur im Film. Ich bin ein Faulenzer. Ich bin ein richtig fauler Mensch eigentlich! Und ich hab's gerne, wenn's alles ruhig ist. Es ist sehr angenehm natürlich, ein Haus mit 'nem Swimmingpool zu haben, dann hab ich's auch gerne, wenn die Kinder da reinspringen; meine Kinder haben schon mit drei Monaten Schwimmen gelernt, und dann bin ich da mit drin und spring und schwimm mit ihnen rum. Aber sonst: Ruhe!

Bio   Na gut, aber wenn man sich das ansieht, diese Liste der Filme und auch der Theateraufführungen, dann sind das nicht nur viele, sondern in den unterschiedlichsten Ländern, Städten – Sie müssen doch sehr viel unterwegs gewesen sein?

Buchholz   Sicher. Früher hab ich immer die ganze Familie mitgenommen. Aber das hört auf, wenn die Kinder zur Schule gehen, weil: Sie müssen Freundschaften schließen, und sie müssen eine Kontinuität haben. Und ansonsten »Sack und Pack« oder »Kind und Kegel«! Das dann aber nicht mehr innerhalb Europas, weil: In Los Angeles haben sie angefangen mit der Schule, dann sind wir nach London und schließlich nach Paris. Weil: Meine Frau ist Französin, hat gesagt: »Also, die sollen in Paris aufwachsen!«

Bio   Ihre Frau lebt in Paris, hat dort eine [Künstler-]Agentur?

Buchholz gleichzeitig   Ja, sie hat eine Agentur, ja.

Bio   Und Sie sind viel in Berlin, sind in der Schweiz, also so 'ne Art »long distance-Beziehung«, wenn man sehr viel am Telefon macht – aber das tut mancher Ehe auch gut, wenn man nicht dauernd aufeinander hockt?

Buchholz   Ich weiß es nicht. Unserer tut's gut!

Bio   Sie sind, glaub ich, schon sehr lang verheiratet?

Buchholz lachend   Fünfunddreißig Jahre!

Bio staunend   Fünfunddreißig Jahre? Ja, in dem Metier –

Buchholz   Tja.   *Zuschauer im Studio lachen / Applaus*   Es ist so komisch, dass man das nie von Busfahrern sagt, immer nur von Schauspielern!

[6.1.1998, Folge 261 unter der Überschrift »Eine Frage des Selbstbewusstseins« / Dritter Gast ist der Theaterregisseur, Filmemacher und Aktionskünstler Christoph Schlingensief, dem Hannelore Elsner und Hella von Sinnen gegenübersitzen]

Bio   Sie kommen doch sicher toll bei Frauen an?

Schlingensief   Da täuschen Sie sich!

Bio   Ja? Kein Draufgänger?

Schlingensief   Es sind immer – also Frauen, es sind ja Frauen, klar – aber es sind natürlich eher die Mütter.   *Elsner und Zuschauer im Studio lachen*

Bio   Ach, die Mütter?

Schlingensief   Ja, ja, die Mütter sind alle so: »Och, so 'n Reizender, nein, so 'n Netter!« Ich bin auch hochgradig verklemmt früher gewesen, was Mädchen anging. Also wenn ich ein Mädchen sah, das länger als fünf Sekunden mich angeguckt hat, dann war ich erstarrt – und – da kam dann nicht mehr viel, ja. Oder ich bin dann hinter 'm Mädchen mal nach 'm Judo-Kurs – bin ich dann so 'm Gebüsch immer so langgehüpf – *Bio und Zuschauer lachen* – und hab mich immer so versteckt und wollte sie ansprechen. Dann ist die in der Haustür verschwunden; dann bin ich nach Hause gegangen und so. Also das ist sehr schwierig. Aber es gibt schon Frauen, die ich länger –

Bio   Haben Sie auch schlechte Erfahrungen gemacht mit Frauen?

Schlingensief Schlechte Erfahrungen mit Frauen? Och ja, meine erste große Liebe, die hat mich dann, als ich nach München zog – am Telefon merkte ich, die Stimme verändert sich, und irgendwas stimmt da nicht – das hört sich so kühl an plötzlich und so sachlich und: »Ja ja ja, ja ja ja!« Sag ich: »Wie geht's dir?« – »Ja ja ja, weiß ich auch nicht.« Und dann bin ich sofort nach Hause gerast, nach Oberhausen, wollte sie unbedingt treffen und fahr dann zu ihr nach Hause, klingel, die Mutter macht die Türe auf – *Schlingensief verstellt jeweils die Stimme* – und sagt: »Christoph, was machst *du* denn hier?« Wie bei so 'm Hitchcock: »Was machst *du* denn hier?« *Elsner und von Sinnen lachen leise* Sag ich: »Ja, ich wollt Ingrid treffen!« – »Die ist nicht hier.« – »Na, wo ist die denn?« – »Vielleicht bei Jutta?« Und da bin ich zu Jutta gefahren, klingel da, Tür auf: »Christoph, was machst *du* denn hier?« *Zuschauer lachen* Ja, und dann hab ich die nachher dann auch ertappt – und das hab ich nicht verkraftet, da bin ich etwas zusammengeklappt, bin dann auch mal im Krankenhaus aufgewacht und so weiter. War für mich so 'n Punkt, wo sicher auch das Problem eintrat – ich hab gesagt: »Wie sehr kann man sich überhaupt nochmal in so 'ne Beziehung reinwerfen? Wie sehr kann man das, also will man das dann nochmal?« Dann macht man so viele Schutzzäune auf; und die sind immer mehr geworden, immer mehr geworden. Und irgendwann – durch das Theater, glaub ich, kann ich die besser einreißen. Und mittlerweile kann ich auch 'nen Verriss lesen; und mittlerweile sag ich: »Ja, ich will kein perfektes Werk! Ich glaube nicht da dran, dass das abgeschlossen sein muss, was man macht! Das muss es nicht. Man muss einfach unperfekte Sachen zeigen, denn die Welt ist nicht perfekt!«

[27.5.1997, Folge 241 unter der Überschrift »… Vater sein dagegen sehr« / Zweiter Gast ist der Schauspieler Otto Sander, Stiefvater von Ben und Meret Becker]

Bio Wie alt waren die Kinder, als Sie mit der Mutter und Erzeugerin der Kinder zusammengezogen sind?
Sander Erzeugerin? *Zuschauer im Studio lachen* Nein, *Mutter*!
Bio Aber sie ist beides, Sie sind nur Vater!
Sander Ja, ja, klar.
Bio Sie ist beides.
Sander Aber der Zeugungsakt – na ja gut, lassen wir das! *Lachen*
Bio Erzeuger? Erzeugerin? [Mit] »Erzeugerin« mein ich also »leibliche Mutter«! Gut, die *leibliche* Mutter.
Sander Jawohl, alles klar! Das ist jetzt – ich habe extra nachgeguckt – dreiundzwanzig Jahre her. Das heißt: Meret war ganz klein; ich darf ja nicht sagen, wie alt sie ist. Aber Ben war sieben. *Bio lacht* So. Und dann wurde gefragt – dann

kam der Vater, welcher Rolf Becker heißt, auch ein Kollege, der kam nach Berlin und sagte – war großes Treffen, und die beiden Kinder kamen – ich war ja verliebt in Monika Hansen, was meine Frau *jetzt* ist – und dann kamen die, und dann wurde das Kind gefragt: »Willst du jetzt bei Otto bleiben oder nicht?« Und dann, so 'n kleiner Stöppske, dann guckt er so ganz mit treuen Augen und sagt: »Ja, jetzt bleib ich bei Otto!« Nicht? Und dann fängt das ja an.

Bio Dann fängt's an!

Sander Und dann fängt's an. Das ist natürlich 'ne andre Art, als wenn man jemand von Geburt auf kennt; es ist eine Annäherung. Und das ist so spannend, weil man sich ja gegenseitig versucht anzunähern, also man beobachtet sich, umlauert sich und denkt: Wo sind meine Grenzen? Und da muss ich sagen, Ben war ganz schnell, hat sich gleich an mich rangemacht – »Aha, das is der neue Kumpel!« – oder so. Während Meret, typisch Mädchen oder typisch Frau, sich etwas länger zurückhielt und erst mal in Ruhe beobachtete, was wohl mit dem los ist. Und dann der erste Spaziergang. Hab ich mir gedacht: Was mach ich, damit ich die auf meine Seite ziehe? Muss ich die ja irgendwie unterhalten – oder 'n bisschen nett? *Bio lacht* Dann sind wir auf den Funkturm in Berlin gefahren mit 'm Fahrstuhl. Ich hatte mir extra Papier eingesteckt. *Sander gestikuliert mit den Händen* Dann hab ich oben solche Schwalben gefaltet und dann runter – und da hatt ich gewonnen: Applaus – und wunderbar, herrlich! *Bio und Zuschauer lachen leise*
[...]

Bio Dass es nicht der leibliche Vater ist, haben das die Kinder ausgenützt, also haben sie Sie trotzdem auch als Autorität anerkannt, haben sie auf Sie gehört?

Sander Das ist 'ne gute Frage! Also gut – warum die Ehe davor geschieden war, müssen wir jetzt nicht besprechen –

Bio unterbricht Nö.

Sander – das ist ein anderes Thema – als Autoritätsperson musste ich mich ja erst einführen; ich musste ja irgendwie sagen: »Also jetzt aufstehen!« Oder: »Ruhe!« Oder jetzt mal: »Halt den Mund!« Und dann hab ich mir immer gedacht: Wie ist das, wenn man Vater ist? Wie benimmt man sich da?

Bio Sie haben das ja nicht langsam vom Bäuerchen bis zum »Halt den Mund!« gelernt?

Sander gleichzeitig Nein, genau. Ich musste es eigentlich plötzlich sein! Und das ist wahnsinnig interessant, das rauszukriegen, wie man sich gegenseitig die Grenzen »auszockt«.
[...]

Bio Sind Sie ein strenger Vater gewesen?

Sander Nein, eigentlich nicht, weil ich ja nicht wusste, wie man das macht. Nur wenn es um – ich weiß gar nicht, ob ich das erzählen darf, aber – Ben stand einmal vor seiner leiblichen Mutter, also in der Pubertät –

172

Bio unterbricht Da passiert alles! *Zuschauer lachen leise*

Sander – da passieren die dollsten Dinge! Und hatte zwei Brotmesser in der Hand – *Sander gestikuliert mit den Händen* – und stand so vor ihr: »Ich bring dich um, ich bring dich um!« Ich weiß nicht, was die da für 'n Streit hatten. Und da hab ich gedacht: Jetzt muss ich durchgreifen, denn jetzt muss ich den Vater raushängen lassen! Und dann bin ich auf ihn zugegangen und hab ihm eine – aber richtig gescheuert, so zack, quer durchs Gesicht, dass er mit seinen beiden Messern da in die Ecke flog. Und er war so verdutzt! Vielleicht wollte er auch nur sehen, wo die Grenze –

Bio unterbricht Wie weit er gehen kann!

Sander – »Wie weit kann ich gehen?« Und ich habe mich selbst überwinden müssen, ihm eine in die Fresse zu – aber ab dem Punkt – *Zuschauer lachen leise* – nee, da war Ruhe plötzlich! Also ich hab die nie geschlagen oder irgendwas, aber ab da wusste – hier ist die Grenze und jetzt ist Schluss – also wir haben uns sofort natürlich in den Arm genommen, beide geheult, das ist ja klar, und dann war's vorbei.

[9. 4. 1997, Folge 234 zur Fragestellung »Typisch Widder?« / Zweiter Gast ist das Allroundtalent Peter Ustinov, 1990 von Elizabeth II. zum Ritter geschlagen / »Sir Peter« spricht mit englischem Akzent]

Bio Woher kommt diese Liebe zu Kindern? Sie sind selbst Vater, haben vier Kinder.

Ustinov Ja, ja.

Bio Hatten Sie immer genug Zeit für die eigenen Kinder?

Ustinov Nein, nie, nie! Aber ich hoffe, jetzt hab ich viel, viel Zeit. Und ich seh sie sehr oft. Es ist sehr schwierig, Kinder zu kennen. Man weiß nie, was wirklich in ihren Gehirn geht [in ihrem Kopf vorgeht]. Man muss immer zurückgehen, was man dachte, wenn man Kind war. Wahrscheinlich dachte man *ganz* anders als diese Kinder, weil: Jedes ist sehr verschieden! Und deshalb kann ich gar nicht Leute, die possessive [Besitz ergreifend] sind, kann ich nicht verstehn, weil: Man kann doch nicht mit jemand, der eine Mischung von zwei Leuten, aber nicht nur eine Mischung von zwei Leuten, aber [sondern] ein dritte Person ist, ganz unabhängig von allen, und der sich die ganze Zeit wechselt – deshalb ist das Leben so interessant!

Bio Sie haben zu Kindern durch diese Arbeit mit UNICEF [als Botschafter des Weltkinderhilfswerks der UNO] eine ganz besondere Beziehung bekommen? Sie lernen Kinder in der ganzen Welt kennen!

Ustinov Ja, Kinder – sogar wenn es mit Genen – alle diese neue Ideen – ich weiß, dass Kinder mit *gar* keine Vorurteile geboren sind! Man kann Kinder sehen, die spielen mit 'n andern, der ganz deformiert ist von ein schlechte Jux von der Natur; und die Kinder bemerken's nicht. Nur die Eltern sind empört. Und ich glaube, die Vorurteile kommen ironischerweise mit der Kirche und mit die Schule. Zwei Sachen, das man die ganze Zeit lobt als Einfluss! Und wahrscheinlich muss die Vorurteile da sein, so wie ein guter Wein hat immer etwas Schmutz unten –

Bio Depot.

Ustinov – Depot, ohne Depot ist es kein großer Wein. Und Depot sind die Vorurteile, die kommen mit Lernen, dem Glauben und alles andere.

[21. 1. 1997, Folge 223 unter der Überschrift »Schlechte Schüler kommen in den Himmel« / Erster Gast ist der Schauspieler Heiner Lauterbach]

Bio Waren Sie ein schlechter Schüler?

Lauterbach Ja.

Bio Man sagt das. Stimmt das?

Lauterbach Das stimmt leider, ja!

Bio Tatsächlich.

Lauterbach Ja, ich war auf verhältnismäßig vielen Schulen, teilweise auch bedingt durch Umzüge, teilweise aber auch, weil sie mich nicht mehr wollten oder weil ich nicht mehr wollte – und hab mich dann auch irgendwann mal mit elf vom Gymnasium selber abgemeldet, weil ich die Unterschrift meines Vaters ziemlich schnell beherrschte, weil man da ja immer das unterschreiben musste, diese schlechten –

Bio unterbricht Also bei *schlechten* Noten musste man –

Lauterbach gleichzeitig – bei schlechten Noten!

Bio Also die Frage, wie die Noten waren, ist damit beantwortet.

Lauterbach Ist damit beantwortet!

Bio Haben die das rausgefunden, die Eltern?

Lauterbach Ja, ja, spätestens als ich dann nicht mehr zur Schule musste, war mein Vater doch sehr irritiert und ist dann da hingefahren und hat dann gefragt, wie das denn möglich wäre, dass ein elfjähriger Junge sich von der Schule abmelden könnte selber. Na ja, aber das ist ja Schnee von gestern.

Bio Na ja, ich mein, es ist ja trotzdem was aus Ihnen geworden! Also insofern kann man ja relaxed darüber sprechen. Was mich interessiert: War das Aufmüpfigkeit? Was war das? Warum?

Lauterbach Nee, das war einfach so, dass mich das nicht interessiert hat! Es ist ja so: Man lernt ja, also zumindest ich hab ja nicht fürs Leben gelernt, sondern wenn überhaupt mal für 'n Lehrer, der mich mochte und den ich nicht enttäuschen wollte. Und davon gab's leider Gottes nur sehr wenige. Es ist ja ähnlich wie bei uns in unserm jetzigen Beruf, in der Schauspielerei: Man spielt ja letztendlich auch für 'n Regisseur – und nicht unter Umständen für die paar Millionen Leute vorm Fernseher – oder die ins Kino gehn.

Bio   Ist das bei Ihnen so? Sie sagen »man«; ich glaube, es gibt auch welche, die spielen –

Lauterbach unterbricht   Ja, ja, sicher.

Bio   – für den Zuschauer und manche sogar für die Ewigkeit, weil sie sagen: »Das bleibt ja irgendwo im Archiv! Und in fünfhundert Jahren holt das jemand raus und sagt: ›Wie toll war der!‹« Das haben Sie nicht so –

Lauterbach   Nee, also ich hab da oft Parallelen gesehn bei mir: Ich bin halt so, dass ich weder fürs Leben gelernt habe, noch eigentlich für die Masse dann spiele, sondern in *dem* Moment für den Regisseur; den versucht man nicht zu enttäuschen. Ja sicher, der eine macht's so, der andere so.

Bio   Haben Sie Schule geschwänzt?

Lauterbach lachend   Ja! Viel! Heftig!

Bio lachend   Viel, heftig!   *Zuschauer im Studio lachen leise*

Lauterbach   Ja, ja. Mein Vater, der sagt ja immer, seine Zeugnisse sind im Krieg verbrannt.   *Bio und Zuschauer lachen*   Das kann ich ja leider – oder Gott sei Dank – kann ich das nicht behaupten. Meine gibt's also noch, die werden noch irgendwo rumfliegen.

[...]

Bio   Gab es damals schon Noten in »Betragen« – oder noch, ich weiß nicht, zu meiner Zeit –

Lauterbach   Ja, in der damals noch »Volksschule« genannten, heute sagt man ja »Grundschule«, glaub ich, da gab's »Betragen« und »Fleiß« und wie das alles hieß, ja. Das waren natürlich alles hohe, hoch angesiedelte Zahlen!

Bio lachend   Das waren *hohe* Zahlen?

Lauterbach   Der Erste war ich nur auf dem Schulhof immer, in der Pause.

Bio   Hat Sie das kalt gelassen? Fanden Sie das sogar »cool«, wie man heute sagen würde? Oder hat Sie das eher bedrückt?

Lauterbach   Überhaupt nicht! Man sagt ja immer, dass die Schulzeit so sorgenlos sei. Und das find ich überhaupt nicht. Ich hatte selten Phasen in meinem Leben, wo ich so viel Sorgen hatte. Weil: Wenn man natürlich keine Aufgaben macht, dann schläft man schlecht nachts und hat Angst – also ich finde schon –

Bio   Das war 'n Stress?

Lauterbach   Ja, das muss man ja relativ sehen: Für mich waren das damals ganz schöne Sorgen.

Bio   War das auch Angst vor Bestrafung?

Lauterbach   Von den Lehrern?

Bio   Oder auch von den Eltern?

Lauterbach   Ja, meine Eltern waren zwar nicht glücklich, aber so bestraft, in dem Sinne, haben sie mich nicht für schlechte Leistungen; sie haben mir sehr ans Herz gelegt, auch lieb teilweise, mich doch anzustrengen. Und das ist eben, wovon ich gerade gesprochen hab – dann will man die auch nicht enttäuschen und hat dann noch größere Sorgen.

Bio   Kann man im Nachhinein jetzt, wenn man – Sie waren sehr jung, deswegen ist das vielleicht auch 'ne blöde Frage, aber – kann man sagen, warum man sich das angetan hat, diesen Stress und dieses Nichtschlafen? Ich mein, vielleicht –

Lauterbach   Man hätte einfach Aufgaben machen können, meinen Sie?

Bio   Ja ja, ja ja. *Zuschauer lachen*

Lauterbach lachend   Ja, nur –

Bio unterbricht   Liegt nahe, irgendwo!

Lauterbach   – ja, klar! Nur, wenn man einmal angefangen hat, nicht Aufgaben zu machen, dann ist man irgendwann gar nicht mehr in der Lage, sie zu machen, weil man das gar nicht kann.

Bio laut lachend   Das ist so 'n Teufelskreis! Und warum Sie irgendwann angefangen haben, das ist im Dunkel der Vergangenheit, da waren Sie wahrscheinlich sieben oder irgend so was oder sechs?

Lauterbach   Ja, ja.

Bio   Sie sagten schon, es waren nicht so viele Lehrer, für die es sich gelohnt hätte sozusagen, sich einzusetzen?

Lauterbach   Eigentlich war es nur einer! Und der hat mich auch, wenn man so will, zur Schauspielerei gebracht. Das war auf einem der zwei Internate, auf denen ich war. Da hab ich auch den ersten und einzigen Preis bekommen, den ich jemals in der Schule bekommen habe. Da war ich mit meinem Vater im Internat; da hatten wir so Sommerfest. Und wir haben so 'n bissel rumgefeiert. Und dann sagten sie: »So, jetzt kommen wir zu der Preisverteilung der Schüler!« Da sagte mein Vater: »Okay, das war's dann, da können wir schon mal gehn!«   *Bio und Lauterbach lachen*   Und dann waren wir so gerade in der Tür, und dann ist mein Name gefallen, erstaunlicherweise – »… für besondere Leistungen im Laienspiel.« Das war ein sehr netter Lehrer.

Bio lachend   Was war die erste Rolle?

Lauterbach   »Kasperle« war die erste Rolle.

Bio   »Kasperle«! *Zuschauer lachen*

[26.11.1997, Folge 255 unter dem Schlagwort »Stimmungskanonen« / Zweiter Gast ist der Regisseur Wim Wenders]

Bio   Haben Sie schon mal privat jemanden zum Lachen gebracht?
Wenders   Ich erinner mich ganz genau: Das war vor 27 Jahren.   *Zuschauer im Studio lachen laut / Applaus*
Bio laut   Wunderbar, wunderbar! Ich liebe das. Jetzt will ich aber den Rest hören, ja!
Wenders leise   Ja?   *Zuschauer lachen*
Bio   Sie haben *uns* zum Lachen gebracht.
Wenders leise   Nee, nee, ich hab schon hin und wieder Leute – meine Frau findet mich komisch.   *Zuschauer lachen erneut*

[20.2.1996, Folge 188 unter der Überschrift »Mutters Courage« / Dritter Gast ist der Schriftsteller und Regisseur George Tabori, der mit leicht ungarischem Akzent spricht / Ihm gegenüber sitzen die Schauspielerin Senta Berger sowie ihr Ehemann, der Regisseur Michael Verhoeven]

Bio   Sie haben ja zuerst eine Novelle geschrieben, »Mutters Courage«, dann ein Theaterstück und jetzt ist ein Film draus geworden. Und bei allen dreien ist es zwar eine sehr ernste Geschichte, denn die Deportation von 4000 ungarischen Juden nach Auschwitz ist eine sehr ernste Geschichte, aber gleichzeitig, wie immer in Ihren Werken, gibt es auch sehr viel heitere Momente. Dieser »Schmerz« und der »Scherz« liegen [nah] beieinander – etwas sehr typisch Jüdisches; man kennt es ja vom jüdischen Witz, wo man ja auch manchmal bei der Pointe nicht weiß, soll man lachen oder soll man weinen. Kommt das schon vom Zuhause, vom Vater?
Tabori   Ich weiß nicht, woher es kommt. Aber es fällt mir immer ein [auf], dass Leute überrascht sind, dass in eine ernste Geschichte Witze sind. Erstens: »Witze«, ich glaube, es kommt vom englischen Wort »wit« – nicht »Witz«, also ein »joke«, sondern »geistreich« [Esprit]. Und zweitens: In jeder Situation ist das, was man Humor nennen kann, in jeder Situation bisher in meinem Leben – ich spreche nur von mir. Außerdem und das ist das Entscheidende: Jeder gute Witz – Inhalt ist immer eine katastrophale Sache. Ein guter Witz – handelt es sich immer um etwas Schlimmes.
Bio   Um etwas Schlimmes.
Tabori   Und darum seh ich kein Problem da [darin], dass ich gelegentlich witzig bin.   *Berger und Verhoeven lachen*   Darf ich Ihnen einen kurzen Witz erzählen?
Zuschauer im Studio lachen
Bio   Ich bitte darum, ich bitte darum!

Tabori Also Frau Goldberg lebt in Florida, eine ältere Dame. Sie möchte, dass ihr Enkelkind, der wohnt in New York, dass endlich sie besucht. Ihre Tochter hat das arrangiert. Und der Junge ist fünf Jahre alt und kommt im Flugzeug nach Florida. Und die Frau Goldberg ist überglücklich. Kauft dem Jungen eine Schaufel und ein Eimer und ein Mütze. Und die gehen jeden Tag auf den Strand. Und dort sitzt sie sehr selig und schaut zu, wie der Junge buddelt. Bis eines Tages eine riesige Welle kommt – *Tabori gestikuliert mit den Händen* – und nimmt den Jungen mit. Frau Goldberg ist entsetzt. Sie geht auf die Knie und spricht zu IHM: »Wie kannst DU so was machen? Schämst DU DICH nicht? Ich gehe jede Woche zweimal in die Synagoge! Ich bin eine gute Großmutter! Und DU nimmst mein einziges Enkelkind weg! Wie kannst DU so was tun?« Schimpft so mit IHM. Und was passiert? Kommt wieder eine große Welle. Und da ist der Junge, unversehrt, und sitzt wieder und buddelt. Also ein »miracle«, ein Wunder! Und sie geht wieder auf die Knie und sagt: »Na, siehst DU, na ja, so sollst DU sein! Ich glaub DIR! Ich danke DIR! Ich werd jede Woche *dreimal* in die Synagoge gehn! Und ich danke DIR, dass … – wo ist seine Mütze?« *Lautes Lachen / Applaus*

Fundstück

[»Die beleidigte Leberwurst – Einsam: Botho Strauß« in: »Alle meine Deutschen – Ein Bestiarium« von Willi Winkler / Rowohlt Taschenbuch Verlag, Reinbek bei Hamburg 1999, S. 97 f.]

In der guten alten Zeit, wo der Führer noch über den Ausnahmezustand bestimmte, war alles ein bisschen einfacher. Der Feind heute steht nicht mehr links, auch nicht unbedingt rechts, sondern direkt vor der Nase: da, da im Fernseher. »Ich sehe«, sagt der Seher vom Kreuzberg herab […], »zwischen einem Schau-Gespräch und einem Schau-Prozess nur graduelle Unterschiede in der Vorführung von Denunzierten.« Bei tiefer gedachten Sätzen wie diesem werden Frau Christiansen und Herr Biolek bestimmt sehr, sehr nachdenklich. Und die Hinterbliebenen der Verschwörer vom 20. Juli 1944 wird es freuen, wenn sie erfahren, dass der Schauprozess vor Roland Freislers Volksgerichtshof noch immer einen hübschen Kalauer abwirft.

Als echter Untergangsprophet macht uns Botho Strauß unentwegt den Spengler, raunt ergriffen von Massen und Eliten, von Niedergang und Verfall und dass viel zu wenig für Einzelgänger […] getan werde. […] Fernsehen wollen sie den ganzen langen Tag, Talkshows, Glücksrad, Gewinnspiele. Bloß lesen wollen sie nicht, schon gar nicht Botho Strauß.

178

Campino und Abt Stephan

Der Dalai Lama

Coco Schumann

Dieter Bohlen

Vicky Leandros

Stefan Raab

Roy & Siegfried

Berti Vogts

Torsten May

Ausschnitte aus Gesprächen mit …

[25.5.1999, Folge 323 unter der Überschrift »Lustige Musikanten« / Letzter Gast ist der Gitarrist Coco Schumann, der zwischendurch stark »berlinert«]

Bio Sie kamen zuerst nach Theresienstadt. Theresienstadt war kein Vernichtungslager, sondern war so eine Art, ja, so ein Vorzeige-

Schumann – ein Vorzeige-Lager.

Bio Ein Vorzeige-Lager, wo nur Juden gelebt haben – und wo man dem Ausland weismachen wollte, wie gut man die Juden behandelt.

Schumann Aber es waren nur privilegierte Juden da. Also mein Großvater war da, und der war ein verdienter Frontkämpfer; das hat nicht davon abgehalten, dass er später nach Auschwitz kam. Und so genannte Mischlinge waren da. Also es war ein Privilegierten-

Bio -Lager, na ja, klar: Das Internationale Rote Kreuz wurde rumgeführt. Und Sie haben dann dort mit den so genannten »Ghetto-Swingers« gespielt. Wo haben Sie da gespielt?

Schumann Na, es gab ein Kaffeehaus.

Bio Ach, es gab ein Kaffeehaus?

Schumann Ja.

Bio Für die Juden, die da gelebt haben?

Schumann Ja, ja, falls mal eine Kommission aus Schweden oder der Schweiz kam, dass man zeigen konnte, wie gut die Leute es im KZ haben. Denen wollte man das verkaufen. Es war ja auch mal eine Kommission da!

Bio »Seht mal, sogar im Kaffeehaus Musik!«

Schumann – ja, aber die *wollten* glauben! Mir kann keiner vormachen, dass jemand so dämlich ist und das jeglaubt hat, nich!

Bio Denn die Zustände waren zwar besser als in Auschwitz und in anderen Vernichtungslagern –

Schumann unterbricht Ja, natürlich!

Bio – aber trotzdem doch schon katastrophal.

Schumann Ja, ich meine, es war kein Essen da! Und die älteren Leute sind verhungert, nich, und es waren also schon schlimme Zustände.

Bio Es war sozusagen ein Teil dieser Täuschung, Ihre Musik?

Schumann Ja ja, ja ja.

Bio Und dann sind Sie ins Vernichtungslager Auschwitz gekommen. Wussten Sie, was das bedeutet?

Schumann Also dunkel. Wir ham gewusst, dass es also 'ne sehr schlimme Angelegenheit ist, aber wie schlimm, ham wir erst jemerkt, als wir ankamen.

Bio Wodurch?

Schumann Na, also wir mussten alles ausziehen in irgend'ner Baracke. Und dann wurden wir kahl geschoren und rasiert wegen der Läuse und dann mit Läusemittel – hat jebrannt wie Feuer – und dann bekamen wir Häftlingskleidung – und dann sagte der Lagerkommandant oder der Obersturmführer: »So, damit ihr wisst, wo ihr seid: Ihr seid im Vernichtungslager Auschwitz! Hier ist der Eingang durchs Tor und der Ausgang durch den Schornstein!« Wir dachten erst, das ist 'ne Fabrik. Die Schornsteine, da schlugen meterhohe Flammen raus. Und es roch och ganz komisch. Und überall lag Asche rum. Wir glaubten, es ist 'ne Fabrik. Und dann ham wir jewusst, was los ist!

Bio Was waren so die ersten Eindrücke? Was haben Sie gesehen?

Schumann nach einer Pause Na ja, wohlgemerkt: Wir sprechen von Birkenau-Auschwitz, also es war ein Nebenlager von Auschwitz. Als wir reinkamen, denn hingen schon so verkohlte Leichen im Stacheldraht; die sind nachts – die konnten nicht mehr und sind reingelaufen in den Zaun.

Bio Es war ein elektrischer Zaun.

Schumann Ja, richtig geladen, mit Hochspannung.

Bio Sie haben dann einen Block-Ältesten getroffen, und der kannte Sie?

Schumann Der kannte mich.

Bio Und der wusste auch, dass Sie Musiker sind. Und der hat Sie wieder zu einem Lager-Ältesten gebracht?

Schumann Auch ein Häftling.

[...]

Am selben Abend ham wir noch gespielt für ihn.

Bio Was wollten die hören?

Schumann Ach – dat war natürlich so 'n Berufsverbrecher – wie überall: Paul Lincke und – und »Das ist die Berliner Luft«. Dann hat er sich 'nen Stuhl jenommen und mitjetrommelt.

Bio Hat die SS davon erfahren?

Schumann Ja.

Bio Und dann mussten Sie für die spielen?

Schumann Mussten wir für die SS – erst mal: Leute mussten ja tätowiert werden. Und die wurden von Häftlingen tätowiert. Aber die SS musste aufpassen. Und das hat ja Stunden jedauert. Denn saßen die da rum so auf den Holzpritschen. Und dann hat einer jesagt: »Na, hol doch mal die Kapelle!« Dann ham wir da jespielt, und die wurden tätowiert – und die ham sich also amüsiert.

Bio Was mussten Sie da spielen?

Schumann Die ham sich also immer jewünscht »La Paloma«!

Bio Immer wieder?

Schumann Ja, ja. Und dann mussten wir auch am Lagertor spielen, wenn die morgens zur Arbeit gingen – und wenn die in die Gaskammer marschierten!

Bio Sie haben richtig gesehen, wenn die Leute in die Gaskammer geführt wurden?

Schumann Ja.

Bio Auch Kinder?

Schumann leise Kinder.

Bio Konnten Sie da hingucken?

Schumann Ich musste.

Bio leise nach kurzer Pause Und was hat Ihnen die, sagen wir mal, die Kraft gegeben, da überhaupt zu spielen?

Schumann Also, in so einen Situationen, da kriegt man auf einmal als Mensch irgendwas, wo man gar nicht glaubt, dass man es kann.

Bio Denn es geht ja auch ums nackte Überleben?

Schumann Man musste nur sehen, dass man den nächsten Tag überlebte!

Bio Wie war das, als Sie hinkamen? Gab es da eine Selektion?

Schumann Ja, klar!

Bio Wie haben Sie die erlebt?

Schumann Na ja, also ich wusste damals nicht, dass es der Mengele ist [SS-Arzt Josef Mengele führte »medizinische Versuche« an Menschen durch], der da saß.

Bio Da saß ein Arzt?

Schumann Ja ja, ja ja. Und Mengele hat auch gefragt: »Wie alt?« Und ich hab dann gesagt »Achtzehn!« oder »Neunzehn!« – wie alt, ich weiß nicht mehr. Und hat er gesagt: »Kannst du arbeiten?« Dann hab ich also mich da nackend vor ihn hingestellt mit militärischer Haltung, Hände an die Hosennaht, die nicht da war, und hab mit Berliner [Schnauze] jesagt: »Na, klar kann ick arbeiten, Herr Obersturmführer!«

Bio Hat er Sie nach dem Beruf gefragt?

Schumann Ja. »Klempner und Rohrleger!« Das hab ich –

Bio unterbricht Das hatten Sie ja als Dienstverpflichteter gemacht?

Schumann – ja, ja, ich hab immer geahnt, dass ich niemals »Musiker« sagen werde, weil: Die konnte man nicht brauchen, hab ich mir jedacht – da oben. Musiker braucht man nicht, aber Klempner und Rohrleger vielleicht.

Bio Sie sind dann sozusagen durch dieses Spielen gerettet worden?

Schumann Ja.

Bio Denn Sie haben gespielt, gespielt, gespielt – bis die Befreiung durch die Alliierten kam. Wie war das gleich nach dem Krieg? Konnten Sie gleich wieder Musik machen?

Schumann Ja, ich hab drauf jebrannt.

[…]

Bio Konnten Sie auch wieder »La Paloma« spielen?

Schumann Ja, denn irgendwie war ich immer der Ansicht: Was kann die Musik dafür, dass se von den Nazis missbraucht wurde? Und irgendwie hab ich mir denn innerlich so 'n Schutzwall aufgebaut.

Bio Sie haben vielleicht auch gedacht: Die dürfen mir nicht auch noch die Lieder stehlen. Die haben mir genug Würde genommen!

Schumann Richtig! Vor allen Dingen hab ich gedacht: Ich jammer nich, dass ich drin war, ich jubel, dass ich rausjekommen bin!

[16.10.1991, Folge 11 zum Thema »25 Jahre Heino – Ein deutsches Phänomen« / Erster Gast ist der Schlager- und Volksliedsänger Heinz-Georg Kramm alias Heino]

Bio Irritiert es Sie, dass *Sie* als Interpret und natürlich auch als Typ, als Person, die Leute so, so unterschiedlich reagieren lassen? Also die einen sind ja Super-Fans, aber es gibt natürlich auch *heftige* Gegenreaktionen und zwar *richtig* heftig! Also nicht nur: »Den mag ich nicht!« Sondern … – Sie wissen das ja selbst. Irritiert Sie das?

Heino Überhaupt gar nicht.

Bio Und können Sie damit auch leben?

Heino Ja, ich leb damit, ich *muss* ja damit leben! Es wär ja fürchterlich, wenn alle schreien würden: »Ich bin Heino-Fan!«

Bio Dass nicht alle Fans sind, das mein ich [nicht], aber so Reaktionen, die ganz negativ sind, schon fast Hass-Reaktionen, wo man sagt »Na ja, der Schnulzen-Sänger!« – und alle diese Dinge?

Heino Na ja, jeder, der mich, der mein Repertoire kennt, weiß, dass ich noch nie 'ne Schnulze gesungen habe. Fahrtenlieder und Volkslieder zähl ich nicht zu Schnulzen; Schubert, Bach und Mozart, was ich gesungen habe, zähl ich auch nicht zu Schnulzen. Aber es gibt natürlich Neider in diesem Beruf. Ne schöne Geschichte, die muss ich *immer* wieder erzählen, wenn ich mit Leuten so wie Sie rede: 1965, mein erstes Lied »Jenseits des Tales« – ich hab damals angefangen, Volkslieder zu singen. Man hat mich beschimpft, ausgelacht: »So was kann man in der heutigen Zeit doch nicht mehr machen!« Die Musiker haben sich geweigert, dieses Repertoire zu spielen anfangs. Und heute, in der heutigen Zeit ist es ganz anders. Zu meiner Zeit damals durfte keiner »Volkslied« sagen; man hat sich ja geschämt, »Volkslied« zu sagen! Heute sprechen sie alle über »Volkslieder«, alle, die mich früher beschimpft haben.

Bio Heino, ist diese damalige Zeit auch mit dafür verantwortlich, dass man Sie in so eine *rechte* Ecke stellt – von einigen Kritikern, auch von Journalisten? Und dass Sie so 'n Image haben, ja, nicht nur der nationale Sänger und nicht nur der volkstümliche, sondern der volkstümelnde oder der nationalistische [Sänger zu sein]? Das wird Ihnen ja durchaus nachgesagt.

Heino   Also der Herr Beierlein [Produzent und Verleger Hans R. Beierlein], den Sie ja kennen als sehr tüchtigen PR-Mann, hat analysiert, hat 'ne Umfrage gemacht, und dabei ist rausgekommen, dass 60 Prozent SPD-Leute meine Fans sind.

Bio   Sie meinen, 60 Prozent *Ihrer* Fans sind SPD-Wähler?

Heino   Sind SPD-Wähler.

Bio   Gerade Beierlein, weil Sie den Namen nennen: Der hat ja auch dazu beigetragen, dass Ihr Image so in diese rechte Ecke kam, indem er nämlich [1977] Sie diese Schallplatte [»Lieder aller Deutschen«] mit den drei Strophen der Nationalhymne hat singen lassen. Das war doch etwas, was Ihnen auch viele übel genommen haben?

Heino   Nein, das muss ich mal berichtigen: 1978 kam eine Anfrage vom baden-württembergischen Ministerpräsidenten [CDU] an uns, die Hymne zu singen [zwecks Herstellung einer Schallplatte für alle Schulen des Landes]. Und das war 'ne Auftragsproduktion, alle drei Strophen zu singen; die haben auf alle drei Strophen bestanden und das –

Bio unterbricht   Also das Ministerium hat mir was anderes gesagt: Die haben gesagt, der Herr Beierlein hätte oder [die Edition] »Montana« hätte ihnen [der Landesregierung] eine Platte mit der Nationalhymne von Ihnen vorgeschlagen; dann hätten die gesagt: »Sehr gern!« Und dann wären sie sehr überrascht gewesen, dass alle drei Strophen gekommen wären!

Heino   Ja, das kann man vielleicht im Nachhinein sagen, aber es stimmt nicht! Und ich habe mich damals noch bei unserem Bundespräsidenten Walter Scheel informiert, und der hat mir zurückgeschrieben, dass alle drei Strophen Bestandteile sind der Nationalhymne; man sollte nur bei öffentlichen Veranstaltungen die dritte Strophe singen [»Einigkeit und Recht und Freiheit …«] – und bei Verunglimpfung der Hymne bestehen zwei Jahre Zuchthaus und zehntausend Mark Geldstrafe. Und so hab ich das mit ruhigem Gewissen –

Bio unterbricht   Aber Sie wissen doch, dass die erste [Strophe] – »von der Maas bis an die Memel«, also »Deutschland, Deutschland über alles« –, dass das natürlich sehr belastet ist? Und Sie wissen auch, wenn ich noch schnell –

Heino unterbricht   Das ist richtig. Aber das wusste nun Hoffmann von Fallersleben natürlich nicht, wie er das [1841] geschrieben hat.

Bio   Nein, nein, nein! Belastet dadurch, dass es im »Dritten Reich« benützt wurde.

Heino   Ja, ja, natürlich.

Bio   Und ich mein, es waren noch 'n paar so Dinge – also ich nehm Ihnen ab, dass Sie selbst sicherlich nicht irgendwie nationalistisch denken –

Heino unterbricht   Überhaupt gar nicht!

Bio – aber sind Sie politisch irgendwie engagiert?

Heino Überhaupt gar nicht, nein!

Bio Gar nicht. Ich will mal sagen – nur nochmal: Sie haben manchmal vielleicht nicht aufgepasst und haben Dinge getan, die dazu geführt haben, dass dieses Image entstand?

Heino Hmmm.

[26.11.1997, Folge 255 unter dem Schlagwort »Stimmungskanonen« / Erster Gast ist der Schlagersänger Herbert Anton Hilger alias Tony Marshall]

Bio Man hat ja ein Bild von dir: Das ist alles ganz makellos, ganz »heile Welt«. Es muss doch aber auch im Leben einer »Stimmungskanone« Momente geben, wo's nicht mehr um die Stimmung geht, wo man nachdenklich wird. Hat es die gegeben?

Marshall Oh ja, oh ja. Das erste schlimme Erlebnis, das war der Verlust meines Bruders. Der war Klassenprimus in Baden-Baden im Gymnasium. Der ging mit seinen Mitschülern an einem nebligen Septembermorgen, 14. September '55, vom Elternhaus zur Bushaltestelle – sollte zur Schule gehn, eine Abschlussfeier –

Bio unterbricht Wie alt war er?

Marshall Er war knapp achtzehn. Wie gesagt: Klassenprimus und so weiter – und war ein Supertyp. Ich hab von ihm alles gelernt: auch das Musikalische! Er hat mir immer Impulse gegeben. Und da ist es passiert: Unweit vom Elternhaus kam ein Radfahrer aus 'm Nebel raus, fuhr in die Schülergruppe rein auf meinen Bruder. Der fiel rücklings auf den Hinterkopf, und er kam ins Krankenhaus. Ich bin dann auch – meine Mama hat gesagt: »Schau mal runter – Franzl – Radfahrer – angefahren!« Keiner dachte: Da ist was Schlimmes passiert! Und bin runter; da lag er da. Damals konnt ich schon abwägen, wie schlimm die Verletzung war – mit Blutungen und so weiter. Da bin ich auch ohnmächtig geworden; jetzt bin ich also auch gestürzt, auch rücklings – mit dem [durch das] Straßengefälle auf den Randstein. Mich hat man nach Hause getragen ohnmächtig, meinen Bruder ins Krankenhaus gebracht. Und ich weiß nur noch eins: Ich hab ganz schnell die Daumen gedrückt. Und hab gedacht: Lieber Gott, hilf dem Franz! Und so bin ich wieder aufgewacht; und da war er schon unter der Erde. Und das war ein Schlüsselerlebnis, das mich begleiten wird bis an mein Lebensende. Das hat mich auch verändert damals. Ich bin ein anderer Mensch geworden, also hier von innen, seelisch, psychisch.

[...]

Das sind die Dinge – und dann natürlich 1979, als unsere wirklich ersehnte Tochter zur Welt kam und wir feststellen mussten, dass sie behindert ist. Meine Frau war damals 40 Jahre, als sie noch mal schwanger wurde, und da hat man uns geraten, eine Amniozentese [Durchstechung der Embrionalhülle zur Gewinnung von Fruchtwasser für diagnostische Zwecke] machen zu lassen an der Uniklinik in Freiburg. Und da ist es passiert: Statt unterm Ultraschall die Untersuchung vorzunehmen, hat der behandelnde Arzt eine Blindpunktion gemacht. Und dabei ist es passiert: Die Nadel, die ging also in die Stirn und hat dadurch eine Lähmung ausgelöst; also sie ist rechts zerebral gelähmt und hat eine 24-Dioptrien-Kurzsichtigkeit. Rührt her von dieser – ich behaupte heute immer, dass es eine Fahrlässigkeit war. Aber – na ja, es ist lang her. Es ist achtzehn Jahre –

Bio gleichzeitig   Das verändert doch ein Leben?

Marshall   – den größten Teil hat eigentlich meine Frau getragen; die Erziehung, das ist ein Rundum-Projekt geworden. Sie konnte nicht mehr mit mir reisen, Konzerte besuchen. Auch Ausland oder wo auch immer ich war – sie musste immer zu Hause bleiben bei unserer Tochter. Sie hat ihre Aufgabe *hervorragend* erfüllt, und ich muss ihr heute von dieser Stelle aus »danke!« sagen für diese achtzehn Jahre, die sie unserer Tochter gewidmet hat!

Bio   Und du bist aber trotzdem – deine Heiterkeit hast du dir bewahrt?

Marshall   Die hab ich mir bewahrt, ja.

Bio   Vielleicht ist sogar Ernsthaftigkeit eine Voraussetzung, dass man wirklich *echt* heiter sein kann, also nicht aufgesetzt heiter?

Marshall   Nee, das ist ganz wichtig, das ist ganz wichtig!

[28.5.1996, Folge 202 zum Thema »Scheiden tut weh« / Zu Gast ist das Schlagerduo Jutta Gusenburger und Norbert Berger alias »Cindy & Bert« / Beide haben jeweils einen neuen Lebenspartner gefunden]

Bio   Sie waren lange, lange verheiratet?

Cindy   Ja, zwanzig, einundzwanzig Jahre!

Bert gleichzeitig   Einundzwanzig Jahre verheiratet!

Bio   Und Sie sind seit wann geschieden?

Bert   Seit 1988.

Cindy gleichzeitig   1988.

Bio   Und jetzt haben Sie beruflich ein großes Comeback! Sie haben eine Platte wieder gemacht?

Bert   Ja, wir waren sieben Jahre von der Bühne weg. Wir wollten auch nicht mehr zusammen auf die Bühne. Und dann hat uns Dieter Thomas Heck eingeladen, ZDF, »Die Super-Hitparade«, und hat gesagt: »Die drei Minuten müsstet ihr doch noch mal für mich singen, denn der Einzige, der fehlt, ist Roy Black, und der ist tot.« Aus den siebziger Jahren. Und da ham wir »Immer wieder sonntags«

gesungen, und das Publikum hat uns aufgenommen, als wenn die sieben Jahre gar nicht stattgefunden hätten. Und da ham wir Mut gefasst und ham gesagt: »Soll'n wir denn nicht so 'ne CD rausbringen ›25 Jahre Jubiläum‹?« Mit neuen Titeln, die ich mittlerweile für uns geschrieben habe und das –

Bio unterbricht Und Sie treten auch wieder gemeinsam auf?

Bert Ja.

Cindy Und ziemlich oft!

Bio Und ziemlich oft. Also ich mach jetzt mal 'nen Sprung zurück.

[...]

Ich muss mal in die Siebziger zurück. Sie waren ja so eine Art »Traumpaar« damals und Sie waren immer nur zusammen auf der Bühne damals!

Bert Ja.

Cindy Immer.

Bio »Einzeln gibt's uns nicht«, war mal 'ne Überschrift.

[...]

Hält man das aus, sozusagen?

Cindy Also man muss wahrscheinlich der Typ dazu sein! Wir waren die Typen dazu; uns ging das nicht auf den Nerv, sondern wenn wir mal getrennt waren, haben wir den andern vermisst. Aber das ist auch vielleicht ein Punkt: Wir waren vielleicht ein bisschen *zu* eng!

Bio Ja, deswegen frag ich ja.

Cindy Wir waren fast wie eine Person. Es ist nicht so, dass es *uns* aufgefallen ist, sondern wir waren so: Wir haben das Gleiche gedacht, wir haben, wenn wir fremde Menschen getroffen haben, sofort beide das Gleiche, die gleiche Kritik gehabt – also, wenn uns was nicht gefallen hat, hat uns beide irgendwas gestört, also wir waren fast wie eine Person.

Bert Cindy hat mal zu mir gesagt: »Du hast mich mit deiner Liebe erstickt!« Das hab ich am Anfang nie verstanden. Als wir versucht haben, unsere Trennung zu analysieren – es ist auf 'm Zenit unseres – wenn man so will – wo wir gesagt haben: »Da kann nichts mehr passieren in unserm Glück!« – da is es wie ein Blitzschlag gekommen.

Bio Kann man sagen, dass jeder von Ihnen sozusagen nur die Hälfte von einem Ganzen war?

Bert Das waren wir zeitweilig, ja.

Bio Statt ein einzelnes Teil, nicht?

Cindy Ja.

Bert Das stimmt.

Bio Und vielleicht war auch dieser Druck, ein »Traumpaar« zu sein, sehr groß?

Cindy Nein, das fiel uns gar nicht schwer! Wir hatten diese Harmonie, wir waren einfach wirklich –

[...]

Bio Kann man das überhaupt analysieren, *was* dann der Grund war? War das schleichend? Kam es auf einmal?

Cindy Das kam schleichend.

Bert Das kam schleichend, ja. Vielleicht ins Nachhinein, dass wir *zu sehr* aneinander gehangen haben, also wie die Kletten.

Bio Und vielleicht *zu viel* Harmonie?

Bert Zu viel! Dazu muss ich sagen, wir hatten eine Großfamilie, wenn man so will. Meine Schwiegereltern, wir ham uns alles zusammen aufgebaut, ganz von unten, dann mit meinen Eltern zusammen. Dann unser Sohn, unsere Tanten – es war wirklich noch so im Sinne – wie eine Großfamilie.

Bio gleichzeitig Das erinnert mich an meine Kindheit.

Bert Da konnten wir natürlich auch nicht in *irgendeiner* Form 'n Alleingang machen. Und was wir vielleicht hin und wieder gewollt hätten – oder mal irgendwo mal 'n *bisschen* auf Abstand gehen – das sind so viel Gründe, aber das jetzt nachzuforschen –

Bio zu Bert Nein, is klar! Gab es denn so konkret Anlass, dass Sie mal irgendwann ausgebrochen sind – und sie hat es dann erfahren – *Bio seufzt* – und hat gesagt: »Also irgendwo …«

Cindy Sicher, so was gab es!

Bert Ich hab mal einmal eine – ja, das klingt jetzt auch noch mal so machomäßig, bin ich aber ganz sicher nit, denk ich jedenfalls – einmal – sie hat mich gefragt, weil sie ja oft sieht, wie es an der Front, gerade im –

Bio Showbusiness, die Kumpels?

Bert – im Showbusiness abgeht, und da hat sie mich mal gefragt: »Du, sag mal, in der ganzen Zeit, bist du da noch nie fremdgegangen?« Ja, und da hab ich gesagt: »Du, es ist einige Male passiert, war aber *nie* irgendwo ein Verhältnis gewesen! Es war vielleicht Neugierde – wie 'n kleiner Junge, der einmal zum ersten Mal 'ne Zigarette raucht. Neugierde, vielleicht auch Bestätigung von 'ner andern Frau.« Ob du überhaupt noch –

Bio – attraktiv bist?

Bert Ja.

Bio Weil zu Hause alles so harmonisch ist. Das ist ein Stück Ausbruch aus dieser Harmonie?

Cindy Ja, ja.

Bert Das hat ihr *unheimlich* wehgetan. Und das wusste ich nicht.

Bio zu Cindy Haben Sie ihm das gleich gesagt, dass es Ihnen so wehtut?

Cindy Ich hatte das Gefühl, es macht mir nicht so viel aus. Aber es hat doch genagt. Und dann kam auch die Phase, dass ich ihm nicht mehr vertraut hab. Also wir waren ja nicht oft getrennt.

Bert   Das war schlimm; wir waren ja *kaum* getrennt!

Cindy   Und wenn er dann mal weg war, in Hamburg oder irgendwo, dann hab ich mich selbst dabei ertappt, dass ich anfange, in seinen Sachen zu kramen, seine Belege vom Hotel – und da könnte doch vielleicht – und das kann man nicht, das ist unerträglich! Und ich hab's ihm aber nicht gesagt.

[...]

Ich hab mich immer sehr stark gestellt – nach außen; und das war ein Fehler. Ich hätte lieber auf den Tisch gehaun, hätt gesagt: »So, pass auf, Junge, das ist jetzt alles ...!«

Bio gleichzeitig   Oder geheult?

Cindy   Ja, geheult hab ich am Anfang schon. Aber das war nicht so furchtbar schlimm.

Bio   Nicht genug?

Cindy   Nee, war alles nicht genug!

[3.2.1998, Folge 265 unter dem Schlagwort »Mannsbilder« / Erster Gast ist der Hit-Komponist, Hit-Produzent und Pop-Star Dieter Bohlen]

Bio   Als Sie sich [von Ehefrau Erika] getrennt haben – Sie haben vorhin schon gesagt, dass Sie Kinder haben, und die sind aus dieser ersten Ehe – wie alt waren die, als Sie sich getrennt haben?

Bohlen seufzt   Also das ist neun Jahre her; also da war mein Sohn irgendwie so fünf, sechs. Und der zweite Sohn irgendwie zwei – und meine Frau war damals eben schwanger mit 'm dritten Kind.

Bio   Das ist auch hart, wenn man dann sich trennt und wenn man die Frau sozusagen verlässt! Hat Sie das große Kämpfe gekostet? Oder haben Sie das so mit links gemacht?

Bohlen   Nee, so was kann man nicht mit links machen! Also es ist jetzt so: Ich bin seit neun Jahren ja geschieden; und es ist einfach so, mir passiert das jetzt noch – also ich sehe meine Kinder jedes Wochenende und trotzdem, also so blöd das klingt, also man heult da schon ab und zu!

Bio   Und haben Sie 'n schlechtes Gewissen?

Bohlen   Total! Ich mein, das ist – also ich würde so was auch nie wieder jemand antun wollen! Nur: Damals war das so 'ne Entscheidung; also entweder leb ich weiter mit der Frau, die ich irgendwie vielleicht nicht mehr lieben kann so richtig – und ich hatte damals eben Nadia [»Naddel« Ab del Farrag] kennen gelernt – und dann war das auch so eher für mich irgendwie so mega-unehrlich, jetzt immer wieder zu *dieser* Frau zurückzugehen. Nun, na klar, ich mein: Meine drei Kinder konnten natürlich da überhaupt nichts für! Deshalb steh ich natürlich auch ewig in deren Schuld und würde auch nie irgendwas jetzt nochmal in meinem Leben machen, was die irgendwie belastet. Zum Beispiel fragen mich natürlich viele auch: »Warum hast du mit deiner neuen Freundin noch kein Kind?« Aber das finden meine Kinder – also meine andern drei würden das eben nicht so witzig finden, und deshalb wart ich jetzt erst mal so lange ab, bis die älter sind, bis sie das wirklich vielleicht irgendwann verstehen. Und *dann* gibt's vielleicht 'nen Weg – also Kinder zu haben!

Bio   Hört Ihr – die sind ja schon etwas älter jetzt, der Größte ist zwölf oder so was –

Bohlen unterbricht   Dreizehn, der wird jetzt dreizehn.

Bio   – hört der Ihre Musik?

Bohlen   Ja, klar.

Bio lachend   Das freut einen doch, oder?

Bohlen   Das freut einen schon. Aber ich mein, da passieren natürlich dann auch so wilde Sachen, also insofern – also meine Kinder stehn total auf meine Musik. Aber mittlerweile werden die natürlich 'n bisschen älter und so – und wenn ich dann eben nach Hause komm und in die Zimmer geh und ich die dann so gleich seh, dass sie so ihre Michael-Jackson-Platten irgendwie nach unten unters Bettkissen stecken, damit ich die ja nicht seh, weil ihr Papa vielleicht traurig ist, das rührt dann einen –

Bio   Das ist aber nett, das ist lieb!

Bohlen   – ja, ich mein: Ich hab sowieso die besten Kinder der Welt!   *Bio und Zuschauer im Studio lachen*

[21. 4. 1998, Folge 276 unter der Überschrift »Alles aus Liebe« / Erster Gast ist die Schlagersängerin Vassiliky Papathanassiou alias Vicky Leandros]

Bio   Du hast ja auch aus Liebe zu den Kindern deine Karriere viele Jahre nicht »aufgegeben«, aber sehr stark reduziert!

Leandros   Ja, man könnte schon sagen »fast aufgegeben«, ja. Also ein paar Einzelprojekte waren da, aber doch acht, neun Jahre kaum gesungen – denn wenn man drei Kinder hat, ist es schon ganz wichtig, dass man *da* ist, dass man sie großzieht. Das wollte ich! Ich wollte sie selbst großziehen, also nicht anderen Personen überlassen.

Bio   Also du weißt aber, dass das nicht selbstverständlich ist? Und dass gerade in unserer Branche und beim Theater und bei anderen Karrieren sehr oft die Karriere wichtiger ist als die Kinder?

Leandros   Ja, also vielleicht –

Bio   Ich sag das jetzt gar nicht so vorwurfsvoll, sondern das *ist* einfach so. Und deswegen ist das schon überraschend, dass du das gemacht hast.

Leandros   – also ich verstehe auch beide Seiten. Es gibt Künstler, die vielleicht auch Angst haben, dass, wenn sie die Karriere ein paar Jahre aufgeben, dass dann kein Erfolg mehr da ist; aber auf der andern Seite möcht ich nicht immer dem Erfolg hinterherlaufen – und wollte eigentlich mein Privatleben *haben*! Das [ist] für mich schon sehr wichtig, die Familie einfach!

[26.1.1999, Folge 306 unter der Überschrift »Ich bleib mir treu« / Zweiter Gast ist Maite Kelly, jüngste Tochter der vielköpfigen amerikanisch-irisch-deutschen »Kelly Family«]

Bio   Sie wohnen jetzt auf Schloss Gymnich?
Maite Kelly   Das stimmt.
Bio   Mein Gott, das Bett ist noch warm von den größten Staatsmännern und -frauen dieser Welt; das war ja Gästehaus der Regierung!
Maite Kelly   Ja, jetzt sind die Schmuddelkinder eingezogen!   *Bio und Zuschauer im Studio lachen laut / Applaus*
Bio   Wie viel Zimmer hat denn das Schloss?
Maite Kelly   Ich weiß nicht. Ich find jeden Tag ʼn neues Zimmer!   *Lachen*
Bio   Köstlich.
Maite Kelly   Es ist einer unsrer Träume gewesen, immer schon! Mein Vater und die ganze Familie sind Liebhaber von Antiquitäten – und so ʼn Schloss ist natürlich der – wir sind ein Clan, wir sind ʼne große Familie; und es kommen noch ʼn paar Familien dazu.
Bio   Wissen Sie, was ich so toll finde: Die Familie hat zuerst im Bus gelebt.
Maite Kelly   Das stimmt.
Bio   Dann auf einem Boot.
Maite Kelly   Ja.
Bio   Und jetzt in einem Schloss, und damit der Übergang vom Boot nicht so schwer fällt, ist es ein Wasserschloss!   *Lautes Lachen / Applaus*

[2.9.1997, Folge 243 unter der Überschrift »Meine Maske und ich« / Letzter Gast ist der Bandleader und Komponist Hans genannt James Last, der ebenso ruhig wie schwer verständlich antwortet / Ihm gegenüber sitzen die angeregt zuhörende Schauspielerin Katja Riemann und der stumm zuhörende Pantomime Marcel Marceau]

Bio   Mussten Sie als »höhere Tochter«, wie wir das alle waren, auch Klavierspielen lernen?
Last   Ja, selbstverständlich. Und meine erste Lehrerin hat gleich gesagt: »Aus dem wird *nie* was!«

Riemann   Haben Sie auch Klavier gelernt, Herr Biolek?

Bio   Natürlich, aber ich kann *nichts* mehr. Aber wir mussten doch so – in besseren, also ich war so bürgerlich, Vater war Rechtsanwalt – und da musste man Klavier spielen, das war damals so. Ich war nicht begabt.

Riemann   Ich auch nicht.

Last   Ich auch nicht.   *Zuschauer im Studio lachen*

Bio lachend   Aber zum Glück hat's dann für was anderes gereicht! Also die Klavierlehrerin, die vergessen wir. Aber dann waren Sie ja Bassist, und zwar richtig beim Rundfunksinfonieorchester!

Last   Nicht beim Sinfonieorchester.

Bio   Oder wo warn Sie?

Last   Na ja, früher 'n bisschen gejazzt. Also ich hab Bass studiert, richtig, auch von der Klassik-Seite her.

Bio   Aber wie kommt dann ein Jazzer zu diesem »Happy-Sound«, zu diesem »Party-Sound«?

Last   Das hat sich so ergeben.

Bio   Irgendwie einmal so 'ne Platte gemacht?

Last   Na, so einfach ist das ja auch nicht! Ich hab – *Riemann und Zuschauer lachen* – mit sechzehn Jahren angefangen, Arrangements zu schreiben – man sagt »fleißig« dazu, ja; ich hab immer viel Zeit gebraucht, wenig geschlafen und viel gearbeitet immer.

Bio   Wie macht man das eigentlich, wenn man Melodien anderer nimmt und die dann so umarbeitet? Muss man da die Rechte sich besorgen, oder?

[…]

Kann man das nehmen, kann man so berühmte Melodien nehmen?

Last   Ja, wenn die einmal veröffentlicht worden sind, dann kann man sie bearbeiten.

Bio   Ich mein, Beethoven kann sich nicht mehr wehren, aber ich mein jetzt so die andern! Hat sich mal einer gemeldet und gesagt: »Das klingt aber eigenartig bei Ihnen!«?

Last   Nein, eigentlich nicht.   *Zuschauer lachen laut / Applaus*

[…]

Bio   Die Plattenfirma hat Sie als »Party-König« apostrophiert. Sind Sie ein »Party-Mensch?«

Last   Eigentlich schon.

Bio   Feiern Sie gern?

Last   Ja, klar.

Bio   Dann haben Sie aber doch eine gute Maske, weil: Wenn Sie da so stehen, sehen Sie eher ziemlich cool aus, so »emotionslos«, würd ich sagen.

Last   Na, aber hier innen, da geht's aber rund!   *Zuschauer lachen*

Bio imitiert den dirigierenden Last   Na ja, also man kennt [Sie anders]: [Er] steht immer so da und lächelt so 'n bisschen und so. Aber Sie machen richtig Party?
Last   Ja.

[24.1.1995, Folge 144 unter dem Schlagwort »Idole« / Zweiter Gast ist die deutsche Techno-Queen Marusha Geiss, bekannt als DJ Marusha]

Bio   Was ist das für ein Lebensgefühl, das diese Musik transportiert? Kann man das überhaupt definieren – oder hat man das nur im Bauch?
Marusha   Also sicher is es eine Bauch- und Herzangelegenheit! Es is eine technische Musik, die mit elektronischen Geräten hergestellt wird. Und jedes Jahrzehnt hat so seine Mode und auch so seine Musik. Und das is so die Musik der heutigen Jugend. Und, ja, das Gefühl, das man dabei hat? Also ich hab damit sehr viel gemein, denn wenn ich auf so Partys gehe, macht mich das sehr fröhlich; das ist eine Gemeinschaft, die sich da trifft, die frei von Gewalt ist, die fröhlich is, die frei von Rassismus is, sehr offenherzig is, sehr kommunikativ is. Und das ist schon ein relaxedes Gefühl, da hinzugehn und zu feiern! Man muss jetzt als Frau keine Angst haben: Dann kommt einer und baggert die ganze Zeit, oder kommt einer und bedroht mich –
Bio unterbricht   Die sind so beschäftigt mit dem Tanzen, mit dem Rhythmus – gar keine –
Marusha gleichzeitig   Ja, man tanzt. Also man tanzt nicht mehr zu zweit, sondern es tanzen –
Bio   Ganz allein?
Marusha   – nee, es tanzen alle zusammen. Also man ist nicht alleine.
Bio   Spielt Sex keine Rolle?
Marusha lachend   Bestimmt! Müsste man die Raver alle mal fragen!
Bio   Ah ja! Also ich mein aber: Es ist nicht vordergründig?
Marusha   Nein, ich denke mal, das Sexleben –
Bio unterbricht   Mehr erotisch?
Marusha   – ach so, jetzt von der Kleidung her?
Bio   Nein, nein, überhaupt die Veranstaltung – auch von der Kleidung, von allem?
Marusha   Ich denke, wenn man Gefühle zeigt, hat das immer 'ne Form von Erotik.
Bio   Erotik, ja.
Marusha   Auf jeden Fall. Und ich denke, jeder Raver, der jetzt auf 'nen Rave geht, kleidet sich zwar sehr erotisch, möchte aber bestimmt nicht im Vordergrund jetzt das Sexuelle haben, sondern zeigt einfach: »Ich bin selbstbewusst!«

Bio   Das hat was Narzisstisches?

Marusha   Bestimmt auch, ja, weil's was sehr Individuelles is.

[…]

Bio   Sie selbst haben immer wieder gesagt, dass Sie gegen Drogen sind. Aber es ist ja nichts Neues für Sie, wenn ich sage, dass man doch die Techno-Szene stark speziell mit Ecstasy verbindet; also jetzt nicht so sehr mit den ganz harten Drogen, die man spritzt, sondern mit diesen Tabletten. Weil die natürlich bei diesen langen Raves, die ja teilweise zwei Tage dauern – dann sagt man immer, also ohne so 'n bisschen Nachhilfe mit »E« würde man das ja gar nicht durchstehn. Ich denk mal, das kann man nicht ganz leugnen, dass das eine Rolle spielt?

Marusha   Nein, das stimmt! Also die Drogen sind auf jeden Fall vorhanden. Nur darf man natürlich nicht pauschalisieren!

Bio   Nein, nein.

Marusha   Man kann jetzt nicht die ganze Rave-Gesellschaft kriminalisieren und sagen: »Alle, die da hingehen, sind drauf und schmeißen ein!« Natürlich gibt's einige, die das tun. Aber das ist, denk ich mal, auch ein gesellschaftliches Problem, das breit gefächerter ist. Denn es gibt viele Schauspieler, die wirklich Non-Stop-Kokser sind; es gibt auch bestimmt bei den Politikern Menschen, die was weiß ich was einwerfen. Das Oktoberfest: sechs Millionen Liter Bier und zwölf Millionen Liter Urin – wenn man den mal untersuchen würde, ich weiß nicht, was man da finden würde! Also davon abgesehen: Man kann das wirklich nicht pauschal kriminalisieren. Dass es da ist, ist sehr richtig, und ich denke, man müsste auch was dagegen unternehmen, aber nicht auf dieser moralischen Ebene! Denn man kann Jugendlichen –

Bio unterbricht   Das würde nichts bringen?

Marusha   – man kann Jugendlichen nicht sagen: »Ich verbiete dir das!« Denn dann –

Bio unterbricht mit erhobenem Zeigefinger   Oder: »Ihr sollt nicht …!«

Marusha   – nein, weil, ich mein, in dem Moment, wo man jemandem was verbietet, macht er's erst recht. Man muss das ganz anders –

Bio unterbricht   Aber Sie sind insofern auch ein Vorbild, als Sie immer wieder sehr deutlich sagen, Sie brauchen's nicht und sind trotzdem gut drauf – wie man sieht!

Marusha gleichzeitig   Nein! Ja, also ich hab außer Zigaretten und Alkohol noch nichts in *der* Hinsicht – also kein Ecstasy, kein LSD, kein Kokain, kein »Speed« – nichts an diesen Drogen – oder Heroin oder was auch immer – an meinen Körper gelassen, weil ich schon immer Angst vor Drogen hatte. Wenn's nicht so gewesen wäre, hätt ich, kann sein, auch mal irgendwas probiert. Aber ich hatte 'nen Erlebnis mit dreizehn: Ich war Punk. Das war so mein »Coming-out«, revolutionär zu sein: Punk-Musik. Und da war ich mit Leuten zusammen, die »Speed« gefixt haben. Und ich hatte da eben eine Situation, dass da ein Mädchen mit 'ner Spritze auf 'ner Toilette lag. Und das hat mich so geschockt, dass das für mich einfach der Schock fürs Leben war. Das war vielleicht für mich gut, günstig – wie auch immer!

[8.2.2000, Folge 349 unter der Überschrift »Lauter Chorknaben« / Erster Gast ist der Moderator, Komponist und Musiker Stefan Raab]

Bio Waren Sie ein, bevor Sie prominent waren, ein eher zurückhaltender Typ, wenn es zum Beispiel darum ging, in der Disco jemand anzuquatschen? Oder gleich drauflos?

Raab Ja, da war ich fürchterlich schüchtern. Also bin ich –

Bio unterbricht Sind Sie das eigentlich, jetzt mal abgesehen von der Prominenz, immer noch – letztlich?

Raab – das kommt auf die Situation an. Wenn ich meine Fernsehsendung mache, natürlich bin ich da offensiv; aber –

Bio gleichzeitig Das mein ich ja! Aber im Privaten?

Raab – aber ich bin eigentlich eher zurückhaltend, auch wenn man's nicht meint.

Bio Und wie haben Sie Ihre Freundin kennen gelernt?

Raab Das war durch Freunde. Also ich bin auch nicht hingegangen und hab gesagt: »Hallo, Baby!« *Zuschauer im Studio lachen*

Bio Da hat Sie jemand zusammengeführt?

Raab Ja ja, ja ja.

Bio Und da waren Sie aber schon prominent! Ist das dann ein Problem – herauszufinden, ob's ein Fan ist oder ob's wirklich vielleicht sogar Liebe sein könnte?

Raab Ja, aber ich denke, das merkt man, wenn man sich genug Zeit lässt. Und so. Wenn man immer sagt: »Du, ich bin mal wieder pleite. Kannst du mir mal 'ne Mark borgen?« Und so – *Bio lacht* – und die bleibt dann trotzdem noch bei einem, dann merkt man, das kann ganz okay sein! *Bio und Zuschauer lachen laut / Applaus*

[17.3.1998, Folge 271 zur Fragestellung »Was bin ich?« / Zweiter Gast ist Karl Moik, seit 1981 Gastgeber der ARD-Show »Musikantenstadl«]

Bio   Ja, Herr Moik, was sind Sie?

Moik   Ich würd sagen »Fernsehkaschperl«!

Bio   »Fernsehkaschperl«?

Moik   Ich muss sagen, ich hab als Kind immer den Kaschperl gemocht. Und es gibt eigentlich nix Positiveres, als wie ein »Fernsehkaschperl« zu sein für die Menschen. Denn ich denke, ob's zu Ihrer Zeit war oder ob's zu meiner Zeit jetzt is: Unterhaltung is wichtiger denn je.

[…]

Bio   Ihr Vater, hat der Sie zur Musik gebracht? Der war doch Musiker?

Moik   Ja, mein Vater war ein »Drauf-und-Davon«! Das heißt: Der hat a Mordsfreude g'habt, mich zu zeugen, aber dann *war* er Papa! ***Zuschauer im Studio lachen***

Bio   Dann war er weg?

Moik   Dann war er weg.

Bio   Also nicht auf und davon, »drauf und davon«! Das heißt: Sie sind ohne Vater aufgewachsen?

Moik   Ich bin ohne Vater aufgewachsen. Meine Mutter war Chefsekretärin in einem großen Betrieb in Hallein [bei Salzburg]. Und damals war es ja so: Sie musste auch Samstag, zum Teil auch noch Sonntag arbeiten; meine Großmutter, die hat an schlechten Fuß g'habt, die hat kei Chance g'habt, auch nur einen Meter hinter mir herzusausen. Da bin ich auf der Straße aufgewachsen. Wir waren arm wie die Kirchenmäuse.

Bio   Aber da musste man sich behaupten, und das ist vielleicht keine schlechte Schule für das, was Sie heute machen?

Moik   Das ist richtig, das ist richtig. Man musste sich durchbeißen – im wahrsten Sinne des Wortes.

[29.9.1992, Folge 47 zum Thema »Die harte Tour – Deutsche im amerikanischen Showbusiness« / Die beiden ersten Gäste sind die deutsch-amerikanischen Illusionisten Uwe Ludwig Horn und Siegfried Fischbacher alias »Siegfried & Roy«, die mit leicht amerikanischem Akzent sprechen / Im Hintergrund liegt der dreijährige Tiger »Mantra«]

Bio   Also ich finde, der allergrößte Zaubertrick, um [nicht] zu sagen: das größte *Kunststück* ist ja eigentlich, dass aus diesen zwei Jungs aus Deutschland diese Super-Stars vom »Las Vegas Strip« geworden sind! Das ist doch eigentlich fast wie ein kleines Wunder?

Siegfried   Also ich glaub ja nicht an den Zufall, sondern ich denk, es is alles Bestimmung im Leben! Wie mir uns getroffen ham auf 'm Schiff [auf dem Kreuzfahrtschiff »Bremen«], das war alles Bestimmung. Zu *der* Zeit war natürlich alles irgendwie verrückt –

Bio unterbricht   Es war hart. Also wenn man das Buch liest [»Siegfried and Roy – Mastering the Impossible«], das ist zu zwei Dritteln eigentlich *nur* eine Beschreibung einer *ganz* schweren Kindheit von beiden, einer Jugend, die nur aus Träumen bestand, weil die Realität so entsetzlich war.

[...]

Roy   »Siegfried & Roy« haben sich nicht hinter ihre Probleme versteckt. Sie sind nicht böse oder halten es ihren Eltern vor, dass sie nicht das gehabt haben, sondern es hat ihnen stark gemacht. Es hat uns den Rückgrat gegeben, um es zu –

Siegfried   Unsere Eltern, die ham uns doch mit der Stärke, durch Strenge vielleicht das Disziplin gegeben, und mit dem Disziplin ham mir's doch geschafft! Irgendwie auch mit Gefühl, mit 'm europäischen, deutschen Denken kombiniert mit 'm amerikanischen Business, irgendwie hat sich das –

Bio unterbricht   Ich mein, eine Sache ist unheimlich optimistisch, wenn man das Buch liest: Wenn man einen Traum hat, an ihn glaubt, *sehr* streng und geradezu *stur* dieses Ziel verfolgt, kann man es unter Umständen schaffen. Das ist ja eigentlich unglaublich!

Roy   Ich denk schon. Wir alle träumen, wir alle haben Wünsche. Und zu unserer Zeit – das war das Einzigste, was wir hatten. Es gab ja nichts. Spielzeug und so weiter war nicht da. So, wir mussten in unserer – zumindest ich musste in meiner Phantasiewelt leben. Und da waren die Tiere und die Natur natürlich ausschlaggebend. Und dann – heutzutage: Auf der Bühne leb ich eigentlich meine Kindheit. Also ich leb meine Phantasie und meine Träume. Ich mag gerne eine heile Welt. Und darin geb ich meinem Publikum, was ja – jeder is ja 'n Kind im Manne oder jeder träumt ja oder jeder wünscht sich –

Siegfried   In jedem is a kleiner »Siegfried & Roy«, in jedem is ein kleiner »Siegfried & Roy«!

[6.5.1997, Folge 238 unter dem Schlagwort »Einzelgänger« / Erster Gast ist der Sänger und Schauspieler Manfred genannt Freddy Quinn]

Bio   Was machst du, wenn du nicht arbeitest?

Quinn   Na ja, man arbeitet ja immer. Bio, du liest ja, du bildest dich weiter, du heckst Ideen –

Bio unterbricht   Weil du ja nicht kochen kannst! Ich frag mich – ich bin ja immer mit –

Quinn gleichzeitig – ja, das ist der einzige Fehler, das muss ich sagen.

Bio Das nehm ich dir auch übel, dass du nicht kochen kannst!

Quinn Ja, das stimmt; das kannst du auch! Das einzige Mal, dass ich – ich kann eine »Schwitze« kochen, wenn du weißt, was das ist.

Bio abwehrend Nee, das brauch ma nicht!

Quinn »Einbrennsuppe« ist das. *Zuschauer im Studio lachen*

Bio leicht angewidert Ja, das ist altmodisch, das ist sehr altmodisch!

Quinn Und die hat meine Großmutter mir gezeigt, wie sie geht: Schmalz, Butter und Brösel – und dann kommt heißes Wasser drauf –

Bio gleichzeitig Ja, ja, da hat – das – ja, ja – da – ja, ja –

Quinn – ein bisschen Kümmel – und kein Mensch kann's essen.

Bio lachend Genau! *Zuschauer lachen*

[16. 11. 1993, Folge 94 unter der Überschrift »Gesungene Träume – 40 Jahre deutsche Hits« / Dritter und vierter Gast sind Udo Jürgen Bockelmann alias Udo Jürgens sowie Udo Lindenberg, denen die Geschwister Caterina und Silvio Francesco Valente gegenübersitzen]

Bio zu Jürgens Hast du Gesangsunterricht genommen?

Jürgens Ganz kurz mal. Aber ich hab gleich gemerkt: Das ist das Ding, was für unsern Beruf irgendwie nicht läuft. Also diese Opernausbildung ist eigentlich eher verkehrt. Man muss seinen Weg finden mit seinen eigenen Tönen, die man irgendwie draufhat – *Jürgens zu Lindenberg* – wir haben so irgendwie jeder ganz andere Töne drauf. Es sind sehr spezielle eben in unserer Musik. Sich auszudrücken, das muss sehr persönlich klingen! Während die Opernsänger sich ja bemühen, einem Schönheits-, Stimmideal nachzueifern, und die gesamte Ausbildung darauf abgerichtet ist, dass die Stimme –

Bio zu Lindenberg – kann man das von Udos Stimme zum Beispiel nicht sagen!

Jürgens – von meiner auch nicht, nein.

Lindenberg Die Opernleute singen ja auch mit Vibrator! *Bio, die Geschwister Valente und Zuschauer im Studio lachen sehr laut / Applaus*

[Silvio Francesco Valente verstarb am 20. 8. 2000]

Fundstück

[»Hausmann«, Song von Funny van Dannen, veröffentlicht auf der Live-CD »Melody Star« / Trikont, München 2000]

Oh Hausmann, angeblich gesellschaftlich anerkannt,
wie viele lachen dich aus hinter vorgehaltener Hand!
Oh Hausmann, oh Hausmann, sieh doch endlich ein:
Eine Einbauküche kann kein Cockpit sein!
Während die anderen Häuser bauen, musst du Wäsche sortieren,
wenn du die »Teletubbies« guckst, müssen andere operieren,
während andere Konzerne retten und keine Härte scheuen,
ziehst du dir einen alten »Tatort« rein und schläfst bei »Bio« ein.
Wo sind denn da die Abenteuer, wo sind da die Thrills?
Ist es das denn wirklich, was du vom Leben willst?
Was ist denn daran männlich? Sei mal bitte ehrlich, Jens!
Und erzähl mir nichts: Du drückst dich doch nur vor der Konkurrenz!
Oh Hausmann, angeblich gesellschaftlich anerkannt,
wie viele lachen dich aus hinter vorgehaltener Hand!
Oh Hausmann, oh Hausmann, sieh doch endlich ein:
Eine Einbauküche kann kein Cockpit sein!

Ausschnitte aus Gesprächen mit ...

[3.10.1995, Folge 168 unter der Überschrift »Wie im Rausch« / Erster Gast ist der Rennfahrer Michael Schumacher, Formel-1-Weltmeister 1994 und – zum Zeitpunkt des Gesprächs schon absehbar – auch des Jahres 1995]

Applaus / Bio begrüßt Guten Abend, meine Damen und Herren! Unser Thema heute Abend heißt »Wie im Rausch«. Meine Gäste sind Harald Juhnke – herzlich willkommen – *Applaus* – die Sopranistin und Star der Bayreuther Festspiele, Waltraud Meier – *Applaus* – der Chef der Berliner »Volksbühne Ost«, Frank Castorf – *Applaus* – und Harald Schumacher! *Applaus / Michael Schumacher tritt auf, schüttelt Bio die Hand, setzt sich, beugt sich nach vorne zu Bio, legt seine linke Hand auf Bios Knie, lacht* Sie können aber auch »Michael« zu mir sagen!
Bio Darf ich »Michael« sagen?

204

Michael Schumacher grinst Sie dürfen, ja, ja!

Bio Ich darf das. *Zuschauer im Studio lachen / Bio beugt sich nach vorne, legt seine rechte Hand auf Michael Schumachers Arm* Ich heiße »Alfred«! *Zuschauer staunen / Bio lachend* Das ist ja immer schön! Ich bin ja ein bisschen zurückhaltend.

Michael Schumacher Weil: Der Harald, der stand früher im Tor!

Bio Der Harald Schumacher stand früher im Tor. Michael – genau, Harald Schumacher, Michael – hab ich »Harald Schumacher« gesagt? *Michael Schumacher grinst / Zuschauer johlen* Das ist ja doll, das gibt's ja nicht! *Langer Applaus* Das hab ich überhaupt nicht gemerkt. Das ist ja fast so toll – wie mein Kollege mal, als Frau Kohl bei ihm in der Sendung war, hat er gesagt: »Und hier die Gattin unseres Bundeskanzlers Helmut Schmidt!« *Zuschauer lachen* Na ja, also ich bin völlig irritiert jetzt.

Michael Schumacher Aber der Familienname stimmte!

[...]

Bio Sie haben in einem Interview [nach dem Sieg auf dem Nürburgring in der Vorwoche] gesagt, dass die Fans, die gejubelt haben, Sie *auch* angespornt haben.

Michael Schumacher Richtig, ja.

Bio Wie kriegen Sie das mit? Ich hatte immers Gefühl, dass Sie dort sehr autistisch in diesem Auto sitzen und eigentlich völlig abgeschieden von der Welt – *Bio ahmt mit seinen Händen wie auch lautmalerisch das Vorbeirasen von Rennwagen nach* – und hüihüihüihüi oder so was hören – *Zuschauer lachen* – und dass auch die Fans optisch eigentlich eher so an Ihnen vorbeirasen – wie kriegt man dann mit, dass die Fans jubeln?

Michael Schumacher grübelt, zögert, lacht Ja, hmmm, da fehlen mir sogar die Worte. *Bio und Zuschauer lachen*

[18. 2. 1997, Folge 227 zum Thema »Liebe am Arbeitsplatz« / Letzter Gast ist die querschnittsgelähmte Leichtathletin Marianne Buggenhagen, »Sportlerin des Jahres 1994«, mehrfache Medaillengewinnerin der »Paralympics« und Weltmeisterin]

Bio Was bedeutet Sport für Sie als Behinderte?

Buggenhagen Am Anfang, würd ich sagen, war es sogar 'ne Lebensbewältigung. Ich war ziemlich tief unten, also depressiv, wie ich eben in den Rollstuhl kam [bei einem operativen Eingriff zur Behebung eines Bandscheibenvorfalls wurde das Rückenmark verletzt], und ich wusste eigentlich mit meinem Leben gar nichts anzufangen. Und der Sport hat mir eigentlich geholfen, ja, 'n bisschen Selbstbestätigung zu bekommen; ich hatte Sportkameraden, für die ich plötzlich auch Leistungen bringen wollte. Die haben mich zum Beispiel zu 'n DDR-

Meisterschaften geschickt in der Hoffnung, dass ich DDR-Meister wurde. Und ich wurde DDR-Meister – und sie haben sich gefreut. Und das war für mich irgendwie sehr wichtig: sehr wichtig, neu anzufangen. Der Sport hat da unwahrscheinlich viel dazu beigetragen.

Bio Die meisten Nicht-Behinderten haben gar keine große Ahnung; die »Paralympics« [die Olympischen Spiele der Behinderten] haben ja auch keine so hohen Einschaltzahlen wie die »richtigen« Olympischen Spiele. Viele verwechseln, glaub ich, den Sport der Behinderten mit so einer Art Krankengymnastik! Bei Ihnen ist es doch auch ein Leistungssport?

Buggenhagen Ja, bei uns besteht die Pyramide genauso wie bei den Nicht-Behinderten: über Rehabilitationssport, Gesundheitssport zum Breitensport, bis zum Leistungssport. Und ich denke, wenn man vier Stunden pro Tag trainiert –

Bio unterbricht Ist das [das], was Sie tun?

Buggenhagen – ja, ist das kein Rehabilitationssport oder kein Breitensport mehr!

Bio Vier Stunden pro Tag, jeden Tag!

[...]

Sie machen alle möglichen Disziplinen, unter anderem auch Kugelstoßen. Wie muss man sich das vorstellen? Haben Sie mal so 'nen Vergleich angestellt zwischen einem, der nicht im Rollstuhl sitzt, also ein Nicht-Behinderter –

Buggenhagen Ja, wir haben mal den Udo Beyer und den Ulf Timmermann, das sind Olympiasieger und Weltmeister, in den Rollstuhl gesetzt, einfach um mal 'nen Vergleichswert zu bekommen. Wenn ich acht Meter stoße, das sagt ja nichts aus; wenn Udo zwanzig Meter stößt, da kann jeder mit umgehen. Und die beiden waren bereit, den Rollstuhl als Sportgerät zu nutzen, haben so 'n bisschen trainiert, haben sich in meinen Stuhl gesetzt – und haben gestoßen und geworfen: schlecht! *Zuschauer im Studio lachen*

Bio lachend Schlecht. Das ist schon doll!

[...]

Als Sie »Sportlerin des Jahres« wurden – das war ja nun eben *nicht* »Behinderten-Sportlerin des Jahres«, sondern »Sportlerin« – wurde das so akzeptiert?

Buggenhagen Das wurde akzeptiert, aber ich hab auch sehr viel Post bekommen, ja, ich möchte mir auf diese Ehrung nichts einbilden, denn diese Ehrung fand kurz vor Weihnachten statt – und da kauft man sich schon mal halt frei. Ich mein, diese Post hat mir unwahrscheinlich wehgetan! Diese Ehrung findet *immer* vor Weihnachten statt. Und ich glaube, dass der Behindertensport es verdient hatte. Also ist da doch noch nicht dieses Verständnis überall da! *Applaus* Was auch noch so typisch war, ist: Alle »Sportlerinnen des Jahres« wurden zum Beispiel ins »Sportstudio« eingeladen, ich wurde vom »Gesundheitsmagazin« [zwei Sendereihen des ZDF] eingeladen. *Zuschauer staunen*

Bio seufzt Das ist unglaublich!

[3.2.1998, Folge 265 unter dem Schlagwort »Mannsbilder« / Letzter Gast ist der Boxer Torsten May, Amateur-Weltmeister 1991 und Olympiasieger 1992]

Bio   Sie wurden »gehandelt« als der designierte Nachfolger von »Sir« Henry Maske, dem Gentleman, den ich sehr schätze. Tja und dann, vor sechs Wochen, haben Sie einen Kampf abgebrochen, aufgegeben.

May   Ja.

Bio   Kommt das eigentlich häufig vor?

May   Eigentlich nicht. Also ich hab mir auch persönlich nie vorstellen können, in 'nem Boxkampf aufzugeben. Das war eigentlich in meiner Vorstellung, in meiner Gedankenwelt nicht vorhanden. Und dann ist es doch passiert.

Bio   Kann man das so auf den Punkt bringen – also erst mal: Sie haben gekämpft gegen einen Schweizer –

May   Stefan Angehrn, ja.

Bio   – und was ich dann so darüber gelesen hab, da hieß es immer, eigentlich waren *Sie* der Stärkere. Und ganz lange ging der Kampf auch ganz zu Ihren Gunsten aus?

May   Ich glaub, das ist auch das gewisse Problem an der Sache der Aufgabe: Ich war zwar der große Favorit, wenn ich [das] mal sagen darf; und die ersten drei, vier Runden sind auch dementsprechend verlaufen. Aber ich hab keine Zufriedenheit durch diese Runden erlangt. Ich hab nicht gemerkt, dass ich überlegen bin, obwohl 's vielleicht optisch so aussah. Ich bin immer unsicherer geworden von Runde zu Runde, war in gewisser Weise auch sehr unzufrieden mit meiner Leistung. Es hat sich zugespitzt und dann kam 's zur Aufgabe eigentlich.

Bio   Aber da muss ja noch mehr passiert sein, also –

May   Da is sehr viel passiert! Also ich hab wirklich gekämpft mit mir seit der fünften Runde. Ich dacht: Was machst du hier? Also ich stand in gewisser Weise neben mir, hab gemerkt, dass ich immer härter getroffen werde.

Bio   Ja, Sie mussten *dann* ganz schön Schläge einstecken!

May   Offensichtlich! Und hab dann gegrübelt: Versuchst du, dich hier durchzuquälen mit der Substanz, die du noch besitzt? Es war nicht mehr viel; also ich hab wirklich an mir selbst gezweifelt! Und setzt irgendwo in gewisser Weise deine Gesundheit aufs Spiel? Das war so 'n Widerspruch, der so zwischen Runde 5 und 9 sich abgespielt hat in meinem Kopf.

Bio   In so einem Fall war wahrscheinlich der Moment, wo Sie angefangen haben zu zweifeln, der Beginn des Endes?

May   Ich glaube, wenn man als Sportler anfängt zu zweifeln, dann ist man schon der Verlierer.

[…]

Bio   Haben Sie in dem Augenblick – während des Kampfes, kurz bevor Sie dann aufgegeben haben – an Ihr Kind gedacht oder an Ihre Frau?

May   Na ja, da sind mir tausend Gedanken durch den Kopf gegangen. Ich – ich hab an alles gedacht.

Bio   Das lenkt ja natürlich auch ab?

May   Natürlich, also man muss versuchen, an seiner Strategie festzuhalten und an den Kampfstil und an die Taktik zu denken. Und die war vollkommen dahin.

Bio   Also Sie haben nicht aufgegeben wegen physischer Schmerzen?

May   Überhaupt nicht! Es waren eher psychische Schmerzen.

Bio   Hatten Sie nachher [ein] schlechtes Gewissen gegenüber Ihren Veranstaltern, die ja an Sie geglaubt haben?

May   Na ja, im ersten Moment schon, denn die ham natürlich auch sehr viel Hoffnung in mich gesetzt und in gewisser Weise auch investiert. Und ich bin so 'n Mensch, der will es irgendwo dem anderen, der an dich glaubt, auch wiedergeben. Und das war für mich ein schlechter Zustand; ich war sehr niedergeschlagen und sehr bedrückt, das stimmt, ja.

Bio   Hilft Ihnen jetzt jemand dabei, das wieder alles aufzuarbeiten?

May   Natürlich! Also ich hab 'ne wunderbare Frau. Und da fühl ich mich sehr wohl und kann mit ihr die Probleme besprechen. Im Großen und Ganzen: meine gesamte Familie! Da kann man sich wirklich ernsthaft über die Dinge unterhalten. Und das ist für mich natürlich sehr wichtig!

Bio   Frauen können ja meistens leichter über Ängste sprechen als Männer.

May   Ich glaub schon, ja. Also ich hab das gemerkt an den Frauen, mit denen ich's zu tun habe, also an meiner Frau und auch an meiner Mutter. Die sagen mir offen ins Gesicht, dass sie Angst um *mich* haben. Und 'n Mann hat in gewisser Weise Probleme damit zu äußern: »Ich auch!«

Bio   Ihr Vater, Ihr Bruder – alles Boxer!

May   Ja. Ich glaub, Männern fällt's schwerer, Ängste einzugestehen.

[20.4.1993, Folge 76 zur Fragestellung »Liebe und Karriere – Geht das?« / Letzter Gast ist der Boxer Henry Maske, Olympiasieger 1988, mehrfacher Europameister, Amateur-Weltmeister 1989 und Profi-Weltmeister 1993 / Zu seiner Rechten sitzt die Schauspielerin Liselotte Pulver]

Bio   Was ist denn die große Schwierigkeit oder Belastung einer Partnerschaft mit einem erfolgreichen Boxer? Also wir haben eben gesagt: »Die Angst, dass Ihnen vielleicht was passiert!« Das ist sicher eine Sache. Was ist es sonst? Ist es, dass Sie so viel unterwegs sind? Wo sind denn die Schwierigkeiten? Also eine solche Karriere, vor allem die, die Sie vor sich haben [als Profi-Boxer], die findet ja nicht zu Hause am Küchenherd statt.

Maske   Das ist schon richtig. Also insofern, glaub ich, unterscheidet sie sich nicht sehr viel von allen anderen Karrieren, die irgendwo in irgendwelcher Art und Weise, ob das im Sport [ist] oder anderen Bereichen, ganz oben – und man ist dann natürlich viel unterwegs und man braucht den Rückhalt, also ich persönlich brauch zumindest den Rückhalt in der Familie; also parallel, glaub ich, zu der Frau Pulver: Sie sprach viel an, was ich hundertprozentig unterschreiben würde. Mir geht es wirklich genauso: Ich hab 'ne starke Beziehung zu Hause.

Bio   Aber Ihre Frau ist ja nicht im *gleichen* Beruf. Was für ein – ***Zuschauer im Studio lachen leise*** – das wär schwierig!

Maske   Das wäre auch 'n bisschen – also gewagt!   ***Pulver lacht laut***

Bio   Wär schwierig, wär schwierig. Na ja, Damen-Ringkampf gibt's schon im Schlamm, aber – Damen-Boxen gibt's bestimmt auch – in Amerika gibt's bestimmt Frauen-Boxen, oder nicht? Das Land der unbegrenzten Schrecklichkeiten – ***Zuschauer lachen*** – wenn ich dieses »Wrestling« [Ringen] sehe – in diesen neuen elitären Kanälen, das ist ja wirklich schon vom Feinsten!   ***Lachen / Applaus***   Ihre Frau ist ja Mutter und Hausfrau!

Maske   Seit etwa zwei Jahren, ja.

Bio   War sie vorher berufstätig?

Maske   Sie war vorher berufstätig, ja.

Bio   Haben Sie ein *Bild* von Ihrer Partnerin, also wünschen Sie sich: jemand, der wirklich zu Hause ist und eben Sie mit dieser Ruhe der Familie ausgleicht? Oder könnten Sie sich eben genauso gut vorstellen: eine ganz Aktive, eine, die auch genauso erfolgreich ist wie Sie? So ähnlich wie das bei Frau Pulver war?

Maske   Das ist 'ne schwierige Frage, weil der Zustand des Erfolgs meiner Frau ja noch nicht vorhanden war. Ich glaube, ich möchte 'ne Frau, die auch im Leben steht; momentan hat meine Frau – na ja, ich will es nicht so hart ausdrücken – die hat eben die Aufgabe momentan übernommen, die Kinder zu versorgen, und ich –

Bio unterbricht   Hoffentlich 'n bisschen mehr als versorgen!

Maske   – und ich habe – Box-Sport ist eine relativ kurzlebige Zeit – und muss versuchen jetzt, in den nächsten Jahren noch auch damit gut umzugehen. Also ist dort meine Richtung klar abgesteckt. Insofern ergänzen wir uns sehr gut. Aber ich bin mir sicher, dass die Zukunft auch für meine Frau wieder in andern Fragen offen ist, sodass ich ihr irgendwo gar keine Steine in den Weg lege.

[…]

Bio   Wenn ich Sie so sehe und Ihre Karriere bedenke, dann ist doch durchaus zu erwarten, dass Sie demnächst in Hollywood ein Angebot kriegen! Ich meine nicht nur als Box-Champion, sondern auch als Filmstar. Wenn ich so an Schwarzenegger, »unsern Arnold« denke – vom Aussehen her können Sie da gut mithalten, mein lieber Mann!   ***Applaus***

Maske   Herr Biolek, man schmeichelt eigentlich nur Damen!

Bio   Das ist kein Schmeicheln. Jetzt geht's nämlich weiter. Oho, nein, nein, das dicke Ende kommt ja! Jetzt müssen Sie, wenn Sie so ein Angebot annehmen, müssen Sie ja [von Deutschland] nach Hollywood ziehen. Das haben wir ja schon festgestellt [im Gespräch mit Liselotte Pulver]: Nur ab und zu hin, das geht nicht! Also Herr Schwarzenegger lebt da, nicht? Und es gab ja übrigens mehr Sportler: Johnny Weissmüller, der war Schwimmer, glaub ich, und wurde »Tarzan«. *Zuschauer lachen*   Sie müssen dann dahin! Na ja, jetzt kommt die Frage »Liebe oder Karriere?«, das ist ja das Thema heute. Könnten [Sie] sich vorstellen, dass Ihre Frau sagt: »*Ich*? Soll da irgendwo nach Beverly Hills in irgend so 'n ›Riesen-Bungaloff‹, wo ich keine Nachbarn habe?« *Zuschauer lachen*   Na ja, das sind ja keine Bungalows! Bungalows, die stehn in Vororten von Köln; dort stehen »Bungaloffs«, riesige, mit einem *riesigen* Grundstück mit Security und mit Hunden, und der nächste Nachbar ist weiß Gott wo. Also das ist ja nicht so einfach! Könnte da ein Konflikt entstehen? Haben Sie darüber schon nachgedacht?

Maske   Meine Frau würde hundertprozentig, wenn ich das will, hinter mir stehn! Also Sie würde ohne Bedenken den Weg mit mir gehn.

Bio   Aber nur weil *Sie's* wollen?

Maske   Meine Frau will dahin gehen, wo ich gehe!   *Langer Applaus*

[13. 2. 1996, Folge 187 unter der Überschrift »Szenen meiner Kindheit« / Letzter Gast ist der Fußballer Hans-Hubert genannt Berti Vogts, als Spieler 1974 Weltmeister, als Trainer der deutschen Nationalmannschaft im Sommer 1996 Europameister]

Bio   Herr Vogts, Sie sind mit zwölf Vollwaise geworden –

Vogts   Ja.

Bio   – und zwar in ziemlich kurzem Abstand sind die Eltern gestorben.

Vogts   Ja, innerhalb von sieben Monaten. Meine Mutter ist zuerst gestorben – an einer Blutkrankheit – und dann – mein Vater hat sich wirklich so da hineingesteigert und – na ja, dann war ich Vollwaise.

Bio   Haben Sie denn an die Zeit vor dem Tod der Eltern, also die Kindheit, noch eine sehr intensive Erinnerung?

Vogts   Ich hatte 'ne sehr, sehr schöne Kindheit. Und ich habe auch Erinnerungen an meine Eltern; meistens zu Weihnachten oder auch Ostern – einfach so, weil man da etwas geschenkt bekam. Ich komme aus ganz einfachen Verhältnissen –

Bio unterbricht   Sie sind unmittelbar nach dem Krieg, also direkt Nachkriegszeit, aufgewachsen?

Vogts   – ja, ich bin '46 geboren. Und trotzdem hatt ich 'ne schöne Kindheit! Das versuch ich auch heute meinem Sohn zu vermitteln, auch zu geben. Das steht für mich an erster Stelle – vor »Sieg« oder »Niederlage«.

Bio   Man wird unglaublich stark geprägt, glaub ich, in der Kindheit!

Vogts   Ja, natürlich! Das muss man erst einmal verkraften: mit knapp zwölf Jahren Vollwaise zu sein! Und trotzdem hab ich es ganz gut angetroffen. Aber irgendwie fehlt oder fehlte mir damals die Mutter vor allen Dingen, ja. Weil: Ich hatte unheimlich eine Beziehung dazu. Und je älter ich wurde, je mehr hab ich meine Mutter vermisst. Auch heute noch! Und ich kann heute, wenn ich einsam bin – oder wenn ich mit meinen Eltern spreche, dann geh ich zum Grab. Und in dieser Phase – so November, Totensonntag, Volkstrauertag und Allerheiligen, Allerseelen – dann meistens muss ich aus Deutschland raus, weil ich denn sehr depressiv werde – und geh meistens in dieser Phase für eine Woche mit meiner Frau nach New York.

Bio   Das lenkt ab?

Vogts   Das lenkt ab. New York kennen Sie?

Bio gleichzeitig   Ja, ich kenn's. Ich liebe es.

Vogts   Da kommt man ganz auf andere Gedanken.

Bio   Wie war das bei der Beerdigung? Das ist doch für ein Kind auch eine ziemlich harte Erfahrung?

Vogts   Ja, die Beerdigung! Ich muss sagen, was da erwartet worden ist eigentlich von der Tante und auch vor allen Dingen von einem knapp zwölfjährigen alten Jungen, das war brutal, ja! Ich musste am Grab stehen bleiben, und alle Verwandten und Bekannten kamen, also das – auch heute kann ich auch nicht mehr und gehe ich auch ungern zu Beerdigungen und ungern auch, wo ich denn kondolieren *muss* – und meistens schreib ich einige Zeilen; aber ich kann das nicht. Ich seh ja heute noch die Bilder von Robert Kennedy, als er erschossen worden ist, wo der Kleine da am Grab stand und muss salutieren [falsch: John F. Kennedy salutierte 1963 als Dreijähriger am Sarg seines Vaters John F. Kennedy und nicht 1968 am Sarg seines Onkels Robert F. Kennedy] – das waren *furchtbare Bilder* für mich!

[24. 1. 1995, Folge 144 unter dem Schlagwort »Idole« / Dritter Gast ist der Fußballer Uwe Seeler, viermaliger Weltmeisterschaftsteilnehmer und Vize-Weltmeister 1966]

Bio   Sie haben mal gesagt, angeblich – ich kann das nur zitieren: »Das Schönste auf der Welt ist es, normal zu sein!«

Seeler   Ja. Und man hat ja auch zu mir gesagt, ich wär der stinknormalste Mensch, den's überhaupt gibt! Aber das bin ich sehr gern und möcht ich auch bleiben.   *Bio lacht / Applaus*

Bio   Aber dann wurden Sie ja doch ein *Star*. Und wie bleibt man bescheiden, wenn man ein Star ist?

Seeler Ja gut, wenn man sich voll auf seine Leistung konzentriert, dann hat man für andere Dinge überhaupt keine Zeit!

[4.3.1997, Folge 229 unter der Überschrift »Mein großer Bruder« / Zweites Gästepaar sind die Brüder Christoph und Eberhard Daum / Eberhard, der ältere Bruder, ist Erziehungsleiter eines Asthma-Zentrums in Berchtesgaden / Christoph arbeitet als Trainer für den Fußball-Bundesligisten »Bayer Leverkusen«]

Bio zu Christoph Daum »Image« wird natürlich viel von den Medien geprägt, entspricht meistens zu einem Teil der Wahrheit – also bei Ihnen liest man dann »der wildeste Mann der Bundesliga«, »der Sprücheklopfer«, »Cassius Clay vom Rhein«. *Bio zu Eberhard Daum* Wie sehen *Sie* Ihren Bruder?

Eberhard Daum Also ich seh ihn nicht so. Es liegt vielleicht daran, weil ich ihn schon als Kind so kennen gelernt hab: Er war schon immer agil und hatte als Kind also auch schon ein relativ großen Mund. Und von daher ist er eigentlich in dieser Rolle sich selber treu geblieben.

Bio lachend Ah, das is ja doll! Also für Sie ist das keine solche Überraschung?

Eberhard Daum Nein, wobei ich das auch nicht so negativ bewerte, wie das teilweise durch die Presse gegangen ist.

Bio Na, ich glaube, dass das ein Teil seines Erfolges ist doch auch!

[...]

Beneiden Sie ihn?

Eberhard Daum zögernd Ich hab mal gesagt: »Sein Gehalt, das beneid ich!« Ansonsten nicht.

Bio lachend Den Job? Das ist ein Feuerstuhl.

Eberhard Daum Möcht ich nicht mit ihm tauschen.

[Christoph Daum, designierter Trainer der deutschen Nationalmannschaft, verlor seine Arbeit als Trainer für »Bayer Leverkusen«, als ihm im Herbst 2000 durch eine Haaranalyse Kokain-Konsum nachgewiesen werden konnte]

[21.1.1997, Folge 223 unter der Überschrift »Schlechte Schüler kommen in den Himmel« / Zweiter Gast ist die Schwimmerin Franziska van Almsick, Gewinnerin mehrerer Bronze- und Silbermedaillen bei den Olympischen Spielen in Barcelona 1992 und Atlanta 1996 / Ihr Gegenüber ist der Schauspieler Heiner Lauterbach]

Bio Auch bei Ihnen haben die Medien den Star »gemacht« – da können Sie hundertmal sagen: »Ich möchte gern ganz normal sein!« Ist das etwas, was Sie manchmal irritiert, bedrückt?

van Almsick seufzt   Ja, man denkt schon ziemlich häufig darüber nach. Ich muss schon sagen, dass ich mich so ziemlich verändert habe – oder dass ich mich sehr verändert habe. Ich kann nicht von mir behaupten, dass ich gerne unter Menschen bin. Das hat sich ein bisschen verändert. Ich denk, ich bin eher scheuer geworden und zieh mich mittlerweile mehr und mehr zurück und möchte eigentlich meine Ruhe haben – von alldem einfach weg. Und das vermiss ich so 'n bisschen: Früher konnt ich über viele Dinge mehr lachen, heute seh ich viele Dinge ernster! Also mit Sicherheit hab ich mich auch ein bisschen zum Positiven –

Bio   Sie sind einfach auch reifer geworden, sind älter geworden?

van Almsick   – ja, gut, das spielt auch noch 'ne Rolle, aber trotzdem ist man schon so 'n bisschen verärgert, dass man sich da so in manche Richtung eben ein bisschen negativer –

Bio   Leben Sie noch bei den Eltern?

van Almsick   Ich ziehe um jetzt, nächste Woche.

Bio   Ne eigene Wohnung oder zu Ihrem Freund?

van Almsick   Ja, 'ne eigene Wohnung.

Bio   Aber Sie sind noch in Verbindung mit dem Freund [mit dem Schwimmer Steffen Zesner], mit dem Sie schon einige Zeit zusammen sind?

van Almsick   Ja ja, ja.

Bio   Na, das ist doch etwas Schönes, dass das möglich ist. Als Star – ist gar nicht so einfach!   *van Almsick lacht leise*

Lauterbach   Das wär ja noch schöner, wenn das nicht möglich wär!

Bio   Ja, aber das ist nicht so einfach: Man weiß doch nie, ob jemand einem die Zuneigung schenkt, weil man der Star ist, oder aus echten Gefühlen!

van Almsick   Ja, das ist schon ein Problem. Auch generell! Es geht da nicht nur um *den* Freund, sondern generell mit Freunden: Also ich kann zum Beispiel auch sagen: »Neue Freunde gewinnt man eigentlich sehr, sehr schwer!« Da ist man schon irgendwie 'n bisschen skeptischer. Jeder erzählt einem immer, man hätte das Schönste an und man wär schön – und man würde das gut machen und würde das gut machen. Und irgendwie kriechen sie alle um einen herum, und man kann dann nicht so richtig –

Lauterbach unterbricht   Misstrauisch!

van Almsick   – man ist misstrauisch, ja.

Bio   Aber, wenn Sie *alles* zusammen abwägen, überwiegt das Positive – hoffentlich?

van Almsick   Muss, ja!   *Zuschauer im Studio staunen*

Bio   Na, was heißt »muss«? Tut's nicht?

van Almsick   Ja?

Bio   Ich meine jetzt: *alles*! Der Erfolg, da zu stehn auf der Treppe, zu merken, dass man was erreicht hat?

van Almsick   Manchmal schon. Also ich denke, dass das ganze Problem einfach ist, dass der Erfolg an vorderster Stelle steht und dass man, dass ich zumindest –
Bio unterbricht   Ich mein, können Sie ihn genießen, diesen Erfolg?
van Almsick leise   – ja, einmal im Jahr, ja!   *Zuschauer staunen*
Bio seufzend   Ein hoher Preis, würd ich sagen.

[3.12.1996, Folge 218 unter der Überschrift »Man lebt nur zweimal« / Erster Gast ist der »Fußball-Kaiser« Franz Beckenbauer, als Spieler 1972 Europa- und 1974 Weltmeister, als Team-Chef der deutschen Nationalmannschaft 1990 Weltmeister]

Bio   Sie sind 51, also in den besten Jahren!
Beckenbauer   Scho?   *Zuschauer im Studio lachen*
Bio   Jo, das sind die allerbesten Jahre! Ich bin ja schon a bissel weiter; ich kann das sagen. Ab 50 sind überhaupt die allerbesten Jahre!
Beckenbauer   Na, ich muss es Ihnen ganz ehrlich sagen: Ich hab mich noch nie in meinem Leben so wohl gefühlt als jetzt.
Bio   Ich auch, ich auch. Aber planen Sie trotzdem so bisschen was für die Zeit nach 70, oder sagen Sie einfach: »Schaun mer mal!«?
Beckenbauer   Schaun mer mal!   *Zuschauer lachen*
Bio   »Schaun mer mal!« Das ist ja fast buddhistisch! Das ist die bayerische Version von Zen – »Schaun mer mal!« – abwarten, Tee trinken und sehn, was kommt. Und genauso ist es.
Beckenbauer gleichzeitig   Ja ja, ja ja. Man kann's sowieso net beeinflussen. Ich mein, Dingen – das wissen S' ja selbst –, den man nachjagt, die kriegt man eh net, also lässt man die Dinge auf sich zukommen!
[…]
Bio   Ist der Tod ein Thema für Sie?
Beckenbauer   Der Tod is immer ein Thema, ja. Also in meinem Alter, wenn ich die Zeitung so – ich lese die Zeitung rückwärts –
Bio unterbricht   Ja, ja, vom »Vermischten« –
Beckenbauer   – na, vom »Sport«; »Sport« fängt an, dann geht's über »Vermischtes«, dann geht's »Todesanzeigen« – halt ich, weil ich dann – in München schau ich dann, wer is, wen kennst du – und dann geht's halt langsam Alter, Alter und na ja, dann wird es ja immer, die Einschläge, die kommen näher. Also wird man sich automatisch mit dem Tod beschäftigen müssen, allerdings macht er mir keine Angst.
Bio   Das ist schön. Gibt es für Sie eine Vorstellung, dass es nach dem Tod weitergeht?
Beckenbauer   Ich *hoffe's*. Wissen tun ma's net, aber ich hoffe, dass es weitergeht,

214

dass es so einmaliges Exemplar wie mich – *Zuschauer lachen* – dass es irgendwie, dass des *weitergeht* –

Bio unterbricht Dass das nicht verloren ist?

Beckenbauer lachend – ja, dass des net verloren geht, des wär jo schod!

Bio Sie meinen, man müsste sagen: »Das Spiel sollte 'ne Verlängerung kriegen!« *Beckenbauer und Zuschauer lachen* Könnte das so was wie Wiedergeburt sein?

Beckenbauer Es weiß keiner, das is eine Glaubenssache.

Bio Aber ist das etwas, was Sie sich vorstellen können?

Beckenbauer Ich könnte mir vorstellen, dass die Seele, die jeder Mensch hat, also nicht jetzt so in unserm Mantel, in dem wir jetzt da leben –

Bio gleichzeitig Nicht der »corpus«, nein.

Beckenbauer – aber die Seele, dieser Motor, dieses lebensfähige Atom, dass des vielleicht nicht erlischt, sondern als Seele – oder wie man des immer bezeichnen will – dass des weiterlebt und, weiß net, irgend 'nen Sinn wird ja unser Leben haben!

Bio Können Sie sich vorstellen, dass Sie auch schon mal gelebt haben?

Beckenbauer Also man hat mir – eine Astrologin, die leider verstorben is, eine sehr gute, die hat gemeint, ich war schon mal auf der Welt und zwar irgendwann im Mittelalter in *Schottland* – muss ich irgendwann amal mei Unwesen getrieben haben. Also i ka mi net erinnern, also zu lange her.

Bio lachend Es ist sehr eigenartig, dass ich zum Beispiel immer, wenn ich im Mittelmeerraum bin, wo ich sehr gern bin und sehr oft, hab ich das Gefühl, hier bin ich zu Hause. Und dann denk ich immer: Vielleicht hab ich da schon mal gelebt? Was ich woanders eben nicht habe.

Beckenbauer Des hab ich nicht, nein, des hab ich nicht!

Bio Sie haben sich auch noch nicht zurückführen lassen?

Beckenbauer Na, ich war schon a paar Mal in Schottland, aber komischerweise hatt ich keine heimischen Gefühle!

Bio gleichzeitig Da hatten Sie keine Heimatgefühle? Na ja, dann! Zurückführen lassen haben [Sie] sich noch nicht. Man kann sich ja in Hypnose, glaub ich, kann man zurückgehen. Ich hab da – also ich hab da Bedenken.

Beckenbauer leiser werdend bis zum unverständlichen Flüstern Ja, ich auch. Also ich hätte schon a paar Mal die Möglichkeit gehabt, aber i hab mir dann g'sagt: »Na, deseses …«

Fundstück

[»Schleichende Innerlichkeit« / Essay von Susanne Fischer, veröffentlicht in »Das große Rhabarbern – Neununddreißig Fallstudien über die Talkshow«, herausgegeben von Jürgen Roth und Klaus Bittermann / Edition Tiamat, Berlin 1996, S. 111 f. / © Susanne Fischer]

Bei »Boulevard Bio« treffen wir [...] auf eine Art erweitertes Wohnzimmer. Die Atmosphäre der Arbeit, Reminiszenz an die gesellschaftlichen Kämpfe der Sechziger, mit der man sich einst im Straßenbahndepot [»Bio's Bahnhof«] gerne schmückte, ist verweht. Stattdessen warten dünnbeinige Ziertischchen mit goldenen Deckchen darauf, dass sie endlich jemand umwirft, doch nicht einmal in die Talkshow geladene Punks sahen sich dazu in der Lage. Das menschgewordene Friedenslächeln namens Biolek überzieht nämlich alle und alles mit der styroporartigen Freundlichkeit und Weltenliebe, die einen dicken stoß-, schlag- und kältefesten Puffer zwischen das Fernsehen und den Rest der Welt legt. Ja, das quietscht und ist dazu noch innen hohl, aber trotzdem funktioniert es stets aufs Neue. Bioleks bohrende Fragen beschränken sich auf Wendungen aus dem Sozialarbeitsgrundkurs, nämlich »Wie ist das bei Ihnen?« und »Kann man das so sagen?« Will er etwas eventuell möglicherweise ganz vielleicht Unangenehmes erwähnen, verknotet er sich förmlich vor Unbehagen auf dem zierlichen Sesselchen, bis man vor Mitleid beinahe weint, um sich dann heftig zu räuspern, zischend den Atem einzusaugen und schließlich hervorzubringen, es gebe Leute, die sagen, der angesprochene Gast sei vielleicht nicht der allerperfekteste Mensch der Welt. Weia! Konflikt! Tabu! Jemine, zu Hilfe!

Ausschnitte aus Gesprächen mit ...

[7.12.1999, Folge 340 unter der Überschrift »Auf der Suche« / Zweiter Gast ist Margot Käßmann, Bischöfin der Evangelisch-Lutherischen Landeskirche Hannover]

Bio Wie läuft denn das Familienleben? Sie sagten, Sie haben vier Töchter. Wie alt sind die?
Käßmann Die Älteste ist siebzehn, dann zweimal dreizehn – da kam das Glück doppelt sozusagen – und einmal acht. Mein Mann ist, seit ich Bischöfin bin, ganztags zu Hause.
Bio Ach, da hat er jetzt –

Käßmann   Er hat erst mal seine Stelle ruhen lassen. Und anders ginge es, ehrlich gesagt, auch nicht, weil ich doch jeden Tag so viel unterwegs bin. Also wir haben ein »traditionelles« Verhältnis sozusagen – nur umgekehrt, dass mein Mann zu Hause ist.

Bio   Hat es auch schon Zeiten in Ihrer Ehe gegeben, wo *Sie* alles zu Hause gemacht haben und *er* eine volle Stelle hatte?

Käßmann   Ja, wir sind jetzt neunzehn Jahre verheiratet, und es gab eine Zeit, da war ich mit drei Kleinkindern zu Hause, und er hatte die ganze Stelle; ich hab dann zwei Jahre auch Erziehungsurlaub genommen. Dann hatte ich halbe Stellen – wie das bei Müttern von Kleinkindern so ist. Und das hat sich erst geändert bei der Geburt unserer jüngsten Tochter; da hat er dann gesagt, jetzt bleibt er zu Hause, nimmt Erziehungsurlaub zwei Jahre – und dann hatte er die halbe Stelle und ich die ganze. Aber das hat sich nie als »Machtspiel« im Grunde bei uns abgespielt, sondern es ging immer danach: Was ist jetzt praktisch? Was ist für den Einzelnen dran? Was ist für die Kinder und für die Familie gut?

Bio   Gut.

[...]

Ich geh mal davon aus, dass Kinder, deren *beide* Eltern Pfarrer sind, jeden Sonntag zur Kirche gehen!   *Käßmann und Zuschauer im Studio lachen*   Dass das eigentlich auch gar nicht irgendwie groß hinterfragt wird! Aber *was* wäre jetzt, wenn eines der Kinder der *Bischöfin* sagen würde: »Nö, will ich nicht!«?

Käßmann lachend   Also das tun meine Kinder!   *Zuschauer lachen*

Bio   Nee, nee!

Käßmann   Die sind gar nicht *so* brav! Ja, wie stellen Sie sich das vor? Also ich finde, Pfarrerskinder, die geknechtet werden, beim Alten-Kreis immer vorzuspielen und jeden Sonntag in der Kirche zu sein – es müssen schon freie Christenmenschen sich herausbilden! Also eins sag ich: »Einmal im Monat muss sein!« Das sag ich allerdings.   *Bio lacht*   Und ich versuche ihnen die Möglichkeit zu geben, Kirche als etwas für sich auch, als Eigenes zu entdecken. Aber der Eindruck ist bei mir, dass wenn wir sie zwingen, auch kein freier Glaube wachsen kann!

Bio   Wie war das bei Ihnen, als Kind?

Käßmann   Ja, meine Mutter kam aus Hinterpommern; die ist streng lutherisch, selbstständig evangelisch-lutherisch aufgewachsen. Und da gab's diesen Druck schon, dass gesagt wurde: »Der liebe Gott hat sechsmal in der Woche für dich Zeit, dann wirst du wohl am siebten Tag für den lieben Gott Zeit haben!« Also da wurde gesagt: »Da wird gegangen!« Da war meine Mutter ganz klar und strikt.

Bio   Da gab's nix!

Käßmann lachend   Und ich mein, das Ergebnis war nicht so schlecht. Deshalb denk ich manchmal: Vielleicht wär's bei meinen Kindern auch besser!   *Bio und Zuschauer lachen laut*

Bio   Frau Ludin, Sie wurden im letzten Sommer bundesweit bekannt – Ihr Bild war in allen Zeitungen, weil Sie nicht bereit waren, das Kopftuch als [Grund- und Hauptschul-]Lehrerin abzulegen im Unterricht und weil Sie deswegen nicht in den baden-württembergischen Schuldienst aufgenommen wurden – nach der Referendarzeit. Wie ist der Stand der Dinge jetzt?

Ludin   Ich hab dann Widerspruch [beim Schulamt] eingelegt, kurz darauf, und inzwischen wurd mein Widerspruch abgelehnt – und vor kurzem hab ich die Klage eingereicht.

Bio   Das Verfahren beginnt jetzt, das gerichtliche Verfahren. Tragen Sie das Kopftuch immer, überall?

Ludin lachend   Also nicht zu Hause, nicht, wenn ich auf Toilette gehe. Also in der Öffentlichkeit immer!

Bio   Und warum? Also ich meine jetzt natürlich auch: Warum sind Sie nicht bereit, es abzulegen in der Klasse, obschon das ja solche gravierenden Folgen für Sie hatte?

Ludin   Für mich ist allgemein mein Glaube sehr wichtig, und das Kopftuch ist ein Teil davon. Das hat mit meiner religiösen Überzeugung zu tun, mit meiner religiösen Identität. Und ich würde mich überhaupt nicht mehr wohl fühlen ohne dieses Kopftuch. Also ich hätte da einfach Gewissenskonflikte, wenn ich's wegen dem Arbeitgeber jetzt in dem Fall ausziehn würde.

Bio   Schreibt der Koran das vor, das Tragen des Kopftuchs?

Ludin   Ja, es gibt Belege dafür sowohl im Koran als auch zum Beispiel in den Überlieferungen des Propheten.

Bio   Aber es gibt doch auch islamische Frauen, die kein Kopftuch tragen! Sind das dann schlechtere oder haben die keinen so guten Glauben?

Ludin   Nein, um Gottes willen, überhaupt nicht! Also das Kopftuch an und für sich ist kein Maßstab, in dem man eine Frau misst, ob sie gut ist oder schlecht. Das ist die Entscheidung der Frau, ob sie's tragen will oder nicht.

Bio   Es ist *Ihre* ganz persönliche Entscheidung?

Ludin   Genau, genau, die ich für mich getroffen habe!

Bio   Es gibt ja auch in dem Sinne im Islam nicht eine Kirche wie die katholische Kirche –

Ludin   Nein.

Bio   – also es schreibt *Ihnen* niemand vor?

Ludin   Nein, da hätte ich auch Probleme damit. Nur weil ich Moslem bin – heißt nicht automatisch, ich *muss* ein Kopftuch tragen, oder jede muslimische Frau *muss* ein Kopftuch tragen! Es ist jedem selbst überlassen.

Bio   Es gibt ja junge Mädchen hier, die hier leben und die lieber ohne Kopftuch hier leben würden, weil sie sich stärker integrieren wollen – aber die Eltern *zwingen* sie, das Kopftuch zu tragen. Wie finden Sie das?

Ludin   Das finde ich selber sehr erschreckend. Also ich hab damit auch meine Probleme. Alles, was mit Zwang läuft, find ich grundsätzlich nicht gut. Gerade religiöse Überzeugung sollte jedem selbst überlassen werden!

[...]

Bio   Sie mussten ja, als Sie die Referendarzeit antraten – da wurden Sie ja Beamtin auf Widerruf –, einen Amtseid leisten auf die Verfassung und auf den Lehrplan!

Ludin   Ja.

Bio   Und dieser Lehrplan verlangt Toleranz und basiert ja auch so 'n bisschen auf den christlichen Grundwerten – 's für Sie kein Problem?

Ludin   Überhaupt nicht, im Gegenteil! Die christlichen Werte, auch die jüdischen, haben den gleichen Ursprung wie der Islam, wie die islamischen Werte. Also da seh ich überhaupt kein Problem; ich empfinde es als Problem, dass man mir es nicht zutraut, in der Lage zu sein, solche Werte auch vermitteln zu können. Das ist mein Problem bei der ganzen Sache.

Bio   Frau Ludin, ich muss etwas ansprechen, obwohl ich ziemlich sicher bin, dass *Sie* damit direkt nichts zu tun haben. Aber Sie werden damit konfrontiert, dass unser Islam-Bild stark geprägt ist von Ländern wie Afghanistan, von Dingen wie diesem islamischen Strafrecht, der »Scharia«, und über das dann von einem sehr frauenfeindlichen Islam-Bild. Sie wissen, dass wir –

Ludin unterbricht   Ich hab wie Sie und andere deutsche Mitbürger auch meine Probleme damit, weil in diesen Ländern ganz klar Islam missbraucht wird für bestimmte Zwecke, ja!

Bio   Könnten Sie in Afghanistan leben?

Ludin   Ich kann mir überhaupt nicht vorstellen, also in so 'm Land zu leben, obwohl ich in Kabul, sogar in der Hauptstadt geboren bin. Aber, also es wär für mich zum Beispiel fremd!

Bio   Sie dürften ja gar nicht einen Beruf ausüben als Frau!

Ludin   Ja, genau!

[Das Verwaltungsgericht Stuttgart lehnte am 24. 3. 2000 die Klage Fereshta Ludins auf Einstellung in den Staatsdienst ab / In ihrem Urteil bezog sich die Kammer auf das sogenannte Kruzifix-Urteil des Bundesverfassungsgerichts, wonach Lehrer im Unterricht deutliche religiöse Demonstrationen zu unterlassen haben / Fereshta Ludin ist jetzt an einer privaten islamischen Schule in Berlin tätig]

Bio Sie sind verheiratet, Mutter von drei Kindern, und Sie haben eine besondere Gabe: Sie können sich mit Engeln unterhalten. Das heißt: Sie können zu den Engeln sprechen – und die Engel sprechen zurück. Ist das richtig?

Kriele Ja.

Bio Genauso, wie ich's gesagt hab, so ist es?

Kriele Genauso ist es. Und bevor ich's gemacht hab, hätt ich auch nicht geglaubt, dass das geht!

[...]

Bio Seit wann haben Sie diese Gabe?

Kriele Ich mache das jetzt sechs Jahre lang.

Bio Und wie sind Sie dazu gekommen? Kam das »aus heiterem Himmel« – wenn man schon über die Engel spricht?

Kriele »Die Geister, die mich riefen«, also die Bezeichnung der Sendung trifft eigentlich den Nagel auf den Kopf. Ich war ganz anders tätig; ich schrieb grade meine Doktorarbeit in Philosophie – und da kam eine Dame auf mich zu und sagte: »Sie können etwas, das kann ich nicht, aber ich weiß, dass Sie das können!« Und ich fand die erst ein bisschen eigenartig, die Dame, und dachte: Das ist aber spannend; ich probier das! Und es stellte sich raus, dass das ging und dass das anfing fast spielerisch. Und der eine oder andere, der da war – damals war ein Mädchen da, das kümmerte sich so ein bisschen um den Haushalt bei uns, und die sagte: »Alexa, mach das auch für mich! Ich hab so Liebeskummer. Ich will auch was fragen!« Und dann hab ich gesagt: »Das kommt nicht in Frage! Ich bin akademisch tätig. Ich hab 'ne ganz andere Zukunft vor mir. Das mach ich nicht!«

Bio Sie wollten das auch verheimlichen?

Kriele Ja, das passt ja auch nicht in eine akademische Tätigkeit. Ich hab für die Landesregierung in Vorarlberg gearbeitet, ich hab für den Rundfunk dort gearbeitet, ich hatte eine journalistische Stelle in München in Aussicht; da passt das nicht, dass man Tische rückt und mit Geistern redet! Ja, und dann hab ich das gemacht und sie gebeten, wirklich nichts zu sagen. Und dann rief sie ihre Mutter an, sagt: »Die Alexa kann was Tolles! Du musst unbedingt kommen!« Und dann kam sie, brachte eine Freundin mit. Und mit diesen drei Frauen begann das Geheimnis in die Welt zu gehen.

Bio Darf ich nochmal zurückgehen: Diese Unbekannte, die hat Sie dann irgendwann besucht. Und wie hat sie Sie eingeführt? Wie kam, wie war das – der erste Kontakt mit den Engeln? Wie muss man sich das vorstellen?

Kriele Sie – das wusst ich dann erst hinterher – *wusste* um Engel und wie die sind. Sie wusste um ihre persönlichen Engel und wie die heißen und was die sonst zu sagen haben. Und sie bat mich, ein Gebet zu sprechen – »Vater unser«, dann das »Ave Maria«, das war schon etwas schwieriger, weil ich protestantisch war zu der Zeit und das gar nicht konnte – na ja, und dann hat sie mir gesagt, was ich machen sollte, und dann hat sie –

Bio unterbricht Was war das?

Kriele – das war eine Reihe von Gebeten, eine Einstimmung.

Bio Eine Art »Anrufung«?

Kriele Eine Art »Anrufung«, die Bitte darum, mit diesen Ebenen sprechen zu können. Und das hab ich dann eben versucht. Und da sie *wusste*, worum es ging, konnte sie schauen, ob ich das sehe und ob ich das wahrnehmen kann, was der Realität ihrer Kenntnis entspricht.

Bio Sind Sie da in eine Art »Trance« verfallen?

Kriele Nein, nein! Also das hat mit »Medium« im Sinne von »Trance« und »Channeling« und so eigentlich gar nichts zu tun!

Bio Sie sind nicht ein »Medium«?

Kriele Nein!

Bio Das heißt: Die Engel sprechen nicht *durch* Sie zu andern, sondern Sie – ja, was würden Sie sagen?

Kriele Ich bin nichts anderes als eine Simultan-Dolmetscherin.

Bio Ah ja!

Kriele Die Engel teilen mit, was sie gesagt haben wollen, und ich fasse das in Worte.

Bio Sehen Sie die Engel auch?

Kriele Ja, mit den inneren Augen kann man die sehen, also die Engel sagen: »Man sieht am besten mit geschlossenen Augen.«

Bio Und wie sehen die aus?

Kriele Eigentlich gar nicht, aber sie geben sich Mühe, sich für Menschen vorstellbar zu machen. Und die meisten Menschen sprechen auf menschliche Gestalt am besten an. Es ist ja schwierig, einem Menschen zu sagen: »Da ist eine linksdrehende, vertikal fluktuierende, lila Energie im Raum, die nickt.« Deswegen ist es besser – und die Engel tun uns den Gefallen und sagen: »*Wenn* ich einen Körper hätte, *wenn* ich ein Gewand trüge, dann wäre das lila; wenn ich mich bewegen würde, dann wäre das zum Beispiel ein Nicken.«

Bio Kommen Flügel vor?

Kriele Auch. Ich dachte am Anfang ganz naiv, alle Engel hätten Flügel. Aber das ist nicht so. Und die, die keine Flügel hatten, hab ich anfangs immer versucht wegzuschicken, weil ich nicht wusste, wer das ist. Bis sie sich mir begreiflich gemacht haben!

[...]

Bio Was fragen denn die Menschen?

Kriele   Die Menschen fragen alles. Es gibt keine Fragen, die sozusagen verboten oder unerwünscht wären.

Bio   Keine tabu?

Kriele   Nein, es gibt keine Tabus.

Bio   Werden Fragen auch von den Engeln abgelehnt, nicht beantwortet?

Kriele   Es gibt manchmal Fragen, die sie in weitere Fragen zerlegen.

Bio   Hat noch nie einer Ihrer »Gäste« oder wie immer Sie die nennen, also einer der Menschen, die zu Ihnen kommen, eine provokative Frage gestellt wie etwa: »Wie heißt meine Mutter mit dem Vornamen?« Oder: »An welchem Tag bin ich geboren?« Um sozusagen festzustellen, ob die Engel sie wirklich kennen?

Kriele   Erstens ist das bisher in den sechs Jahren nur ein *einziges* Mal vorgekommen. Es scheint, dass die Menschen sehr schnell spüren, dass solche billigen Dinge in dieser Situation nichts verloren haben. Zweitens sind die Engel schlagfertig genug, um auch mit solchen Fragen denn fertig zu werden. Und drittens bleibt ihnen die Möglichkeit, eine Stunde abzubrechen. Ich hab das ein einziges Mal erlebt.

Bio   Die Engel haben abgebrochen?

Kriele   Da haben die Engel eine Stunde abgebrochen.

[5.11.1996, Folge 214 zum Thema »Geliebte, gehasste Einsamkeit« / Zweiter Gast ist Beatrice Schuppli, die im Sommer als Sennerin ganz allein auf Hochgebirgsalmen arbeitet / Sie spricht deutsch mit Schweizer Färbung / Ihr Gegenüber ist der Modeschöpfer und Fotograf Karl Lagerfeld]

Bio   Sie leben in der Nähe von Zürich, sind allein erziehende Mutter mit zweieinhalb Kindern – wenn ich das so sagen darf, sieht man ja schon – und Sie haben in diesem Jahr zum *vierten* Mal den ganzen Sommer, hundert Tage etwa, auf einer Alm verbracht. Eine Alm ist sozusagen eine »Sommerfrische« für die Kühe?

Schuppli   Ja, gezwungenermaßen, weil: In den Bergen haben die Bauern nicht so viele Fläche, also Weideflächen, und dann bringen sie halt die Kühe auf die Alp [Alm], weil sie dann in dieser Zeit ums Haus – oder wo sie gerade ihr Land haben – dann heuen können.

[...]

Bio   Da müssen Sie den ganzen Tag ganz schön arbeiten.

Schuppli   Ja, sehr.

Bio   Wann fängt das an?

Schuppli   Das fängt mit dem Licht an. Wenn es Tag wird, fängt es an; und wenn es dunkel wird, hört es auf.

Bio   Und kein Wochenende, kein freies?

Schuppli   Nein.

Bio   Und was machen Sie da? Melken, das ist klar, die [Kühe] rausführen – müssen Sie – Sie machen auch Käse?

Schuppli   Ja, genau.

Bio   Das haben Sie gelernt?

Schuppli   Ja.

Bio   Denn Sie sind ja eigentlich gelernte Kindergärtnerin. Also deswegen: Diese Senner-Sache ist ja nur ein – ja, was ist das? Ist das ein »Hobby«?

Schuppli   Das hat mich mal irgendwie angesprungen – oder so: Wie die Jungfrau zum Kind kam, wirklich zufällig kam ich an das ran. Und das hat mich so *betroffen* oder – die Seele berührt, dieses Leben da, dass ich das dann weitergemacht habe!

Bio   Sie sind ja allein; Sie haben nur die Kinder – oder zeitweise auch nur den Kleinen [im Vorschulalter].

Schuppli   Ja.

Bio   Haben Sie Telefon? Können Sie mit andern reden?

Schuppli   Ich hatte dieses Jahr in der Hütte ein Telefon, und das hat mich oft eher gestört als erfreut, weil: Ich ziehe mich dann zurück; ich lebe in dieser Welt, die ist wirklich anders als zu Hause, sie ist anders als die Stadt. Und wenn jemand dann anruft und irgendwelche Sachen erzählt –

Bio unterbricht   Das ist dann so banal wahrscheinlich?

Schuppli   – das ist so banal und so weg!

Bio zu Lagerfeld   Ja, das ist so, wie Sie aus Ihren »day dreams« [Wachträumen] nicht rauswollen!

Lagerfeld leise   Ja, genau.

Schuppli gleichzeitig   Ja, das hab ich vorhin auch gedacht, wie er das gesagt hat. Ich möchte dann auch den Mund nicht auftun. Ich möchte dann nichts sagen. Ich bin in meinen Gedanken.

Bio   Auch keine Selbstgespräche?

Schuppli   Ja, man spricht mit den Kühen auf der Alp [Alm]!   ***Zuschauer im Studio lachen***

Lagerfeld   Ich komme vom Lande, das versteh ich vollkommen. Keine Unschuld, aber vom Lande!

[…]

Bio   Was hat sich verändert bei Ihnen durch dieses Alleinsein?

Schuppli   Ich habe ein größeres Bedürfnis nach Stille, ja, nach Ruhe.

Bio   Hat sich das durch *diese* Aufenthalte verändert?

Schuppli   Ja, das hat sich verändert. Ist mir nötig geworden!

[…]

Und ich habe auch das Gefühl, dass man sehr kreativ wird, wenn man allein ist. Ich bemerke das bei meinem Jungen: Wenn er dann [auf der Alm] ganz allein ist

– er hat keinen Gefährten, [außerhalb der Schulferien] keine Schwester – er ist *unheimlich* kreativ; er beschäftigt sich den ganzen Tag – allein. Ich muss ja, ich bin zwar da, aber ich muss arbeiten, ziemlich hart arbeiten. Oft geht er ganz allein in die Berge hoch – oder mit dem Hund – oder er hat einfach *tausend* Ideen!

Bio   Das ist eigentlich ideal, wenn ein Kind gezwungen ist, sich selbst zu beschäftigen, sozusagen allein ist, aber doch weiß, dass die Mutter zum Beispiel irgendwo in der Nähe ist. Denn wenn ein Kind *ganz allein* ist, glaub ich, hat es nicht die Entspanntheit, kreativ zu sein.   *Bio zu Lagerfeld*   Waren Sie als Kind oft ganz allein?

Lagerfeld   Ja, da waren Leute, aber meine Eltern waren nicht oft da. Aber ich fand das toll. Und man ist wirklich sehr kreativ.   *Lagerfeld zu Schuppli*   Ich finde diese ganze Geschichte wunderbar!

Bio   Ich glaube, dass das toll ist, dass der Kleine weiß: Sie sind ja irgendwo erreichbar!

Schuppli   Ja, er kommt auch oft und guckt, was ich mache; wenn ich beim Melken bin, dann kommt er in den Stall. Oder er erzählt mir *unglaubliche* Geschichten, die er erfunden hat. Er hat mir eine Schöpfungsgeschichte erzählt, die hat er sich selber ausgedacht. So etwas Schönes!

Bio lachend   Das ist unglaublich!

Schuppli   Ja!

[...]

Bio   Haben Sie nicht das Gefühl, irgendwas zu verpassen in der Zeit?

Schuppli   Überhaupt nicht, nie, gar nie!

Bio   Und wenn Sie zurückkommen?

Schuppli lachend   Dann hab ich einen »Kulturschock«, ja, wirklich! Dann bin ich zu Hause und geh in den Laden einkaufen – und ich hör, was die Leute reden – *Schuppli fasst sich an die Stirn* – und ich denke: Um Gottes willen, sind das wirklich Probleme? Also *das* bewegt doch nichts!

[17.10.1995, Folge 170 unter der Überschrift »Und die Moral von der Geschicht' ...« / Zweiter Gast ist der ehemalige katholische Pastoral-Assistent Hermes Phettberg aus Wien, bekannt als Moderator der »Nette Leit Show« / Sein Gegenüber ist Ulrich Wickert, Herausgeber des »Buchs der Tugenden«]

Bio   Herr Phettberg, Sie sind ein Medienstar über Nacht geworden!

Phettberg   Ein »Starlet«.

Bio lachend   Ein »Starlet«. Ja, so hab ich mir immer ein Starlet vorgestellt.

Phettberg   Ich bin eine Art Gegenthese zu Herrn Wickert. Und trotzdem ein bisserl ähnlicher Meinung.

[…]
Ich schreib ja in Wien auch, und zwar Predigten.

Bio   Aha!

Phettberg   »Phettbergs Predigt-Dienst«. Und in *dem* Augenblick –

Bio unterbricht   Aber nicht für die Kirche?

Phettberg   – nicht für die Kirche, aber so was Ähnliches.

Bio   Was?

Phettberg   Also zum katholischen Kirchenjahr schreib ich zum jeweiligen Sonntag eine Kolumne in einer Zeitung – und die heißt »Phettbergs Predigt-Dienst«.

Bio   Aber diese Zeitung ist keine Kirchenzeitung?

Phettberg   Nein, das ist keine Kirchenzeitung. Noch nicht! ***Bio und Wickert lachen***   Und in *dem* Augenblick, wie Ihre Redaktion bei mir angerufen hat, habe ich gerade den Satz geschrieben »… den Katalog der Tugenden um die Idee der Lust erweitern …«.

Bio   Das ist schön, das ist sehr schön! Die Lust als eine Tugend!

Phettberg   Die Lust eine Tugend!

Bio   Das kann keine Kirchenzeitung sein, in der Sie da schreiben!

Phettberg   Noch nicht, aber wir arbeiten dran.

[…]
Also mein Lebensmotto ist in etwa so: »Mittagsschläfchen, Masturbation und Müßiggang«! ***Zuschauer im Studio lachen laut / Applaus***

[3.1.1995, Folge 141 mit dem Motto »Auf ein Neues!« / Die beiden letzten Gäste sind der ehemalige katholische Priester Karl Lenfers und seine Ehefrau Ilse]

Bio   Was war das, was Sie nicht mehr ertragen konnten?

Karl Lenfers   Es waren zwei Dinge. Das zweite war mir nicht bewusst. Schwierigkeiten mit der Sexualität hatte ich immer – dass ich also nicht so keusch lebte, wie die Kirche das damals vorgeschrieben hat. Das war mir bewusst; das war ein unheimlicher Druck für mich. Und dann hab ich aber im Kontakt mit Ilse gemerkt, dass das gar nicht alles ist! Ich hatte *viele* Kontakte zu den Leuten. Ich war, ja, gern gesehener Priester – »Der Pfarrer kommt!« und so – ich hatte viele Kontakte, aber ich war völlig einsam. ***Karl Lenfers zu Ehefrau Ilse***   Und ich habe erst in den Gesprächen mit dir gemerkt, was das bedeutet, mit einem anderen Menschen leben zu dürfen. Und als wir uns dann auf deine Intervention hin noch entschieden haben, zusammen zu wohnen – ich hab die Stelle gewechselt, bin in ein anderes Pfarrhaus gezogen, wo wir dann alleine wohnen konnten – vorher wohnte ich in einem Pfarrhaus mit vielen Leuten –, da hab ich das dann in unserem gemeinsamen Leben so gespürt, was das bedeutet: mit einem Menschen leben dürfen! Ich hab vorher manchmal – das waren sicher sehr außerordentliche Stunden, aber ich weiß das genau – auf der Kniebank in meinem Zimmer gekniet und mit 'm Kopf vor die Wand geschlagen; in dem Zimmer nebenan war ein Priester, der mein Mitbruder war, und im Zimmer auf der andern Seite war einer, und ich war im Grunde meines Herzens völlig einsam! Wir sind auch so erzogen worden im Priesterseminar. Und das hab ich erst mit dir erlebt, was das bedeutet: sein Leben teilen dürfen, sich mitteilen dürfen!

[11.4.2000, Folge 358 mit dem Motto »Wer sucht, der findet« / Die beiden ersten Gäste sind Abt Stephan aus dem Kloster Königsmünster in Meschede sowie sein guter Bekannter Andreas Frege alias Campino, Sänger der Punk-Gruppe »Die Toten Hosen«]

Bio Erzählen Sie uns etwas über Ihr Kloster!
Abt Stephan Ja, da gibt es viel zu erzählen; ich will es ganz kurz versuchen. Also: Ein Kloster mit etwa siebzig Mönchen – Benediktinern! Benediktiner sind so der älteste Mönchsorden hier in Westeuropa. Benedikt hat um [das Jahr] 500 gelebt; wir leben also nach einer Mönchsregel, die 1500 Jahre alt ist, versuchen die also mit den Mönchen heute neu zu entdecken.
[...]
Bio Aber alle müssen die Gelübde ablegen, die benediktinischen. Welche sind das?
Abt Stephan Das ist der »klösterliche Lebenswandel«, die »Beständigkeit« und der »Gehorsam«. Um diese Gelübde ablegen zu können, gibt es – in verschiedenen Stufen – eine Vorbereitungszeit.
Bio Sie haben jetzt zwei genannt. Ich dachte immer, dass –
Abt Stephan unterbricht Drei! »Klösterlicher Lebenswandel« –
Bio – »Keuschheit«?
Abt Stephan – das ist da eingeschlossen – in dieses erste Gelübde! Das ist da mit drin.
Campino gleichzeitig Die Ehelosigkeit! Das haben wir [bei den »Toten Hosen«] ja auch lange gehabt als Aufnahmebedingung! *Bio und Abt Stephan lachen laut*

[12.3.1996, Folge 191 zum Thema »Bräute Christi« / Letzter Gast ist Schwester Isa Vermehren vom Orden Sacre-Cœur]

Bio Sie hatten vor Ihrem Klosterleben eine Vita, die sehr künstlerisch war!
Schwester Vermehren Ja, auch, richtig.
Bio Sie sprechen nicht so gern darüber?

Schwester Vermehren   Ja, warum?

Bio   Sie waren Kabarettistin zusammen mit Werner Finck und Ursula Herking und –

Schwester Vermehren   Ja, richtig.

Bio   – Rudolf Platte, große Namen! Und Sie haben in Filmen mitgespielt.

Schwester Vermehren   Aber das habe ich alles mit der linken Hand gemacht, Herr Biolek! Das war alles sozusagen zufällig, das war im Grunde nie eine richtige Planung von mir. Da hab ich mich auch nie –

Bio unterbricht   Das hat sich so ergeben?

Schwester Vermehren   – das hat sich so ergeben. Das hab ich sehr gerne wahrgenommen, das hat mir auch großen Spaß gemacht. Das war aber nie so, dass ich sagte: »Da will ich auch bleiben! Das will ich auch werden!«

Bio   Und das war's dann im Kloster?

Schwester Vermehren   Ja, dafür musste ich also erst mal katholisch werden, nicht, aber dann war das gleich – *Zuschauer im Studio lachen laut*

Bio   Also die Frage, ob Sie aus einem streng katholischen Haushalt stammen, hat sich damit erübrigt!

Schwester Vermehren lachend   Völlig erübrigt, ja.

Bio   Also: Nein! Also waren die Eltern auch nicht –

Schwester Vermehren unterbricht   Nein, die waren entsetzt! Um es gleich zu sagen. Wie ich katholisch wurde, waren sie wirklich ganz entsetzt. Denn sie waren brave Protestanten und hatten das Gefühl: Die Katholiken, nee, das ist nichts!

Zuschauer lachen

Bio   Und dann auch noch Nonne?

Schwester Vermehren   Ja, das war aber die Konsequenz aus der Konversion. Also wennschon-dennschon – so ungefähr! Wenn ich nun schon an Gott glaube und ihn liebe und ihn anbete, dann will ich ihm sozusagen auch alles geben. Alles auf *eine* Karte setzen!

Bio   Sie sind kurz nach dem Krieg ins Kloster gegangen; '49 haben Sie sich – ich weiß nicht, ob das stimmt –

Schwester Vermehren   Nein, das stimmt nicht ganz. Ich kann's Ihnen aber sagen: Ich hatte mich '39 nach meiner Konversion zum ersten Mal gemeldet. Und dann sagten sie: »Ach, das wollen Konvertiten immer! Das lassen Sie mal!   *Zuschauer lachen*   Das überlegen Sie sich noch!« Und dann hab ich mich in Abständen wieder gemeldet – und schließlich, na ja, nach zehn Jahren hat 's dann geklappt. Ich bin '51 eingetreten.

[...]

Bio   Sie waren im Krieg dienstverpflichtet an der Ostfront und sind dann, weil Ihr Bruder zu den Alliierten übergewechselt ist, in einer Art »Sippenhaft« ins KZ gekommen.

Schwester Vermehren Ja, ja, genau das.

Bio War das die Zeit, die dann letztlich dazu beigetragen hat, zu sagen »Ich *will* ins Kloster!«? Denn so ein Erlebnis kann einem ja auch den Glauben nehmen!

Schwester Vermehren Das denkt man immer, ja. Es ist auch vielleicht so, dass unter einer solchen, sehr starken Belastung – so ein Konzentrationslager ist es ja wirklich –, da kann man sehr *irre* werden am Menschen und sicher auch irre werden an Gott. Aber das *muss* nicht sein. Also mir persönlich ist es wirklich anders gegangen, weil: Ich denke, dass in dieser Elendssituation, in der die Menschen sich selbst kaum noch ein Trost sein konnten, da durfte man doch daran glauben, dass Jesus Christus selber sich zu dem Geringsten aller Geringen gemacht hat; und in dieser Gestalt des Geringsten war er doch da. Und das, was die Menschen sich da gegenseitig angetan haben mit Schlagen und Geißeln und – ja, so alle möglichen Leiden –, das hat ja der HERR selber alles an sich geschehen lassen und hat deshalb uns *dennoch* nicht verworfen. Und dieses Den-Menschen-Aushalten, auch wenn er einem seine böseste Seite zeigt, um Jesu Christi willen, das kann man dann doch begreifen in der Situation. Und das hat meiner Konversion, würd ich sagen, noch so die letzte Ecke nachgeschoben.

[...]

Bio Es ist fast vermessen zu fragen – nach so vielen Jahren, die Sie Nonne waren, und bei der Ausstrahlung, die Sie zeigen –, ob Sie je Zweifel hatten und je gedacht haben –

Schwester Vermehren unterbricht lachend Nein, nein. Nee, das hab ich alles vorher gehabt! Ich bin ja verhältnismäßig spät eingetreten; ich bin mit 20 Jahren katholisch geworden und bin erst mit 31 Jahren eingetreten.

Bio Und hatten viel erlebt in der Zwischenzeit!

Schwester Vermehren Ja, sehr viel! Dieses späte Eintreten – manchmal hab ich gedacht: Mein Gott, die Jüngeren haben's bisschen leichter. Weil: Manches war nicht so einfach für mich. Aber – oh ja – und dann hatt ich vorm Eintreten [gedacht]: Oh Gott, dann kommt so 'n Moment, dann ist es mittags heiß, und die Luft ist so stickig! Und dann langweilt man sich tot und fragt sich: »Was mach ich bloß in diesem Laden, wo nichts passiert?« ***Bio und Zuschauer lachen laut / Applaus*** Das hab ich aber *vorher* gedacht. Und ich habe mich *nie* auch nur eine Sekunde gelangweilt im Kloster! Es ist *so* spannend, und von *innen* her ist das Leben so aufregend, und da passiert so viel, das können Sie sich gar nicht vorstellen! ***Zuschauer lachen laut***

Bio   Haben Sie eine Kredit-Karte?

Bischof Lehmann   Ich habe eine, aber ich benutze dieses Zeug nicht gerne.

Bio   Lieber bar?

Bischof Lehmann lachend   Lieber bar!

Bio   Wie ist das eigentlich: Sie kriegen ein Gehalt? Ist das vom Staat – oder von wem ist das?

Bischof Lehmann   Ich werde vom Bistum bezahlt. Ich bin bezahlt wie ein Minis- terialdirigent; »B VI« nennt man das.

Bio   Und dank dem Zölibat natürlich »Steuerklasse I«?

Bischof Lehmann lachend   Ja.   *Zuschauer im Studio lachen / Applaus*

Bio lachend   Klar. Und zahlen Sie auch Kirchensteuer?

Bischof Lehmann   Ich zahl auch Kirchensteuer, ich bezahl mich selbst.

Bio laut   Sie zahlen sich selbst! Was macht dieser religiöse Ministerpräsident mit so vielen Menschen? Sind das mehr religiöse Themen und Probleme, die Sie den ganzen Tag beschäftigen, oder mehr Verwaltungsdinge?

Bischof Lehmann   Also ich glaube, dass mein Beruf unglaublich vielseitig ist – wie wenige Berufe. Ich komme mit allen Schichten aus der Bevölkerung zusam- men. Ich mache am Wochenende Gemeindebesuche mit unheimlich vielen Ge- sprächen. Und ich habe viele Einzelgespräche unter vier Augen. Ich hab immer wieder Treffen auch mit den gesellschaftlichen Kräften und so weiter. Also das ist eigentlich auch ein unglaublicher Reiz, dass man mit einer sehr großen Abwechs- lung spürt, wo Probleme sind, wo die Leute der Schuh drückt und so weiter und –

Bio unterbricht   Also aber beides! Also Sie sind doch –

Bischof Lehmann   – das Religiöse und das Menschliche, das geht eigentlich nahtlos ineinander über.

Bio   Die Kirche ist der größte Arbeitgeber der Bundesrepublik zum Beispiel.

Bischof Lehmann   Das auch.

Bio   Haben Sie sicher auch damit zu tun?

Bischof Lehmann   Ja, natürlich. Aber da hab ich natürlich auch viele Mitarbei- terinnen und Mitarbeiter –

Bio ergänzt   – die das machen.

Bischof Lehmann   Ich würde mich aber nicht so gerne jetzt vergleichen mit ei- nem Verantwortlichen in der Politik, denn zuerst geht es eigentlich auf das ge- meinsame Christ-Sein. Da bin ich eigentlich nicht anders als jeder andere auch! Eines Tages, wenn über mein Leben entschieden wird von Gott, dann werd ich nicht gefragt, ob ich Bischof war, sondern was für ein Christ ich gewesen bin. Das andere fällt ziemlich ab.

[…]

Bio   Sie lesen auch die Messe noch jeden Tag?

Bischof Lehmann   Ja, ja.

Bio   Gibt's das noch, diese Verpflichtung, das Brevier zu lesen?

Bischof Lehmann   Ja, natürlich!

Bio   Sie müssen noch geistliche Lesungen halten?

Bischof Lehmann   Ja ja, ja ja, das ist ein Gebet für die ganze Kirche und die ganze Welt. Und ich halte das für wichtig, dass man von morgens bis abends, gegliedert etwas über die Stunden – auch wenn das nicht mit dem Lineal gemessen wird –, eben doch immer wieder auch Verbindung gewinnt mit Gott selbst und den Blick weitet auf andere und auch tatsächlich auf die Not in der Welt.

[…]

Bio   Was bedrückt Sie mehr: dass von 28 Millionen Katholiken [in Deutschland] im Jahr 150 000 austreten oder dass von den 28 Millionen Katholiken am Sonntag nur etwa 17 Prozent in die Kirche gehn?

Bischof Lehmann   Also beides natürlich! Ich möchte keinen verlieren – und sozusagen mit jedem noch reden können eigentlich – bevor er's tut; und auf der andern Seite muss ich auch seine Freiheit respektieren. Was den Gottesdienst betrifft, wünschte ich mir eben, dass er nicht »attraktiver« im oberflächlichen Sinne wird, sondern dass er vielleicht noch mehr wirklicher »Gottesdienst« ist, aber etwas authentischer auch die menschlichen Fragen widerspiegelt.

Bio   Als Beobachter – gerade wir, die wir als Journalisten sehr wach versuchen, auch Stimmungen aufzunehmen – hat man das Gefühl, dass die Kirche sich sehr streng und konservativ, fast manchmal fundamentalistisch gibt, dass das aber in erster Linie aus Rom kommt, vom Papst. Was ist das für ein Typ? *Zuschauer lachen*   Was ist das für ein Mann? Ja, Sie treffen ihn doch öfter, oder? *Zuschauer lachen erneut*   Na ja, hat man ja nicht so oft, die Gelegenheit, nicht – jemanden, der den Papst kennt –

Bischof Lehmann   Also zunächst würd ich mal sagen, der Papst ist im unmittelbaren Gegenüber und im Gespräch – wie wir jetzt hier sitzen – ein sehr eindrucksvoller Mann, der unglaublich zuhören kann, der natürlich auch genau weiß, was er will.

Bio   Wie sprechen Sie miteinander?

Bischof Lehmann   Er liebt es, nach Möglichkeit in der Sprache des Gastes zu sprechen.

Bio   Also auf Deutsch?

Bischof Lehmann   Ja, er ist ja ein ausgesprochenes Sprachengenie.

Bio   Das wissen wir von Ostern!   *Zuschauer lachen laut / Applaus*

Bischof Lehmann laut lachend   Ja, das ist also – aber ich denke, dass er doch in zehn oder zwölf Sprachen fließend mit seinen Besuchern spricht.

230

Bio Ja, toll!

Bischof Lehmann Und das ist für ihn mehr als Höflichkeit! Er will schon ein Stück weit auch die Welt teilen, aus der der andere kommt.

Bio Wie oft treffen Sie ihn im Jahr?

Bischof Lehmann Vier– bis fünfmal, manchmal etwas weniger, manchmal etwas mehr.

Bio Können Sie auch mal eine andere Meinung vertreten als die, die er hat?

Bischof Lehmann Oh ja. Das hab ich öfter gemacht – aber jetzt nicht im Sinne, dass da eine Kontroverse oder Polemik ist, sondern dass man eben andere Gesichtspunkte mit ins Spiel bringt. Und da hört er genauso zu. Das ist kein Problem.

Bio Sind die deutschen Bischöfe, haben sie genug Selbstbewusstsein und auch, ja, Zivilcourage gegenüber Rom?

Bischof Lehmann Also das ist natürlich immer auch eine Rückfrage, was man selber eigentlich wirklich an Authentischem zu bieten hat. Es genügt ja nicht, sich auf – also die Hacken zu stellen und so zu tun, als ob man was Besonderes wär! Sondern man muss ja auch fragen: »Was kann ich wirklich auch von mir aus eigentlich anbieten?« Und da bin ich der Meinung, wenn wir etwas zu sagen haben, dann werden wir also auch gehört. Insofern glaub ich schon, dass etwas mehr Zivilcourage von den Teil-Kirchen notwendig ist. Aber man wird ja auch selber in einer so großen Welt-Kirche etwas bescheiden; wir haben etwa 120 Bischofskonferenzen, da sind wir eine davon, und da sollen die großen –

Bio unterbricht Aber eine wichtige!

Bischof Lehmann – ja, aber die großen sollen auch nicht so tun, als ob sie die wichtigsten wären. Denken Sie, wie tapfere kleine Bischofskonferenzen es auch in Lateinamerika, in Afrika und so fort gibt, die Aufmerksamkeit verdienen.

[Bischof Karl Lehmann engagierte sich in Deutschland stark für die kirchliche Schwangeren- oder Schwangerschaftskonfliktberatung / Am 21.2.2001 wurde er trotz seines gemäßigt liberalen Kurses von Papst Johannes Paul II. in Rom in den Kardinalsstand erhoben]

[15.6.1999, Folge 326 / Einziger Gesprächsgast ist Seine Heiligkeit der Vierzehnte Dalai Lama, das geistige und weltliche Oberhaupt Tibets, Friedensnobelpreisträger 1989 / Bio spricht deutsch, sein Gast erhält simultan eine englische Übersetzung, antwortet englisch und wird simultan übersetzt]

Bio Wir hier im Westen, wenn wir vom »Dalai Lama« sprechen, sagen oft: »Er ist ein Gottkönig!« Ist das eine richtige Bezeichnung?

Der Dalai Lama lachend Nein, das ist falsch! *Zuschauer im Studio lachen /*

231

Applaus Ich beschreibe mich eigentlich nur als einen ganz normalen Menschen. Wir sind doch alle gleich!

Bio Sind Sie für die Tibetaner so etwas wie ein Heiliger oder ein Prophet?

Der Dalai Lama Nun, gemäß dem Buddhismus ist es so: In jedem Leben, da gibt es den Einfluss von vorhergehenden Leben. Diese Wesen, diese Menschen, diese Einzelmenschen sind nun durch gewisse geistige Erfahrungen gegangen; und im nächsten Leben hat man [gibt es] dann natürlich auch gewisse Einflüsse, die auf einen einwirken. Und, wie soll ich sagen – man redet ja von der »Wiedergeburt«, der »Reinkarnation« –, ich bin einer von den Wiedergeborenen. Es gibt viele dieser Wiedergeburten. Bei einigen Wiedergeburten, das ist wirklich ganz toll, bei einigen [anderen], da glaube ich, da ist es hoffnungslos! Ich glaube, ich lieg da irgendwo in der Mitte. *Bio und Zuschauer lachen / Applaus*

[...]

Bio Katholische Mönche dürfen kein Eigentum besitzen. Gehört Ihnen Ihr Gewand? Dürfen Sie Eigentum besitzen?

Der Dalai Lama Es gibt da gewisse Grenzen. Also so ein paar Sachen, also Kleidung zum Beispiel, die darf man behalten, da darf man sagen: »Das gehört mir!« Und dann braucht man natürlich auch noch ein kleines bisschen Ersatz.

Bio Sie lieben Uhren?

Der Dalai Lama Das ist der größte Luxus, den ich mir leiste.

Bio Uhren, Schweizer Uhren!

Der Dalai Lama Richtig, Rolex! *Zuschauer lachen laut / Applaus* Aber diese Rolex-Uhr – als ich Lhasa [1959] verlassen habe –

Bio unterbricht Ach, die hatten Sie damals schon?

Der Dalai Lama lachend – war das dieselbe Uhr.

Bio Ja, das zeugt für die Qualität der Marke und für Ihre Bescheidenheit! *Der Dalai Lama lacht*

Bio Stimmt das, dass Sie gerne kaputte Uhren reparieren?

Der Dalai Lama Oh, die Rolex ist für mich zu kompliziert!

Bio lachend Aber andere?

Der Dalai Lama Aber so größere, größere Uhren –

Bio unterbricht Wecker! Wecker?

Der Dalai Lama – die schaff ich gelegentlich, die kann ich reparieren. Aber es gibt keine Garantie! Ich gebe keine Garantie für die Reparatur. Manchmal richt ich mehr Schaden an, als vorher bestanden hat.

Bio lachend Also ich soll meine kaputte Uhr nicht zu Ihnen bringen?

Der Dalai Lama lachend Nein, das ist sehr viel sicherer. Völlig richtig!

Bio nach einer kurzen Pause Sind Sie geboren als Dalai Lama?

Der Dalai Lama Nein. Es ist ein bisschen schwierig, das zu erklären. Ich meine: »Nein!« Es gibt eine klare Aufzeichnung im Falle der Wiedergeburt des Zweiten

Dalai Lama: Da gab's hundert Kandidaten, und von den Hundert ist dann einer gewählt worden als *der* Dalai Lama. In meinem Fall, da hat's drei oder vier Kandidaten gegeben: einer im Gebiet Lhasa und drei in meinem Geburtsort. Und als der Suchtrupp uns erreichte, war ein Kandidat schon gestorben. Vielleicht glücklicherweise – oder unglücklicherweise, ich weiß es nicht. *Der Dalai Lama lachend* Es waren also zwei übrig, und dann habe ich den anderen besiegt. Wir haben Tests gemacht, und in den Tests hab ich gewonnen.

Bio Sie waren drei Jahre?

Der Dalai Lama Ja, ich glaub, drei ungefähr. Aber die endgültige Entscheidung [1939] – ich weiß gar nicht mehr –, ja, doch, ich war so ungefähr drei oder vier Jahre alt.

Bio Es wurden Tests gemacht, zum Beispiel, indem Sie Dinge des vorhergehenden Dalai Lama mit anderen [Dingen] vorgelegt bekamen, und Sie haben sofort gesagt: »Das gehört mir!«

Der Dalai Lama Ja, genau, ganz genau so, ja! Also einen Rosenkranz zum Beispiel, einen Stock und dann eine Art Trommel.

Bio Jetzt, nachdem Sie aus diesen vier Kandidaten ausgesucht wurden, empfinden Sie sich jetzt als die Reinkarnation aller Dalai Lamas?

Der Dalai Lama Nun, wenn Sie mich fragen, ob ich die Reinkarnation des Dalai Lamas bin, dann muss ich sagen: »Ja!« Aber wenn Sie mich fragen, ob ich derselbe bin wie irgendein vorhergehender Dalai Lama, dann muss ich ganz ehrlich sagen, zweifle ich das an. Ich weiß es nicht. *Der Dalai Lama lacht lange / Applaus*

[23.2.1999, Folge 310 unter der Überschrift »Daheim und unterwegs« / Letzter Gast ist Berlins liberaler Oberrabbiner Walter Rotschild, der mit englischem Akzent spricht]

Bio Sie haben sicherlich ältere Mitglieder Ihrer Gemeinde, die den Holocaust noch persönlich erlebt haben. Ausgewanderte haben ihn natürlich auch erlebt – indirekt, aber hier gibt es sicher welche, die ihn direkt erlebt haben. Nehmen die Sie als relativ jungen Mann, als Gesprächspartner ernst?

Rotschild Jüdischsein überall ist etwas Besonderes. In Leeds hatte ich auch – als Gemeinderabbiner dort – viele Überlebenden des Holocaust in meiner Gemeinde; ich musste fast jeden Monat eine Trauerrede schreiben über jemand aus Deutschland, aus Polen, aus Tschechoslowakei, aus irgendwo. In Aruba [kleinste Insel der Niederländischen Antillen] auch: Auf diese kleine Insel, von diese 140 Menschen waren vielleicht 20 auch Überlebende oder Kinder von Überlebende aus Holland, aus Polen, aus Rumanien. Man findet es überall. Man hat Erfahrungen gesammelt, leider Erfahrungen. Und das hilft. Dazu kommt: Ich bin bereit, bisschen

Deutsch zu sprechen, noch nicht ganz perfekt; ich bin bereit, die Leute also zu reden [zu befragen] über ihre Erfahrungen. Meine Vater war auch eine Flüchtlinge.

Bio Welche Nationalität?

Rotschild Er war in Hannover geboren. Er war mit 16 Jahre – [im] letzten Moment – September '39 ist er nach England gekommen. Also mein Leben lang hab ich immer gedacht, ich hab Wurzeln irgendwo in Deutschland, nicht in Berlin besonders, aber wir hatten noch Familie sozusagen.

Bio Verarbeitet man diese schrecklichen Sachen in Gesprächen oder zum Beispiel, wenn man eine Trauerrede halten muss?

Rotschild Es gibt Geister überall, Gespenster überall! Jedes Gebäude, jedes Zimmer, jede Schule, Synagoge und so was, ja, man trifft es überall. Das bedeutet ein bestimmten Schizophrenie: Man muss auch in den Gegenwart arbeiten und leben!

Bio Ist das nicht sowieso so eine Art Spagat, dass Sie auf der einen Seite eine Gemeinde haben mit jungen Leuten, die eine Normalität haben wollen; auf der andern Seite gibt es keine Normalität ohne die Vergangenheit – nicht nur, weil es noch Lebende gibt, die das erlebt haben, sondern auch, wenn es die nicht mehr geben wird! Sie müssen sozusagen beides berücksichtigen!

Rotschild Mehr als beides: Fast jede Mensch hat eine andere Schicksal, andere Erfahrungen, andere Geschichte; ich hab also zehn-, elftausend verschiedene Probleme, nicht nur diese zwei! Man kann nur machen, was man machen kann. Man tut das Beste.

Bio Kriegt die Familie etwas davon mit, von den Problemen, mit denen Sie konfrontiert werden?

Rotschild Meine Frau stammte auch aus eine Familie – ihre Vater war in Auschwitz. Meine Großvater war in Dachau. Wir haben [uns] getroffen in eine Seminar für Kinder von Überlebenden. Wir kennen einander also sehr gut, und das hilft! Unsere Problem ist die Kinder: Wie weit sollen sie das lernen, also die dritte Generation? Und dann die vierte Generation: Kann man *irgendwann* loslassen? Wann ist es richtig? *Jetzt* leben noch, sie sind jetzt älter geworden, aber leben noch die Überlebenden [des Holocaust], jetzt ist es noch ein bisschen zu früh. Aber wer weiß?

Afrikanischer Adel

Karl Lagerfeld und Claudia Schiffer

Dame Edna

Mariele Millowitsch, Maybrit Illner,
Jasmin Wagner und Carmen Nebel

Presse und Preise

[Aus der Fernsehkritik »Wöchentlich?« von Carla Woter, erschienen nach Folge 1 / Bonner General-Anzeiger, 9.8.1991]

Das Fernsehen hat Alfred Franz Maria Biolek einen Wunsch erfüllt – nach fünfzehn Jahren hat er jetzt eine wöchentliche Unterhaltungssendung bekommen. Es fragt sich nur, wer, außer ihm, sich das eigentlich noch gewünscht hat? Als antiprovinziell, weltoffen und boulevardesk wurde seine neue Sendung monatelang angekündigt – als erste deutsche Talkshow, die diesen Namen überhaupt verdiene. […] Schon der Name der Show zergehe auf der Zunge wie Mousse au chocolat, erklärte der Talkmaster selbstverliebt seine Kreation. Zugegeben, »Drei nach Neun« spricht sich etwas sperriger, aber dafür hat die Sendung mehr Biss.

[Aus der Fernsehkritik »Unverstellt künstlich« von Patrick Bahners, erschienen nach Folge 1 / Frankfurter Allgemeine Zeitung, 9.8.1991]

Seine Kollegen nehmen sich ernst und sind lächerlich. Biolek gibt sich lächerlich, darum muss man ihn ernst nehmen. […] Er ist unverstellt künstlich, künstlich sind sein »Das wollte ich sagen«, mit dem er seinen Gästen ins Wort fällt, und selbst sein »Jahahahahaha«, mit dem er über ihre Witze lacht. Und weil er seinen Gästen so vermittelt, dass sie im Fernsehen sind und nicht im Beichtstuhl und nicht vor einem Tribunal, können sie […] menschlich sein, ohne sich ganz zu offenbaren.

[Aus der Fernsehkritik »Nichts zu sagen« von Thomas Thieringer, erschienen nach Folge 1 / Süddeutsche Zeitung, 9.8.1991]

Wolfgang Schäuble zuzuhören war spannend, wie er Auskunft gab auf *Alfred Bioleks Frage*, ob er denn nun nach *seinem* Attentat (so Bio) ein anderer Mensch geworden sei. Der Innenminister sprach nüchtern von den Erfahrungen in seinem »neuen Leben«, sparte, ebenso rational, das Emotionale nicht aus. […] Vorbild für die Behinderten will Schäuble nicht sein, aber Bioleks »behinderte Freunde« können der Unterstützung für ihre Belange sicher sein. Schäubles Sprachdisziplin überzeugte, hob sich wohltuend ab von der mitteilsamen Geschwätzigkeit des Talkmasters. So faselte der, dass bei Behinderten »der Rest genauso hundertprozentig sein könne«, und er schwärmte vor dem Innenminister vom guten trockenen badischen Weißwein, als müsse er die Winzer dieser Region vor dem Bankrott erretten. Bio hatte keinen guten Tag, er war gestresst.

[Aus der Fernsehkritik »Gute Gespräche« von Brigitte Söhngen, erschienen nach Folge 1 / Rheinische Post, 9.8.1991]

Boulevard? Sauna! Schwitzkasten! Ermattet fächelnde Zuschauer, tropfender Schweiß, nasse Stirnen, wohin die Kamera auch schwenkte bei Bios Premiere […]. Kein Wunder: Nicht ein wohltemperiertes Studio, sondern ein einstiger Ballettprobensaal mit Parkett, Spiegelwänden (was die Kamera effektvoll auskostete) und einfachen Fenstern […] ist jetzt die Stätte von Bioleks Wirken. Und der arme Talkmaster trug im vollbesetzten Raum außer korrektem Jackett und Schlips auch noch Elektroden am ganzen Leib und ein stabiles Messgerät um den Bauch – ein Opfer seines ersten Gastes, der bei ihm Stress messen wollte. Ergebnis: Puls 170 – Höchstbelastung. Er hat also Lampenfieber, der nette Bio, und das ehrt ihn – nichts schlimmer als Leute, die immer cool bleiben. Umso mehr wissen wir zu schätzen, wie er sich auf seine Gesprächspartner einstellt. Wissenschaftlich-neugierig auf den Stressforscher, taktvoll, natürlich, aber ebenso neugierig auf den behinderten Bundesinnenminister. Das Gespräch der beiden […] war das Beste, was seit langem über Behinderung, über Änderungen in einem Leben zu hören war.

[Aus der Glosse »Schmeckt's denn?« über den »kochenden Talkmaster Alfred Biolek« von Uwe Kopf / Tempo, April 1995]

Das Altmodische ist nicht mehr in Mode, doch der Talkmaster Alfred Biolek, 60, ist ein Star, obwohl er sich zum Altmodischen bekennt. Da die Kritiker gerne Tiefe in der Leere sehen und Stil in der Vornehmtuerei, loben sie Biolek für seine angebliche Empfindsamkeit und sein angebliches Interesse an Menschen. Einigen wir uns mal darauf: Kein anderer Talkmaster kann wie Biolek so brillant tun, als sei er an seinen Gästen interessiert.

[Aus dem Porträt »Alfred Biolek – Talk im Bio-Rhythmus« von Annett Conrad / Für Sie, Heft 24, 1995]

Er ist immer höflich, immer korrekt: der Dr. Alfred Biolek. Und er hat ein bisschen was von einem zerstreuten Professor – zumindest, wenn er als Talkmaster seine Karteikärtchen durchblättert. Bei diesem Job zeigt Bio dann auch seine liebenswürdigste Seite: Er ist so wunderbar einfühlsam. Und je menschelnder die Themen, je extravaganter die Gäste, desto mehr gerät er in Fahrt. Da kichert er schelmisch, haut sich vor Vergnügen schon mal auf die Schenkel, da zieht er die Stirn in krause Denkerfalten oder schiebt die Kinnlade vor und zeigt sein Clowngesicht. Und immer blinzeln seine Äuglein wachsam hinter der Nickelbrille.

[Aus dem Bericht »Ganz schön ausgekocht! Goldenes Schlitzohr für Bio« / Bild, 7.10.1995]

Der »Internationale Club der Schlitzohren« verlieh im Festsaal der Stadthalle [Mülheim] vor 550 Gästen Prof. Alfred Biolek das »Goldene Schlitzohr«. Die »goldene Aufnahme« verpflichtet den Kölner, die von den Mitgliedern »für ihn« zusammengetragenen Spenden von 50 000 Mark bedürftigen Kindern zukommen zu lassen. […] Die schmissige Laudatio auf »den jüngsten Spross in der Familie« hielt das »Goldene Schlitzohr '94«, Schleswig-Holsteins Ministerpräsidentin Heide Simonis […]: »Das Gütesiegel Biolek ist ein kleines Kunststück: Wer sich so lange erfolgreich in der Fernsehunterhaltung halten kann, der muss ein Schlitzohr sein. Bio ist dazu ein ausgekochtes.« Der konterte […] mit ebenso spritzigen Dankesworten. […] »Ich komme heute […] in meine o(h)rale Phase …«

[Aus einer Agenturmeldung der dpa, 20.2.1996]

Alfred Biolek ist nach dem Votum einer von der Zeitschrift »Bunte« beauftragten Jury mit 21 Fernsehkritikern Deutschlands »bester TV-Moderator«. Unter 65 Fernsehprominenten belegte der Kölner Fernsehtalker den ersten Platz.

[Aus der vergleichenden Betrachtung »Wie Moderatoren mit dem Körper sprechen – […] Psychologe Gert Semler über bewusste und unbewusste Interview-Techniken« / Süddeutsche Zeitung, Pfingsten, 24./25./26.5.1996]

Wie nur wenige seiner Zunft schafft Alfred Biolek es in kürzester Zeit, auch bei schwierigen Themen eine vertrauensvolle, ja fast private Gesprächsatmosphäre herzustellen. Er vermittelt seinem Gast, dass er verstehen möchte, was diesen bewegt, was ihn antreibt, worunter er leidet. Manchmal scheint er, bemüht um noch tieferes Verständnis, förmlich in den anderen hineinschlüpfen zu wollen: Er nimmt eine ähnliche Körperhaltung ein, gleicht sich in der Tonhöhe und in der Sprechgeschwindigkeit an, und sein Gesichtsausdruck wechselt – je nachdem, wie sich sein Gesprächspartner gerade fühlt – zwischen heiterer Fröhlichkeit, stirnrunzelnder Skepsis und tiefster Trauer.

Bei allem Bemühen um eine gute Beziehung gibt Biolek die Kontrolle über den Gesprächsverlauf nie ab. Geraten die Ausführungen zu langatmig, versteht er es geschickt, in den Redefluss einzugreifen, indem er ein kurzes Fazit zieht, den Faden aufgreift und fortführt oder eine Parallele zu eigenen Erlebnissen herstellt. Seine Geduld und seine Einfühlungsbereitschaft finden aber ihre Grenzen, wenn er es mit eitlen Selbstdarstellern zu tun hat. Dann fährt seine Hand wiederholt zum Mund, so als wolle er sich mit aller Gewalt am Unterbrechen hindern, seine Mimik zeigt deutliche Anzeichen von Ungeduld oder sogar von Verärgerung.

Biolek wäre aber nicht Bio, wenn er nicht im nächsten Augenblick, quasi als Entschuldigung für die angedeutete Aggression, wieder seinem ausgeprägten Harmoniebedürfnis nachgeben und sich besonders intensiv um seinen Gast bemühen würde. So entsteht manchmal der Eindruck, dass seine duldsame, jeden und alles verstehen wollende Haltung nicht ganz echt ist.

Besonders nahe liegend ist diese Interpretation, wenn er unter Zeitnot seinen intensiven Kontakt abbrechen muss und sich dabei seine Stimmung innerhalb von wenigen Sekunden völlig wandelt. Dies scheint ihm aber nur zu gelingen, wenn er deutlich zwischen seiner Rolle als Moderator und seiner persönlichen Betroffenheit unterscheiden kann. In anderen Fällen hingegen kann bei ihm die Identifikation mit dem Anliegen oder dem Problem eines Gastes so weit gehen, dass man als Zuschauer im nächsten Augenblick einen Spendenaufruf oder sonstige Appelle zur Unterstützung für eine Sache oder eine Person erwartet.

[Aus dem Artikel »Alfredissimos Ritterschlag« von Doja Hacker, erschienen unmittelbar vor Ausstrahlung des »Boulevard Bio«-Gesprächs mit Bundeskanzler Helmut Kohl / Der Spiegel, Heft 37, 1996]

Sei es als Flaneur auf seinem »Boulevard«, sei es als Flambeur in seinem Kochstudio, Biolek bedient seine Kundschaft mit zeitlosen Werten. Dazu gehört sein lebensfroher Kampf gegen Dogmen, seine Bewunderung des Alltäglichen als des eigentlich Unbegreifbaren, seine grenzenlose Freude an allem, was Menschen sich einfallen lassen, um gut gelaunt über die Runden zu kommen. [...] Die Welt, in die Biolek sein Publikum schauen lässt, kennt keine Abgründe. Lügen heißt für ihn, bei einer Verkehrskontrolle zu sagen, man habe ein Glas Wein getrunken, während es in Wirklichkeit drei waren. Neid hat er von der Palette menschlicher Eigenschaften gestrichen: »Einen Sommer lang auf einer Segeljacht durch das Mittelmeer kreuzen – wie öde«, stöhnt Bio, das starke Kinn vom Ekel verzerrt. Das beruhigt die Zuschauer, die sich so was nicht leisten können.

Spießbürgerlichem wird vornehm, aber deutlich die Tür gezeigt: »Kultur-beutel«, jault der Bonvivant, hat er da eben richtig gehört? In einem solchen Wort schlummert für ihn das ganze Elend des Daseins. Man muss nur »Necessaire« sagen, und alles ist im Lot.

Aggressivität oder Ironie scheut er wie fertig gemahlenen Pfeffer. Freundlich sein bis zum Umfallen, lautet die Parole, wenn man Jessye Norman, die Insassen des Vechtaer Frauengefängnisses, Punks, Analphabeten, Intimschmuckträger und Inge Meysel möglichst gemeinsam am runden Tisch ums imaginäre Kaminfeuer versammeln will. Dem Gast auf keinen Fall zu nahe zu treten, das geht nicht ohne abenteuerliche Verrenkungen im Satzbau, führt aber immer zum Ziel: Der andere gibt mehr von sich preis, als er sich vorgenommen hatte.

[Aus einer Pressemitteilung des Westdeutschen Rundfunk Köln, 9.10.1998]

Mit dem RTL-Fernsehpreis »Goldener Löwe« wurden am 3. Oktober in Berlin vier Persönlichkeiten, die eng mit [...] WDR und ARD verbunden sind, ausgezeichnet. Der beliebte Talkmaster Alfred Biolek erhielt für seine Sendung »Boulevard Bio« die begehrte Trophäe [den Sonderpreis für sein Gespräch mit »der letzten Leinwandgöttin«, der zweifachen »Oscar«-Preisträgerin Luise Rainer].

[Aus dem Zeitungsbericht »›Gespräche führen heißt auch Zuhören können‹ – Ohren-Orden [...] für Alfred Biolek« / Kölnische Rundschau, 24.11.1998]

Ein Ohr aus Bronze, das dem rechten Ohr von Hans-Dietrich Genscher nachempfunden ist, erhielt am Sonntag Alfred Biolek. Seit sechs Jahren verleiht die Bürgergesellschaft Köln von 1863 den »Ohren-Orden« an Personen, die das Ohr am Puls der Zeit haben. »Die Auszeichnung ist eine Würdigung von besonders Hellhörigen für das Zeitgeschehen«, betonte Heinz-Otto Schmitz-Pranghe, Vorsitzender der Bürgergesellschaft. In den letzten Jahren erhielten bereits Hans-Dietrich Genscher, [...] Journalist Gerd Ruge, Carmen Thomas, Philharmonie-Intendant Franz-Xaver Ohnesorg und RTL-Chef Dr. Helmut Thoma den »Ohren-Orden«.

[Aus einer Agenturmeldung des ADN, 3.12.1998]

Gabi Bauer und Alfred Biolek sind »Fernsehfrau« und »Fernsehmann« des Jahres der Programmzeitschrift »Gong«. Die beiden ARD-Mitarbeiter erhielten von der Redaktion den Sonderpreis »Großer Goldener Gong«, weil sie das ganze Jahr

»Fernsehkultur vom Feinsten« boten. In der Laudatio für […] Alfred Biolek heißt es, dieser »ragt wie ein mächtiger Fels aus dem Meer des Seichten heraus, zu dem das Talkshow-Fernsehen in Deutschland mehr und mehr zu verkommen scheint«.

[Aus einer Meldung der Funkkorrespondenz, 15.10.1999]

Alfred Biolek […] wurde am 29. September in Duisburg mit dem Medienpreis Psychologie der Christoph-Dornier-Stiftung für Klinische Psychologie ausgezeichnet. Die in Münster und Marburg ansässige Stiftung ehrt den Moderator für seinen toleranten Umgang mit Minderheitenpositionen. Biolek zeichne sich stets durch besonderen Sachverstand und Sensibilität im Umgang mit psychologischen Themen aus, heißt es in der Begründung. Der Talkmaster beweise mit seiner Sendereihe »Boulevard Bio«, dass es möglich sei, gute Unterhaltung mit Information und hohem Niveau zu verbinden und zugleich hohe Zuschauerzahlen über lange Zeiträume zu binden, stellten die Juroren fest. Sie heben besonders die »feinfühlige und die Integrität der Interviewpartner wahrende Gesprächsführung« des Moderators hervor.

[Aus einer Pressemitteilung der Bundesvereinigung Lebenshilfe, 8.11.2000]

Dr. Alfred Biolek hat heute in […] Köln den Bobby 2000, den Medienpreis der Bundesvereinigung Lebenshilfe für Menschen mit geistiger Behinderung, entgegengenommen. […] »Sie lassen behinderte Menschen selbst zu Wort kommen, akzeptieren sie und achten sie als gleichwertige Gegenüber, sehen deren ganze Persönlichkeit, ohne Probleme und Schwierigkeiten, die Behinderungen mit sich bringen können, auszublenden.« So Lebenshilfe-Bundesvorsitzender Robert Antretter bei der Preisverleihung […].

Dr. Alfred Biolek erhielt als zweiter Preisträger den so genannten »Bobby« – eine Bronzefigur, die dem Münchner Schauspieler Bobby Brederlow nachempfunden ist. Der Mann mit Down-Syndrom wurde bekannt durch seine beeindruckende Darstellung an der Seite von Senta Berger in dem ARD-Vierteiler »Liebe und weitere Katastrophen«.

[Aus einer Pressemitteilung der Deutschen Stiftung Weltbevölkerung, 30.11.2000]

Der TV-Moderator Dr. Alfred Biolek wird heute […] in New York zum UN-Botschafter für Weltbevölkerung ernannt. Er wird damit der erste deutsche Botschafter im Rahmen einer internationalen Kampagne, in der prominente Persönlichkeiten weltweit auf wichtige Bevölkerungsthemen wie die Bekämpfung von Aids und das Recht auf reproduktive Gesundheit aufmerksam machen. […] Als UN-Botschafter für Weltbevölkerung wird sich Dr. Biolek vor allem für junge Menschen in Entwicklungsländern stark machen. […] Im Kampf gegen HIV / Aids und ungewollte Schwangerschaften will Dr. Biolek auch bei Politikern, den Medien und anderen Entscheidungsträgern des öffentlichen Lebens um Unterstützung werben sowie Spenden sammeln.

Fundstücke

[»Zu unserem heutigen Thema ›Macht Fernsehen primitiv?‹ haben wir folgende Gäste eingeladen …« / Cartoon von Rudi Hurzlmeier / F. F. TV-Magazin, Heft 37, 1995]

[»Aufgeschnappt« / Rubrik / Die Tageszeitung, 14. 12. 1995]

Harald Schmidt in seiner Late-Night: […] Zu Ulrich Meyer [heute Moderator des Magazins »Akte 01«]: So wie Sie aussehen, tragen Sie bald bei Bio das Wasser rein.

[»Weicheier, Kult & Babyschänder '99« / Satirische Vorschau auf das Jahr 1999 von Michael Ringel / Die Tageszeitung, 2./3. 1. 1999]

November – […] im achten Jahr merkt die Produktionsfirma von »Boulevard Bio« endlich, dass das Berliner Ku'damm-Eck nicht mehr existiert und schneidet das Bild des Einkaufszentrums aus dem Vorspann der Talkshow.

Daten, Fakten und Namen

Die Sendereihe »Boulevard Bio« ist eine Gemeinschaftsproduktion der ARD, hergestellt vom WDR in Zusammenarbeit mit Pro GmbH Köln.

Folge 1 wurde ausgestrahlt am Mittwoch, den 7. 8. 1991, ab 23 Uhr. Mit Beginn des Jahres 1992 erfolgt die wöchentliche Ausstrahlung jeweils dienstagabends. Seit 1992 entstehen jährlich 40 neue Folgen. In den Sommermonaten sind jeweils 11 oder 12 Wiederholungen zu sehen.

Im Jahr 2000 sahen die 40 neuen Folgen durchschnittlich 2,12 Millionen Zuschauer, was einem Marktanteil von 18,2 % entsprach (zum Vergleich der ARD-Durchschnitt im gleichen Sendezeitraum an den übrigen Werktagen in der Stunde vor Mitternacht: 1,43 Millionen Zuschauer, Marktanteil 11,0 %). Das »Boulevard Bio«-Publikum insgesamt war zu 75 % älter als 50 Jahre; 66 % der »Boulevard Bio«-Zuschauer älter als 14 Jahre waren Frauen (zum Vergleich auch hier der ARD-Durchschnitt im gleichen Sendezeitraum: 67,5 % älter als 50 Jahre, 54,5 % Frauen).

Informationen zur Sendereihe und zu aktuellen Sendungen sind im Internet zu finden unter www.boulevardbio.de.

Produzent Andreas Lichter [Pro GmbH Köln]
Programmverantwortlicher Redakteur Volker Nenzel M. A. [bis 1994] und Klaus Michael Heinz M. A. [seit 1995 / jeweils WDR]
Redaktion Karin Davison [bis 1994], Jürgen Fränznick [seit 1993], Beate Jürgens

M. A. [seit 1997], Marc Kayser [von 1992 bis 1997], Dr. Theo Lange [seit 1994], Ingo Lenz [seit 1997], Marion Reischmann [seit 1994], Carola Schöndube [von 1993 bis 1994], Dietmar Schwarz [bis 1997], Helmut Sohnle [von 1992 bis 1994], Jean-Pierre Stephan M. A. [seit 1993] und Carsten Wiese [seit 1994 / jeweils Pro GmbH Köln]

Formatierung   Alexander Arnz [freischaffend]

Regie   Joris Hermans, Martin Nowak, Christoph Schnee [jeweils freischaffend] sowie Klaus Keller, Thomas Menke, Sabine Pape, Claudia Rohe und Peter Sommer M. A. [jeweils WDR]

Regieassistenz   Michael Maier [bis 1992] und Gabriele Poloczek [ab 1992 / jeweils freischaffend]

Szenenbild   Prof. Dieter Flimm [freischaffend]

Musik   Prof. Manfred Schoof [freischaffend]

Grafik   Bruno Reuber [WDR]

Web-Design   Designbureau Kremer & Mahler Köln

Produktionsleitung   Dieter Adenacker, Wolfgang Böttcher, Ulla Menne, Rüdiger Pohl und Bernd Tillmann [jeweils WDR]

Aufnahmeleitung   Stefan Brückner, Bernhard Hoppe und Wolfgang von der Ruhr [jeweils WDR]

Kostümberatung   Gerd Schreiber [freischaffend]

Der Sendetitel   Insgesamt 216 Titel-Vorschläge standen vor Beginn der Sendereihe zur Diskussion; eine Auswahl der »schönsten« verlas Bio gleich zu Beginn der ersten Folge – zum großen Vergnügen des Premierenpublikums: »Die Bio-Stunde«, »Zeit für Bio«, »Bio Grande«, »Je später der Bio«, »Bio's Wundertüte«, »Bei Nacht und Nebel«, »Klappe auf«, »O Bio mio«, »Hol's der Bio!«, »Taxi zum Talk«, »Bio de Janeiro«, »Hinz und Kunz bei Bio«, »Bio's Rache«, »Laberland«, »Alf, red!«, »Der mit dem Bio tanzt«, »Von Hit bis Shit«, »Are you ready for Freddy?«, »Titten, Tresen, Temperaturen«, »Lass knacken!«, »Bio's Bermuda-Dreieck« und »Bio's bizarre Bastelstube«.

Der Vorspann   Die Dreharbeiten für die nächtlichen Szenen des Vorspanns fanden 1991 vor allem statt am Alexanderplatz und auf dem Kurfürstendamm in Berlin, auf der Königsallee und in der Altstadt zu Düsseldorf, auf der Zeil in Frankfurt am Main, der Reeperbahn in Hamburg, auf den Ringen und in der Altstadt zu Köln sowie auf der Leopoldstraße in München.
Der Schriftzug »Boulevard« erscheint in insgesamt zehn unterschiedlichen lateinischen Schrifttypen, in kyrillischen Buchstaben sowie in Mandarin mit der Bedeutung von »Allee«.
Durch einen Videotrick löst sich der letzte, einem Straßenschild nachempfundene

Schriftzug von der Lichttafel, der Diodenwand am Berliner »Kudamm-Eck«, und wird bildschirmfüllend. Ein weiterer Videotrick vervollständigt mit dem handschriftlichen Namenszug »Bio« das bildschirmfüllende Logo zu »Boulevard Bio«.

Die zwischenzeitlich geführte Diskussion über eine radikale Modernisierung des Layouts endete mit dem vergleichenden Hinweis auf einen dreißig Jahre jungen Klassiker: auf Auge, Fingerabdruck, Fadenkreuz und Fluchtszene des »Tatort«; und sie führte zu dem Ergebnis, dass die nächtlichen Szenen des Vorspanns trotz baulicher Veränderungen vor allem in Berlin unangetastet bleiben.

Die Titelmusik Die Melodie des Vor- und Nachspanns war der Hit eines kleinen Wettbewerbs. Gesucht wurden musikalische Assoziationen zu den Bildern »nächtliche Straßenszenen« oder »großstädtisches Nachtleben«.

Neben einem digitalen Schellenbaum, dessen markantes Glissando die Szenerie eröffnet, einem Saxophon, dessen Blues-Phrase »nightlife« symbolisiert, neben digitalem Schlagzeug und Keyboard sind Flügelhorn sowie Trompete zu hören, gespielt von Mitgliedern der »WDR Big Band Köln« und vom Komponisten selbst.

Das »Studio« Ort des Geschehens ist das einstige »Sprungbrett-Theater«, ein ehemaliger Ballett-Probensaal in der Kölner Innenstadt. Sein hölzerner Schwingboden und die niedrige Deckenhöhe stellen für Fernseh- oder Lichttechnik immer wieder eine Herausforderung dar. Der Einbau einer Regiezone unterblieb; stattdessen fahren wöchentlich Übertragungswagen vor. »Boulevard Bio« wird meist etwa drei Stunden vor Ausstrahlung »live aufgezeichnet«, Kürzungen und andere Bearbeitungen finden also nicht statt.

Das Szenenbild Bis 1998 fanden sich im Szenenbild klare Hinweise auf die ursprüngliche Nutzung des Ortes: Neben dem im Original erhaltenen hölzernen Schwingboden erinnerten Spiegelwände und Griffstangen an den ehemaligen Ballett-Probensaal. Durch Säulen sowie durch die von großen Fenstern und einer Fenstertür durchbrochene Wand – mit »Blick« auf das nächtliche Köln, einem gemalten Prospekt aus dem Szenenbild der Show »Mensch Meier« – und nicht zuletzt durch die sparsame Möblierung erhielt der Ort den Charakter eines Lofts. Das anfangs aufgestellte Ledersofa aus der Talk-Show »Kölner Treff« wich sehr schnell Korbsesseln und Couchtischchen, die wiederum sehr bald durch die noch heute benutzten Batavia-Sessel oder Batavia-Bänke aus Indonesien und durch die dünnbeinigen goldenen Beistelltischchen ausgetauscht wurden.

Einige wenige, ins Auge springende Requisiten stellten Bezüge zur Biografie des Moderators her: Das Tee-Service auf dem alten Klavier und ein kleines Rotwein-Regal verwiesen auf dessen Sinn für leibliche Genüsse; die kleine

Dampflokomotive auf der Fensterbank und eine weiße Porzellanfigur – der einst als Trostpreis verliehene »Trost-Meier« – erinnerten an die Shows »Bio's Bahnhof« oder »Mensch Meier«.

Seit 1999 strahlt das Szenenbild die Atmosphäre eines klassizistischen Wohnraumes aus. Den Farbklang Blau-Grau löste der Farbklang Grün-Gold ab. Doppeltüren flankieren die rückwärtige Wand mit dem »Blick« auf Köln. Zwei fotografisch reproduzierte Tafelbilder reflektieren den künstlerischen Geschmack des Moderators, in dessen Besitz sich auch die Originale befinden: rechts hinter der Doppeltür, durch die alle Gesprächsgäste auftreten, eine Arbeit »Ohne Titel« aus dem Jahr 1985 von Gaetano Bodanza, sowie links, an der Wand hinter den stets frischen Blumenarrangements, eine Arbeit gleichfalls »Ohne Titel« von Keith Haring.

In der Folge »Alfred Biolek und Keith Haring« dokumentierte Heinrich Breloer 1995 im Rahmen der ZDF-Sendereihe »Meine Bildergeschichte« folgenden Hergang: »Ende der 60er Jahre entdeckt der leidenschaftliche New-York-Besucher Alfred Biolek in der U-Bahn seltsame Graffitis von Keith Haring. Ein Jahr später auf der Documenta in Kassel kommt dieser New Yorker Künstler in ein Café und bittet darum, auch hier ein Stück Wand ›bezeichnen‹ zu dürfen. Das Café macht Pleite, und das Bild – zufällig auf eine Vertäfelung gemalt – kann abgenommen werden und wandert in Alfred Bioleks neues Kölner Wohnhaus. 1984 endlich ist Haring Gast in Alfred Bioleks Wohnung. Bio [...] hat den Besuch aus New York nach einer Ausstellungseröffnung zum Essen eingeladen. Noch am gleichen Tag signiert der Künstler sein Werk.« [ZDF-Pressetext]

Die »Sondersendungen« Nach den Wiederholungen der Sommermonate überraschte »Boulevard Bio« in Folge 124 am 6.9.1994 das Publikum mit einem außergewöhnlichen Moderator: mit Harald Schmidt. Dessen Ehrengast wiederum war Bio selbst, der gerade sein sechstes Lebensjahrzehnt vollendet hatte. Als besondere Geburtstagsüberraschung konnte Harald Schmidt außerdem Herman van Veen sowie Dame Edna begrüßen.

Am 22.11.1994 fand »Boulevard Bio« erstmals nicht im Studio statt: Bio und sein Team waren nach Warschau gereist, um dort im Präsidentenpalast mit Hilfe des polnischen Fernsehens Folge 135 unter der Überschrift »Denk ich an Polen ...« zu produzieren. Erster Gast war der Hausherr selbst, Präsident Lech Walesa. In den Folgejahren verließ »Boulevard Bio« das Studio noch drei weitere Male: für Sendungen in Justizvollzugsanstalten.

Die Folgen 301 und 302 am 22. und 29.12.1998 trugen die Überschrift »Boulevard Bio – Die ersten sieben Jahre«. In dieser zweiteiligen filmischen Collage waren Ausschnitte aus 85 Gesprächen derart zusammengefügt worden, dass sich der Eindruck eines großen neuen Gesprächs vermittelte, mitunter zwischen Gästen, die sich auf Bios »Boulevard« gar nicht begegnet waren. Folge 343 am 28.12.1999 unter der Überschrift »Boulevard Bio – Ladies Night« verfuhr nach dem gleichen Prinzip: 43 Ausschnitte aus Gesprächen mit Damen fortgeschrittenen Alters fügten sich zu einer neuen Unterhaltung.

Die Gäste Abu Sitta, Anke / Adam, Ken / Adebisi, Mola / Adebisi, Olum / Adler, Elio / Adorf, Mario / Aick, Brigitte / Albrecht, Gerd / Albrecht, Jochen / Aleman, Karin / Aliberti, Lucia / Aljukic, Erwin / Alm-Merk, Heidrun / Almsick, Franziska van / Alsmann, Götz / Altaras, Adriana / Althoff, Franz / Amado, Marijke / Amann, Karin / Amendt, Günter / Amm, Claudia / Ande, Michael / Andelfinger, Bettina / Anders, Nora / Anders, Thomas / Andro / Androgyn, Ischgola / Angelo, Nino de / Anhalt, Rüdiger / Antwerpes, Franz-Josef / Antwerpes, Sarah / Appelt, Ingo / Arlitt, Alfred / Arndt, Jeannette / Arndt, Moses / Arnold, Eva-Maria / Arnold, Monty / Arthur, Bea / Asmussen, Fips / Asumang, Mo / Atis, Ali / Atis, Nelan / Atovic, Azra / Atzorn, Robert / Auermann, Nadja B., Michael / Bach, Advaita Maria / Bach, Albrecht / Bach, Dirk / Badajew, Jurij / Baffoe, Anthony / Baffoe, Liz / Ballhaus, Michael / Balochini, Carmen / Bansah, Cephas / Barenboim, Daniel / Bruder Barnabas / Basekow, Hans / Bauer, Gabi / Bauer, Oswald / Bauer, Ralf / Bauermeister, Mary / Baumann, Angelika / Baumann, Dieter / Baumann, Helmut / Baumann, Ludwig / Baumann, Michael »Bommi« / Baumann, René alias DJ BoBo / Bavcar, Evgen / Bayern, Leopold Prinz von / Bayern, Ursula Prinzessin von / Beck, Gad / Beckenbauer, Franz / Beckenbauer, Stefan / Becker, Ben / Becker, Meret / Beckmann, Reinhold / Begic, Susanne / Beikircher, Konrad / Beinhorn-Rosemeyer, Elly / Bellido, Emine / Bender-Neuroth, Ursula / Bentlage, Nina / Berben, Iris / Bercovitch, Pascale Noa / Berfelde, Lothar alias Charlotte von Mahlsdorf / Bergen, Ingrid van / Berger, Helmut / Berger, Senta / Berggruen, Heinz / Berghoff, Dagmar / Bermbach, Udo / Bernadotte, Lennart Graf / Bernadotte, Sonja Gräfin / Besau, Christian / Beta, Katharina / Beyeler, Richard genannt Ahmed Bamboo / Beyeler, Susanne genannt Shefika / Biermann, Wolf / Biernat, Dirk / Bilbool, Rose / Bilitewski, Helga / Blachnik, Gabriele / Blanco, Roberto / Bleibtreu, Moritz / Bless-Grabher, Magdalen / Bliesener, Martin / Bloemen, Gerrit / Blount, Jeanette / Blüm, Norbert / Bockmayer, Walter / Bodden, Olaf / Bodden, Sina / Bode, Thilo / Böhm, Almaz / Böhm, Florian / Böhm, Karlheinz / Böhm, Sissy / Böhme, Erich / Boerris, Christa / Boerris, Lothar / Böttinger, Bettina / Bohlen und Halbach, Hetty von / Bohlen, Dieter / Bohley, Bärbel / Bohner, Claudia / Bokelberg, Nils / Bondy, Luc / Boning, Wigald / Borek, Abdullah Leonard / Borghese, Alessandra Principessa / Borkh, Inge / Bormann, Martin / Borsody, Suzanne von / Borstelmann, Sven / Boudemagh, Inge / Boxler, Burkhard / Boz, Sirvan / Brakland, Hedwig / Brandi, Sabine / Brandstetter, Marianne Baronin / Brandt, Willy /

Brauchitsch, Eberhard von / Braun, Margit / Brauner, Artur / Breda-Betting, Olga / Brenner, Elfi / Brethauer, Peter / Brice, Pierre / Broder, Henryk M. / Brucker, Andreas / Brückner, Ilka / Brüning, Elfriede / Bruhns, Wibke / Brunnhuber, Brigitte / Brussig, Thomas / Bubendorfer, Thomas / Bubis, Ignatz / Bubis, Naomi / Buchheim, Lothar-Günther / Buchhierl, Hanna / Buchholz, Horst / Buck, Detlev / Budde, Rainer / Büsing, Ralph / Büttner, Barbara / Buggenhagen, Jörg / Buggenhagen, Marianne / Buitenen, Paul van / Bujok, Melanie / Bumbry, Grace / Bunsemeier, Kathrin / Burkhard, Gedeon / Busch, Eva / Busse, Jochen / Buster, Dolly

Caballé, Montserrat / Carpendale, Howard / Carpendale, Wayne / Carrell, Rudi / Carrière, Mathieu / Castorf, Frank / Caven, Ingrid / Charell, Marlène / Charming Worms / Chialo, Joseph / The Chippendales / Christen, Ilona / Christiansen, Sabine / Chun, Zhou / Cindy & Bert / Cinque, Daniela / Cisse, Thiendou Isaak / Claus-Dostal, Lillie / Clement, Karin / Clement, Wolfgang / Cohn, Arthur / Cordalis, Costa / Crüger, Daniel / Csampai, Sabine / Csordás, Schwester Michaele / Cu, Truong Von / Czernich, Peter

Dalai Lama, Seine Heiligkeit der Vierzehnte / Dall, Janina / Dall, Karl / Danella, Utta / Däniken, Erich von / Dannhäuser, Ursula / Darbie, Alaji / Daum, Christoph / Daum, Eberhard / Dee, Georgette / Degen, Michael / Degowski, Uschi / Deix, Manfred / Dekkers, Midas / Demirkan, Renan / Demirkan, Selahattin / Derwall, Jupp / Dieck, Ruth tom / Dietl, Helmut / Dittrich, Olli / Djerassi, Carl / Dörrie, Doris / Dohm, Gaby / Domian, Jürgen / Dor, Karin / Dotsch, Holger / Drengenberg, Thomas / Dressler, Holm / Drews, Jürgen / Driest, Burkhard / Dudenhöffer, Gerd / Düring, Mike / Durand, René / Durand, Yvonne / Dutschke, Gretchen / Dvorak, Josef / Dziobek, Isabel / Dziobek, Nathalie

Eberth, Klaus / Eberth, Maria / Ebstein, Katja / Eder, Eva / Edringer, Christian / Eeden, Rob van / Effenberg, Stefan / Eggebrecht, Julian / Eggert, Heinz / Eggerth, Marta / Eichel, Hans / Eichinger, Bernd / Eichinger, Simon / Eichler, Michael / Eilenberger, Ute / Eisermann, André / Eisermann, Helmut / Element of Crime / Eligmann, Barbara / Madame Elle / Elsner, Hannelore / Elstner, Frank / Elvers, Jenny / Emmerlich, Gunther / Encke, Kirsten / Engel, Rudolf / Engelke, Anke / Engholm, Björn / Engholm, Britt / Engholm, Kerstin / Ens, Anuk / Ensslin, Felix / Erbakan, Sabrina / Evans, Linda / Evens, Karin / Everding, August / Evers, Susanne / Exner, Werner

F., Christiane / Falk, Ines / Farhat-Naser, Sumaya / Farke, Gabriele / Feik, Eberhard / Feldbusch, Verona / Feldkamp, Helma / Feldkamp, Kalli / Felix, Kurt / Felix, Paola / Felmy, Hansjörg / Ferch, Heino / Ferres, Veronica / Ferstl, Carola / Feuerstein, Herbert / Fierek, Wolfgang / Fietzke, Rudi / Fischbeck, Hans-Jürgen / Fischer, Andrea / Fischer, Gotthilf / Fischer, Jörg / Fischer, Joschka /

Fischer, Klaus-Peter / Fischer, Maria / Fischer, O. W. / Fischer, Ottfried / Fischer, Tim / Fischer-Dieskau, Dietrich / Fitz, Lisa / Flade, Klaus Dietrich / Flatz, Wolfgang / Fleming, Joy / Fletcher, Martin / Flinner, Dora / Flint, Katja / Flöther, Eckart / Folkerts, Ulrike / Forster, Gisela / Forsyth, Frederick / Fox, Sabrina / Francesco, Silvio / Frank / Frank, Kim / Frank, Niklas / Frantz, Justus / Frege, Andreas alias Campino / Frege, Jennie / Freitag, Thomas / Fried, Amelie / Friedle, Gerry alias DJ Ötzi / Friedman, Michel / Friedrich, Chris / Friedrichs, Hanns Joachim / Friedrichsen, Gisela / Frings, Matthias / Frister, Roman / Froboess, Cornelia / Fröhlich, Peter / Frohriep, Jürgen / Fromm, Edgar / Fuchs, Ernst / Fuchsberger, Joachim / Fürstenberg, Egon Prinz von / Fürstenberg, Ira Prinzessin von / Funke, Arno / Furcht, Hans Jürgen / Furtwängler, Angelique / Fussbroich, Annemie / Fussbroich, Fred / Fussek, Claus / Fux, Herbert

G., Selim / Gabor, Zsa Zsa / Gabriel, Gunter / Schwester Gabriela / Gäb, Hans Wilhelm / Garden, Antje / Garrett, David / Gast, Gabriele / Gauck, Joachim / Gehrke, Claudia / Geiger, Michaela / Geissendörfer, Hans W. / Geisser, Marcel / Geißler, Heiner / Geitel, Klaus / Genscher, Hans-Dietrich / Gerhardt, Tom / Gericke, Bettina / Gerster, Johannes / Gerster, Petra / Getty, Gisela / Gieschen, Claudia genannt Süreyya / Giller, Walter / Gimborn, Elke / Giulia / Glas, Ella / Glas, Uschi / Gliem, Wilfried / Glückselig, Leo / Göke, Annegret / Goeke, Ute / Goeudevert, Daniel / Goldmann, Oliver / Gottschalk, Thomas / Grams, Rainer / Granach, Gad / Granada, Jo / Grauer, Eberhard / Grauer, Esther / Greb, Gudrun / Greiser, Ursula / Griechenland, Anne-Marie Königin von / Griechenland, Konstantin II. König von / Grimm, Oliver / Grimme, Matthias / Groebel, Jo / Grönemeyer, Herbert / Gross, Johannes / Großmann, Beate / Groth, Christel / Gruber, Bettina / Grüneberg, Angela / Grünwald, Tanja / Grützner, Andrea / Günther, Manuela / Gust, Sigrid / Guttenberg, Enoch zu / Guttermann, Ralf / Gysi, Gregor

Haacker, Christoph / Haag, Romy / Haas, Peter / Haas, Tommy / Hackethal, Julius / Hackethal, Li / Haenning, Gitte / Haetzel, Klaus / Häusler-Knop, Gudrun / Hagen, Cosma Shiva / Hagen, Eva-Maria / Hagen, Nina / Hagenmeyer, Emmi / Hagens, Gunther von / Hagg-Kiessling, Claudia / Hahn Beer, Edith / Hahne, Dorothée / Hahne, Peter / Hallervorden, Dieter / Hannawald, Ernst / Hannelore / Harnik, Raya / Harnoncourt, Nikolaus / Harrer, Heinrich / Hartwig, Andi / Hasselbach, Ingo / Hauff, Volker / Hauser, Bodo Hugo / Haußmann, Ezard / Haußmann, Leander / Hauth, Rüdiger / Heaven / Heck, Dieter Thomas / Heckel, Ralf / Heckscher, Kim / Heckscher, Saskia / Heda, Jutta / Heesters, Johannes / Heidecker, Christel / Heidenreich, Elke / Heilmann, Alfred / Heino / Heinrich, Jürgen / Heinz-Adada, Claudia / Schwester Helene / Heller, André / Hellwig, Margot / Hellwig, Maria / Helmerich, Martina / Helnwein, Gottfried / Hempfling, Klaus Ferdinand / Henkel, Hans-Olaf / Henkel, Heike /

Henseling, Miriam / Henze, Hans Werner / Herman, Eva / Hermanni, Monika / Herr, Gigi / Herren, Willi / Herstatt, Iwan D. / Hertel, Stefanie / Herzog, Christiane / Herzog, Roman / Herzsprung, Bernd / Herzsprung, Sara / Hettmer, Frank / Heyerdahl, Thor / Heym, Stefan / Heymann, Irene / Heyne, Claudia / Hielscher, Margot / Hildebrandt, Dieter / Hildebrandt, Jan / Hildebrandt, Regine / Hilliges, Ilona Maria / Hingsen, Jürgen / Hirner, Susanne / Hirsch, Ralf / Hobohm, Mohammed Aman / Hochapfel, Günter / Hochhuth, Rolf / Höhn, Carola / Höpfner, Otto / Hoeps, Annabell / Hörbiger, Christiane / Hörig, Elmar / Hoff, Andreas / Hoffmann, Burkhard / Hoffmann, Christian / Hoffmann, Heinz / Hoffmann, Kerstin / Hoffmann, Rüdiger / Hoffmann, Sabine / Hofmann, Albert / Hofmann, Corinne / Hoger, Hannelore / Hohenlohe, Hubertus von / Holm, Michael / Holtz, Jürgen / Hormann, Eva / Hormann, Hans-Peter / Horn, Camilla / Horn, Guildo / Horst, Jochen / Huber, Charles Mohammed / Huber, Ellis / Huckemeyer, Petra / Hübner, Uwe / Hüsch, Hanns Dieter / Hug, Andy / Hughey, Rosemarie / Schwester Hugonis / Humphreys, Danny / Hunold, Rainer / Hurshell, Jennifer / Huste, Annemarie
Illner, Maybrit / Immendorff, Jörg
Jahn, Friedrich / Jahnke, Gerburg / Jaksits, Klaus / Jaksits, Rosemarie / Janka, Renate / Jankowski, Joachim / Janosch / Jascheroff, Constantin von / Jasmin / Jauch, Günther / Jens, Inge / Jepsen, Maria / Jie, Zhao / Jobatay, Cherno / John, Gottfried / Johnen, Heinz-Gregor / Jonas, Bruno / Jones, Dame Gwyneth / Jonigk, Thomas / Joop, Henriette / Joop, Wolfgang / Joop-Metz, Karin / Jürgens, Birte / Jürgens, Jenny / Jürgens, John / Jürgens, Udo / Jürgs, Michael / Juhnke, Harald / Jung, Holger / Jung-Niermann, Maria
Kabel, Heidi / Kachelmann, Jörg / Kaczmarek, Verena / Käßmann, Bischöfin Margot / Kätelhön, Martin / Kahrmann, Christian / Kahrmann, Ute / Kaiser, Annemarie / Kaiser, Roland / Kaletta, Gisela / Kalifa, Samy / Kálmán, Vera / Karasek, Hellmuth / Karin / Kashoggi, Adnan M. / Kashoggi, Shapari / Katrantzi, Tatiani / Katz, Anne-Rose / Kaufmann, Christine / Kaufmann, Simone / Kawall, Dagmar / Kellner-Frankenfeld, Lonny / Kelly, Joey / Kelly, Kathy / Kelly, Maite / Kelly, Paddy / Kempf, Wolfgang / Kenter, Bettina / Kerkeling, Hape / Kern, Peter / Kerner, Johannes Baptist / Kessler, Alice / Kessler, Ellen / Kiefer, Marianne / Kienzle, Ulrich / Kier, Udo / Kiesbauer, Arabella / Kiesbauer, Elisabeth / Kieselhorst, Hermann / Kiessling, Waldemar / Kiewel, Andrea / Kiklas, Eva-Maria / Kilius, Marika / Kinkel, Klaus / Kirkici, Ismet / Kishon, Ephraim / Kitt, Eartha / Klaus, Alfred / Klee, Steffi / Klein, Bernd / Klein, Otto / Klein, Volker / Klemme, Jürgen / Klink, Elke / Klinsmann, Jürgen / Klitschko, Vitali / Klitschko, Wladimir / Klocke, Piet / Kloeppel, Peter / Knef, Hildegard / Knizka, Roman / Knuth, Gertraud / Koch, Knut / Koch, Marianne / Kock am Brink, Ulla / Köhler, Lotti / Koemm, Sandrina / Kömürcü, Halük-

Peluhl alias Luk Piyes / Königstein, Horst / Körner, Diana / Körner, Dietrich / Köster, Gaby / Kohl, Hannelore / Kohl, Helmut / Kolle, Marlies / Kolle, Oswalt / Koller, Dagmar / Kollo, René / Konsalik, Heinz G. / Korssund-Eichinger, Tone / Koschnick, Hans / Koschwitz, Thomas / Kostka, Ulrike / Kostolany, André / Kowalewski, Sigrid / Kozma, Christina / Krabbe, Katrin / Krabbenhöft, Günther / Krabbenhöft, Heidi / Krabbenhöft, Valesca / Kramer, Karsten / Kraus, Peter / Kraut, Heidrun / Krebs, Diether / Krebser-Weidauer, Heike / Krekel, Hildegard / Krekel, Lotti / Kremer, Heidemarie / Kremm, Elke / Kreuder, Ingrid / Kreusch, Dagmar / Kreuzer, Fritz / Krieger, Andreas / Kriele, Alexa / Kronlage, Felix / Kroth, Alexa / Krott, Ute Margot / Kroymann, Maren / Krüger, Andy / Krüger, Desirée / Krüger, Hardy / Krüger, Hardy jun. / Krüger, Mike / Kruschak, Sylvia / Kubitschek, Ruth Maria / Kuchenmüller, Thomas / Kühnemann, Antje-Katrin / Künast, Renate / Künneke, Evelyn / Küppersbusch, Friedrich / Kuhn, Paul / Kuhn, Peter / Kuhnert, Kirsten / Kuhs, Gudrun / Kujau, Konrad / Kulenkampff, Hans Joachim / Kunzelmann, Dieter / Kurt / Kurt, Fred / Kurt-Morat, Antonios / Kusniecz, Veronica / Kütemeyer, Mechthilde / Kuttner, Jürgen
Laakmann, Helmut / Laan, Heleen van der / Laesch, Marion / Lafontaine, Oskar / Lagerfeld, Karl / Lambsdorff, Otto Graf / Lamm, Paula / Lamm, Reto / Lämmle, Brigitte / Lamprecht, Günter / Landgraf, Titus / Landgrebe, Gudrun / Lange, Susanne / Langguth-Wasem, Volker / Lansche, Reinhold / Lasartesse, René / Lasker-Harpprecht, Renate / Lasker-Wallfisch, Anita / Last, James / Lattek, Udo / Lauda, Niki / Lauterbach, Heiner / Lauterburg, Christine / Lavi, Daliah / Leandros, Vicky / Lechtenbrink, Saskia / Lechtenbrink, Volker / Lehmann, Bischof Karl / Lehmann, Hans-Peter / Lehmann, Josefina / Lehndorff, Veruschka Gräfin von / Leinemann, Jürgen / Leirich, Silvan-Pierre / Leiß, Ramona / Lemper, Ute / Lenfers, Ilse / Lenfers, Karl / Leonhard, Wolfgang / Lesch, Michael / Leutheusser-Schnarrenberger, Sabine / Lewinsky, Monica / Liberg, Hans / Liebermann, Rolf / Limbach, Jutta / Lind, Hera / Lindenberg, Udo / Lindner, Michaela / Lindner, Patrick / Linne, Doreen / Lippe, Jürgen von der / Lippers, Ursula / Lippert, Gerhart / Lippert, Wolfgang / Littbarski, Pierre / Littmann, Peter / Lock, Ernst / Löffler, Sigrid / Löwenthal, Gerhard / Löwitsch, Klaus / Lojewski, Britta von / Lollobrigida, Gina / Lorenz, Marita / Lorenz, Rudi / Lorenz, Sabrina / Lotz, Melanie / Lowitz, Siegfried / Lücht, Günther van de / Lück, Ingolf / Ludin, Fereshta / Ludowig, Frauke / Lugmeier, Ludwig / Lugner, Christina / Lugner, Richard »Mörtel« / Lukoschik, Andreas »Leo« / Lundholm, Anja
Maahn, Sandra / Maaßen, Dirk / Maaßen, Thomas / Maazel, Lorin / MacFarlane, Gaye / Madaus, Ilse / Madison, Annemarie / Maffay, Peter / Magnani, Franca / Magnani – von Petersdorf, Sabina / Mahler, Horst / Mai, Sven Karl / Maier-Witt, Silke / Maischberger, Sandra / Maiworm, Heinrich / Makatsch, Heike / Malt-

zan, Maria Gräfin von / Manipuri-Tänzer / Mann, Saranam Ludvik / Mann, Ulf / Manuela / Marceau, Marcel / March, Peggy / Marcinek, Susann / Marcus, Jürgen / Marianne & Michael / Marinic, Vjekoslav / Marjan, Marie-Luise / Markus, Winnie / Marquardt, Angela / Marron, Hanna / Marsch, Renate / Marshall, Tony / Martocchi, Patrick / Marusha / Maske, Henry / Massaquoi, Hans J. / Masur, Kurt / Masur, Tomoko / Matei, Jochem / Matt, Jean Remy von / Mattausch, Dietrich / Mattes, Eva / Matthies, Horst / Maurer, Heike / Maus, Helga / May, Gisela / May, Torsten / Mayer, Brigitte / Mayer, Kurt / Mayer, Michelle / Meckel, Andreas / Meerveld-Kühn, Yvonne van / Mehler, Frieda / Mehler, Nadine / Mehler, Sharon / Meier, Waltraud / Meili, Christoph / Meili, Giuseppina / Meir, Gerhard / Meiser, Hans / Melchior, Andreas / Melles, Sunnyi verheiratete Sayn-Wittgenstein, Prinzessin zu / Mende, Erich / Mendl, Michael / Menge, Wolfgang / Menuhin, Yehudi Lord / Merbold, Birgit / Merbold, Ulf / Merkel, Angela / Messerschmidt, Julianna / Messner, Reinhold / Metlé, Zelina / Metzen, Werner / Meurers, Jochen / Mey, Reinhard / Meyer, Andreas / Meyer, Sabine / Meyer, Ulrich / Meysel, Inge / Michalczewski, Dariusz / Michelle / Mierswa, Karl-Heinz / Migge, Thomas / Millhahn, Ulrike / Millowitsch, Mariele / Millowitsch, Peter / Millowitsch, Willy / Milva / Minetti, Bernhard / Mira, Brigitte / Mismas, Bianca alias Zora / Mitscherlich, Margarete / Mittermeier, Michael / Mittring, Gert / Mo, Billy / Mockridge, Bill / Mockridge, Margie / Möbusz, Rüdiger / Mödl, Martha / Moehringer, Wotan / Möllemann, Jürgen / Moeller, Ralph / Möller, Stefan / Mörsch, Gabriele / Mörtlbauer, Rosemarie / Mohns, Johannes / Mohr, Bärbel / Moik, Karl / Mol, Linda de / Monn, Ursela / Mont, Sky du / Moretti, Tobias / Morfaw, Charles / Morgenstern, Ralph / Morvan, Fabrice / Moser, Edda / Moshammer, Rudolph / Mouskouri, Nana / Mross, Stefan / Mühlberg, Sandra / Müller, Christa / Müller, Heiner / Müller, Holger / Müller, Jutta / Müller, Nicole / Müller, Rudolf / Müller, Silke / Müller, Tobias / Mueller-Stahl, Armin / Müntefering, Franz / Müntefering, Mirjam / Mulai, Haxhi / Munderloh, Wolfgang / Munkus, Meyrem / Myhre, Wencke

Nahles, Alfred / Nahles, Andrea / Naidoo, Xavier / Nebel, Carmen / Neidhardt, Klaus / Nena / Neudeck, Rupert / Neumann, Helmut / Neuroth, Axel / Nick, Désirée / Nickel, Volker / Nicole / Niedecken, Tina / Niedecken, Wolfgang / Niehoff, Domenica / Niemann, Gerd / Nindel, Thorsten / Nitschke, Silke / Nolte, Claudia / Norman, Jessye / Nosbusch, Désirée / Nowak, Britta / Nowitzki, Dirk / Nowottny, Friedrich / Nunzinger, Alexander / Nüscheler, Pit / Nyabongo, Elizabeth / Nydahl, Ole

Ochsenknecht, Uwe / Oehring, Helmut / Oelschlegel, Vera / Oestergaard, Heinz / Özdemir, Abdullah / Özdemir, Cem / Özelsel, Michaela Mihriban / Ofarim, Gil / Ohoven, Mario / Ohoven, Ute / Ohrner, Thomas / Oldenburg, Karen / Olsen, Alex / Olsen, Hilde / Org, Luci van alias Lucilectric / Osterloh, Siegfried / Otto, Manfred

P., Oli / Pannke, Peter / Papacek, Annemarie / Parnass, Peggy / Parsons, Fatima / Pastewka, Bastian / Paul, Bernhard / Peitsch, Monika / Pelham, Moses / Penning, Anita / Perle, Petra / Perlinger, Harald / Perlinger, Sissi / Pesch, Barbara / Pesch, Doro / Petersdorf, Bodo / Petrowsky, Ernst-Ludwig / Petrowsky, Uschi / Pfaff, Dieter / Pfaff, Eva / Pfau, Ruth / Pfeiffer, Christian / Pfeiffer, Reiner / Geschwister Pfister / Pfitzmann, Günter / Pflaume, Kai / Phan-Thi, Minh-Khai / Phettberg, Hermes / Philipp, Gunther / Pietz, Birgit / Pilati-Borggreve, Kristina Gräfin / Pilatus, Robert / Pilgrim, Volker Elis / Pippig, Uta / Pirincci, Akif / Plate, Peter / Pluhar, Erika / Pörksen, Thurid / Pohl, Stephanie / Pohl, Witta / Pohlmeier, Hermann / Polster, Toni / Porz, Elfriede / Pos, Kerstin / Potente, Franka / Prass, Solveig / Prawy, Marcel / Preusker, Harald / Preusse, Georg alias Mary / Priess, Hartmut / Primor, Avi / Prochnow, Jürgen / Pröve, Andreas / Pulver, Liselotte / Puttrich, Gunther / Pütz, Jean / Pütz, Peter / Pütz, Viviana

Quadflieg, Christian / Quadflieg, Will / Quasthoff, Thomas / Quinn, Freddy

Raab, Stefan / Rabin, Lea / Rademann, Wolfgang / Radisch, Iris / Radtke, Peter / Rahl, Mady / Raimund / Rainer, Luise / Rajter, Dunja / Rakebrandt, Detlef / Rakebrandt, Kathrin / Ranke-Heinemann, Uta / Rasche-Hüsch, Chris / Rau, Christina / Rau, Johannes / Rauch, Sybille / Rebmann, Kurt / Rebroff, Ivan / Regnier, Charles / Reich-Ranicki, Marcel / Reich-Ranicki, Teofila / Reif, Ria / Reimer, Ingo / Reinhard, Klaus / Reinhardt, Ernie alias Lilo Wanders / Reinhold, Felix / Reinisch, Rica / Reis, Rubens / Reiser, Rio / Reiterer, Petra / Rent-a-Fan / Renz, Thomas Maria / Renzi, Anouschka / Renzi, Eva / Rethel, Simone / Rezzori, Gregor von / Ribbeck, Erich / Ricci, Barbara / Richling, Mathias / Richter, Beatrice / Richter, Ilja / Richter, Ursula / Rieckhoff, Hannes / Riemann, Katja / Rieu, André / Rima, Marco / Ripkens, Martin / Riva, Maria / Robert / Roberts, Chris / Rodriguez, Giovanni / Röhl, Bettina / Röhl, Regine / Roehler, Oskar / Röhrs, Liane / Rökk, Marika / Rogée, Marianne / Rohde, Armin / Roland, Jürgen / Roos, Mary / Rose, Michaela / Rosenkranz, Bernhard / Rossellini, Isabella / Roth, Christine / Rothenberger, Anneliese / Rotschild, Walter / Rubruck, Ludwig / Rudolph, Claude-Oliver / Rütting, Barbara / Ruf, Niels / Ruge, Gerd / Ruge, Nina

Sachs, Rolf / Sachsen und Anhalt, Friedrich Prinz von / Sack, Adriano / Sägebrecht, Marianne / Salvani, Lena / Salzberger, Bernd / Sander, Otto / Sander, Wolfgang / Sarah / Sasha / Sattler, Barbara / Sauer, Sabine / Sauter, Alfred / Sayn-Wittgenstein-Sayn, Marianne Fürstin zu / Schade, Burkhard / Schäfer, Bärbel / Schäuble, Frieder / Schäuble, Thomas / Schäuble, Wolfgang / Schami, Rafik / Schanzara, Tana / Schanze, Eberhard / Schanze, Michael / Schanzen, Birgit / Scharping, Rudolf / Schatz, Carsten / Schautzer, Max / Scheeser, Petra / Schell, Maria / Schell, Paul von / Schenk, Heinz / Schiefer, Alfred / Schiffer,

Claudia / Schikyr, Albert / Schilling, Anne / Schilling, Gabriela / Schilling, Horst / Schily, Jenny / Schily, Otto / Schimmel, Sandy / Schimmel, Sigrid / Schimpf, Björn Hergen / Schimpf, Rolf / Schindler, Eva / Schindler, Sandra / Schindowsky, Bernd / Schipanski, Dagmar / Schlauch, Rezzo / Schleef, Einar / Schlingensief, Christoph / Schlüter, Angela / Schmähling, Elmar / Schmalz, Günther / Schmidt, Harald / Schmidt, Kurt / Schmidt, Renate / Schmidt, Ulla / Schmidt-Holtz, Rolf / Schmidtke, Fredy / Schmitt, Elmar / Schmutzler, Claudia / Schneider, Gregor / Schneider, Helen / Schneider, Helge / Schneider, Jürgen / Schneyder, Werner / Schnitzler, Pit / Schöbel, Frank / Schönfeld, Christina / Schönfeld, Uwe / Schönherr, Dietmar / Scholl-Latour, Peter / Scholz, Gustav »Bubi« / Scholz, Ilona / Schoppe, Waltraud / Schopper, Gerhard / Schott, Simon / Schramm, Günther / Schreinemakers, Margarethe / Schröder, Gerhard / Schröder, Hiltrud / Schröter, Lorenz / Schroeter, Werner / Schrowange, Birgit / Schubert, Michaela / Schüller, Heidi / Schürmann, Alexandra / Schürmann, Petra / Schultheis, Stefan / Schulz, Axel / Schulze, Eva / Schumacher, Michael / Schumacher, Oliver / Schumacher, Toni / Schumann, Coco / Schumann, Monika / Schuppli, Beatrice / Schuster, Max / Schwalm, Wolfgang / Schwartau-Schuldt, Silke / Schwarzer, Alice / Schwarzhaupt, Ilse / Schwarzhaupt, Sandra / Schwarz-Schilling, Christian / Schweiger, Dana / Schweiger, Til / Schweins, Esther / Schweisfurth, Karl-Ludwig / Schwermer, Heidemarie / Schygulla, Hanna / Seeler, Uwe / Seibel, Claus / Seibel, Julia / Seibert, Klara / Seidel, Silvia / Seidl, Rudi / Seiler, Eveline / Seitz, Christoph / Seler, Ernst / Seler, Renate / Seliger, Wolfgang / Setlur, Sabrina / Seyfarth, Napoleon / Siao, Eva / Siegel, Otto / Siegfried & Roy / Silbermann, Alphons / Silja, Anja / Simmel, Johannes Mario / Simon, Josef / Simonis, Heide / Simons, Hein alias Heintje / Sinnen, Hella von / Sittig, Sandra / Söllner, Hans / Solti, Lady Valerie / Solti, Sir Georg / Somarriba, Pascal / Sommer, Elke / Sonnemann, Friedmunt / Sonnemann, Katrin / Sonntag, Christoph / Späth, Lothar / Speck, Karsten / Speck, Thomas / Speichinger, Irene / Speidel, Jutta / Spira, Steffie / Springer, Barbara / Sprinkle, Annie / Spruß, Nadine / Staeck, Klaus / Steeger, Ingrid / Steinbock, Stefan / Steiner, Peter / Steinhausen, Manfred / Steinmetz, Wolfgang / Steinmüller, Karlheinz / Stempel, Hans / Stenslie, Stahl / Abt Stephan / Stephan, Egon / Stern, Carola / Stich, Michael / Stockhausen, Karlheinz / Stockinger, Peter / Stockmann-Stich, Jessica / Stoisits, Marijana / Straché, Manon / Strack, Günter / Strack, Lore / Strauß, Franz-Georg / Strauß, Max / Struck, Karin / Strübig, Heinrich / Stuckrad-Barre, Benjamin v. / Stüdemann, Kati / Studer, Cheryl / Süßmuth, Rita / Sumac, Ima / Summer, Donna

Tabbert, Dina / Tabori, George / Tackenberg, Marlene alias Jazzy / Tappert, Horst / Tauchen, Wilhelm / Tausch-Flammer, Daniela / Tegetthoff, Folke / Temp, Günter / Tenberken, Sabriye / Teufel, Fritz / Thalbach, Katharina / Thalheim, Barbara / Thalheim, Werner / Thielke, Heidi / Thierse, Wolfgang / Thoelke, Wim / Thoma, Helmut / Thomalla, Georg / Thomas, Carmen / Thränhardt, Carlo / Thun, Friedrich von / Thurn und Taxis, Gloria Fürstin von / Thyuen, Dang Thi Hong / Tibackx, Doris / Tietjen, Bettina / Tigges, Cori / Tiller, Nadja / Tintelnot, Renate / Todorov, Dimitri / Töpfer, Klaus / Töpfer, Lutz Peter / Toksoy, Nadir / Topf, Anja / Tornow, Georgia / Toscani, Oliviero / Tot, Petar alias Filipovic / Tremmel, Jörg / Trittin, Jürgen / Troller, Georg-Stefan / Trotta, Margarethe von / Trpkovski, Zlatko / Trump, Ivana / Tuchscherer, Armin / Türck, Andreas / Tufts, Gayle / Tukur, Ulrich / Turban, Dietlinde / Tuschwitz, Nicola

Überall, Stephanie / Uhlen, Gisela / Uhlig, Karin / Uhse, Beate / Ullmann, Kordula / Ungerer, Tomi / Ustinov, Sir Peter / Uzun, Regina

Frater V / Väth, Sven / Valente, Caterina / Valentin, Barbara / Valérien, Harry / Vathke, Jörg / Vazquez-Bürger, Joachim / Veen, Hanneke van / Velling, Christiane / Velling, Thomas / Verhoeven, Michael / Verhoeven, Simon / Vermehren, Schwester Isa / Veteranyi, Aglaja / Vita, Helen / Völz, Wolfgang / Vogel, Bernhard / Vogel, Hans-Jochen / Vogel, Jürgen / Vogeler, Jan Jürgen / Vogelsang, Veronika / Vogts, Berti / Volkmann, Elisabeth / Vollenweider, Andreas / Vollmer, Antje / Vollmer, Peter / Voscherau, Henning / Votteles, Corinne

Wachter, Cornel / Wachter, Hanna / Wachter, Klaus / Wackernagel, Christof / Wackernagel, Erika / Wagenknecht, Sahra / Wagner, Bernhard / Wagner, Jasmin alias Blümchen / Wagner, Wolfgang / Waigel, Theo / Waigel-Epple, Irene / Walesa, Lech / Wallraff, Günter / Walluks, Horst / Walluks, Monika / Walter, Ulrich / Wasem, Ingeborg / Weber-Kranz, Esther / Weck, Peter / Wecker, Annik / Wecker, Konstantin / Wedekind, Beate / Wedel, Dieter / Weick, Günter / Weidner, Stephan / Weigmann, Felicitas / Weikl, Bernd / Weindler, Helge / Weinert, Claudia / Weinert, Stefan / Weinmann, Peter / Weinzierl, Christiane / Weiss, Evelyn / Weiß, Konrad / Weissenberg, Alexis / Weitershausen, Gila von / Weizsäcker, Richard von / Wendel, Annemarie / Wenders, Wim / Wendt, Heide-Ulrike / Wendt, Tanja de / Wennemann, Klaus / Wenner, Ulrike / Wepper, Elmar / Wepper, Fritz / Werle, Ludwig / Wessely, Dominik / Westermann, Christine / Westerwelle, Guido / Westheimer, Ruth / Westphälinger, Dirk / Westphälinger, Gislinde / Westwood, Vivienne / Wetter, Uwe / Weyer, Christina / Weyer, Konsul Hans Hermann Graf von Yorck / Wickert, Erwin / Wickert, Ulrich / Wieben, Wilhelm / Wieczorek-Zeul, Heidemarie / Wied, Thekla Carola / Wijnvoord, Harry / Wilhelm, Cornelia / Wilhelm, Reinhard / Willbold, Gabriela / Willemsen, Roger / Williams, Ron / Wimmer, Klaus-Dieter / Wimmer, Margitta / Wimschneider, Albert / Winkelmann, Jutta / Wirz, Mario / Witt, Katharina / Wohlgemuth, Hildegard / Wohlrabe, Marc / Wolf, Markus »Mischa« / Wolff, Christian / Wolff, Patrick / Wollenberger, Vera / Wontorra, Jörg / Woolford, Kirk /

256

Wüllenweber, Walter / Wunderlich, Christian / Wunsch, Botho / Wunsch, Ruth / Wussow, Barbara / Wussow, Klausjürgen / Wust, Lilly

Y., Sertac / Yanni / Yelciner, Ibrahim / Yildiz, Gülsen / Yusufzai, Fahim / Lady Yvonne

Zabel, Bernd / Zacher, Rolf / Zachert, Christel / Zaimoglu, Feridun / Zappa, Stephan / Ziegler, Regina / Ziemann, Sonja / Zierl, Helmut / Zilk, Helmut / Zimmer, Uwe / Zimmermann, Holger / Zintgraff, Denise / Zittartz, Heinz / Zoltan, Stephen [Stand 27.3.2001]

Fundstück

[»Agathe und die Erkennungsmelodie von Boulevard Bio« / Comic von Stephan Katz und Max Goldt / Titanic, Heft 3, 1999]

AUFGRUND DER GEÖFFNETEN BALKONTÜR IST ES MIR MÖGLICH, AUS EINER ANDEREN WOHNUNG DIE TITELMELODIE VON "BOULEVARD BIO" ZU HÖREN. ES IST ALSO BEREITS ELF UHR ABENDS. INSOFERN IST ES A) GUT, DASS JULIAN DIE KINDER INS BETT BRINGT UND B) GUT, DASS BELLA DAS CRACK VERSCHMÄHT. WER UM NEUN BEIM HALS-NASEN-OHREN-ARZT SEIN MUSS, DARF UM ELF KEIN CRACK RAUCHEN.

TITELMELODIE VON "BOULEVARD BIO"? ERZÄHL DOCH MAL WIE ES IN KÖLN WAR. OTTMAR KENNT DIE STORY NOCH NICHT.

ERZÄHL ICH GERN.

Neulich durchkämmte ich die Straßen von Köln auf der Suche nach einem gemütlichen Café für spezielle kleine Damen wie mich.

EHRENSTRASSE

Da stand ich plötzlich vorm WDR, und mir fiel ein, daß ich da mal was fragen könnte.

HÖRN SIE MAL, ICH TANZE SO GERN ZUR TITELMELODIE VON "BOULEVARD BIO", ABER DAS KOMMT JA NUR DIENSTAGS UM ELF UND ICH MÖCHTE ÖFTER DAZU TANZEN.

WDR

PFÖRTNER

OFFIZIELL DARF ICH DAS NICHT, ABER ICH HABE FÜR DIESEN ZWECK UNTERM LADENTISCH EINEN CD-BRENNER. ES KOMMT JA ÖFTER MAL EINE ÄLTERE DAME UND FRAGT. ICH BRENNE IHNEN DIE MELODIE MAL SCHNELL AUF EINEN CD-ROHLING.

PFÖRTNER

DAFÜR BEKOMMEN SIE VON MIR EINE FLASCHE SELBSTGEBRANNTEN SCHNAPS.

BRENN BRENN

DAS IST EINE UNHEIMLICH SCHÖNE GESCHICHTE. DIESER PFÖRTNER. PFÖRTNER MIT CD-BRENNER: WAHNSINN.

SCHÖN, DASS DIE GESCHICHTE DIR GEFÄLLT. NUN HABE ICH ABER EINEN KLEINEN ANSCHLAG AUF DICH VOR.

DIESE BOULEVARD-BIO-MELODIE-CD IST ZWAR MIT NUR 35 SEKUNDEN LÄNGE DIE IDEALE CD FÜR EINE SPEZIELLE ÄLTERE DAME, DIE GERN TANZT, JEDOCH NICHT MEHR SO LANGE TANZEN KANN, ABER: DER SOUND IST DOCH EIN WENIG ALTMODISCH, SPÄT-ACHTZIGER-TV-MELODIEN-MÄSSIG. KÖNNTEST DU MIR DIE ALS DJ NICHT MAL EIN BISSCHEN RE-MIXEN? SO IM SINNE VON DAFT PUNK, SO MIT FILTERN, WO ZUERST ALLES DUMPF UND MURMELIG KLINGT UND DANN KOMMT PLÖTZLICH DIE VOLLE FREQUENZ-BREITSEITE.

AGATHE IST EINE TOLLE FRAU.

DAFT PUNK! DAS WAR DOCH VOR ZWEI JAHREN MAL AKTUELL!

DAFT PUNK SIND NOCH IMMER SEHR AKTUELL UND EINFLUSS-REICH.

ICH HAB DOCH GAR NICHTS GESAGT.

ABER GEDACHT. ICH WEISS, WIE DU GUCKST, WENN DU SCHEISSE DENKST.

OKAY, ICH REMIXE SE DIR. TSCHÜSS IHR BEIDEN.

ZWEI WOCHEN SPÄTER

OH, EINE PRIVATBRENNUNG DES DJ-OTTMAR-REMIXES IM DAFT-PUNK-STIL DER ER-KENNUNGSMELODIE VON BOULEVARD BIO! WOLLEN WIR DAZU TANZEN, HERR BRIEFTRÄGER?

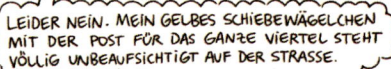

LEIDER NEIN. MEIN GELBES SCHIEBEWÄGELCHEN MIT DER POST FÜR DAS GANZE VIERTEL STEHT VÖLLIG UNBEAUFSICHTIGT AUF DER STRASSE.

DAS IST SOWIESO EIN ZIEMLICHER SCHWACH-PUNKT BEI DER POSTVERTEILUNG, NICHT WAHR? DASS DAS WÄGELCHEN MINUTENLANG UNBE-AUFSICHTIGT IST, WÄHREND DER POSTBOTE IM HAUSE IST? WÜRDEN SIE MIT MIR DARIN ÜBER-EINSTIMMEN, DASS DAS EIN AUSGESPROCHEN DELIKATER SCHWACHPUNKT IST?

SCHWACHPUNKT IST FREUNDLICH GESAGT. ES IST EHER EINE LOGISTISCHE KATASTROPHE. ABER DAMALS SAGTE MAN NOCH NICHT LOGISTISCHE KATASTROPHE.